云南职业教育现代化研究

李家祥　颜绍梅◎主编

云南大学出版社
YUNNAN UNIVERSITY PRESS

图书在版编目（CIP）数据

云南职业教育现代化研究 / 李家祥, 颜绍梅主编
. -- 昆明 : 云南大学出版社, 2021
ISBN 978-7-5482-4342-7

Ⅰ. ①云… Ⅱ. ①李… ②颜… Ⅲ. ①职业教育－研究－云南 Ⅳ. ①G719.2

中国版本图书馆CIP数据核字(2021)第118376号

策划编辑： 徐　曼
责任编辑： 周　飞
封面设计： 王婳一

云南职业教育现代化研究

李家祥　颜绍梅 ◎ 主编

出版发行： 云南大学出版社
印　　装： 昆明理煋印务有限公司
开　　本： 787mm × 1092mm 1/16
印　　张： 12.75
字　　数： 300千
版　　次： 2021年10月第1版
印　　次： 2021年10月第1次印刷
书　　号： ISBN 978-7-5482-4342-7
定　　价： 48.00元

社　　址：昆明市一二一大街182号（云南大学东陆校区英华园内）
邮　　编：650091
发行电话：0871-65033244 65031071
网　　址：http://www.ynup.com
E - mail：market@ynup.com

若发现本书有印装质量问题，请与印厂联系调换，联系电话：0871-64167045。

前　言

自1862年创办京师同文馆开始到1905年清政府“立停科举以广学校”，中国近代新式学堂走过了近半个世纪的漫长岁月，经历了洋务学堂、维新学堂和新政学堂三个历史时期。光绪二十八年（1902年）壬寅学制颁布，实业教育制度正式确立。光绪二十九年（1903年），由张百熙、张之洞、荣庆等奏拟，在清政府颁布的《奏定学堂章程》中强调，“各项实业学堂以学成后各得治生计为本，最有益于邦本”，令各地从速办理。光绪三十二年（1906年）和宣统元年（1909年），学部曾两次通令各省设立农、工、商实业学堂。

云南职业教育的发展有着曲折的百年历史。清末，云南省新式职业教育开始萌芽，一批以培养农业、工业、商业技术人员为主的职业学堂应运而生。其中，创办最早的是光绪三十一年（1905年）先后在澄江、丽江设的蚕桑学堂。其次为光绪三十二年（1906年）于省会昆明开办的10所半日学堂；光绪三十三年（1907年）创办了省会中等农业学堂；宣统二年（1910年）开办了高等工矿学堂及女子蚕桑研究所。此外，宣统二年（1910年），省会昆明还创办了女子职业学堂，分裁缝、织布、刺绣、编物四科。

辛亥革命后，民国政府于1912年4月成立教育部，同年9月颁布《学校系统令》，改实业学堂为甲种实业学校、乙种实业学校；随后于1913年8月颁布了《实业学校令》及《实业学校规程》，对实业学校的种类、编制，修业年限、学科程度等做出了规定。民国成立后，素称“地瘠民贫”“兵匪充斥”的云南，也提倡用职业教育来救国，促进社会生产力的发展，云南省职业教育因此得到了有力的推进，职业教育相关队伍亦逐渐壮大。至1940年前后，云南职业教育的发展卓有成效，在建教合作、工学互用、学历认可、就业指导等方面逐渐成熟，形成了本省的职业教育特色。

新中国成立以来，在70余年的历程中，云南省职业教育在省委省政府的有力领导下，从单薄到厚实，伴随着政治、经济和文化教育事业的发展而发展，经历了改造整顿、调整发展、劫难恢复、规范发展和质量发展等不同的发展阶段，初步建立起具有云南特色，适应经济社会发展，结构规模合理，产教深度融合，中等职业教育与高等职业教育衔接，职业教育与普通教育相互沟通，学历教育与非学历教育并重，内外发展环境优良，体现终身教育理念的现代职业教育体系。

2019 年 1 月 24 日，国务院印发了《国家职业教育改革实施方案》，《方案》提出职业教育应为促进社会经济发展和提高国家竞争力提供优质人才资源支撑。2019 年 2 月 23 日，中共中央、国务院印发《中国教育现代化 2035》，明确了教育现代化的总体目标。2020 年 10 月 29 日，中国共产党第十九届中央委员会第五次全体会议通过了《中共中央关于制定国民经济和社会发展第十四个五年规划和二零三五年远景目标的建议》，《建议》第 44 条指出：要建设高质量教育体系，全面贯彻党的教育方针，加大人力资本投入，增强职业技术教育适应性，深化普职融通、产教融合、校企合作，探索中国特色学徒制，大力培养技术技能人才；职业教育要承担起服务经济发展方式转变和现代产业体系建设的时代责任，为区域经济的发展培养数量充足、结构合理的高端技术技能型人才，主动适应区域经济发展的需求。

本书共分为十章。其中，李家祥为全书写作提供了写作纲要和具体指导并负责全书的审订工作；全书由颜绍梅统稿。各章节撰写分工如下：第一章由李家祥撰写；第二章由颜绍梅撰写；第三章由邓利撰写；第四章由李情撰写；第五章由彭世隆撰写；第六章由王越撰写；第七章由罗明撰写；第八章由廖梦骐撰写；第九章由王明芳撰写；第十章由佘欣撰写。

在此，谨向本书所引文献资料的作者表示最衷心的感谢。感谢吴夏蓉、汪静同学为本书资料的收集整理所付出的辛勤劳动。由于我们水平有限，书中疏漏、错误之处在所难免，敬请读者不吝赐教。

编　者

2021 年 6 月

目　录

第一章 绪 论

一、研究背景

（一）政 策

《中国教育现代化 2035》提出，推进教育现代化的总体目标是：到 2020 年，全面实现“十三五”发展目标，教育总体实力和国际影响力显著增强，教育现代化取得重要进展；到 2035 年，总体实现教育现代化，迈入教育强国行列，推动我国成为学习大国、人力资源强国和人才强国。2035 年主要发展目标是：建成服务全民终身学习的现代教育体系、职业教育服务能力显著提升、高等教育竞争力明显提升，这对职业教育服务能力提出了明确要求。

2020 年 10 月 29 日，中国共产党第十九届中央委员会第五次全体会议通过《中共中央关于制定国民经济和社会发展第十四个五年规划和二〇三五年远景目标的建议》，《建议》强调要激发人才创新活力，贯彻尊重劳动、尊重知识、尊重人才、尊重创造的方针，深化人才发展体制机制改革，全方位培养、引进、用好人才，造就更多国际一流的科技领军人才和创新团队，培养具有国际竞争力的青年科技人才后备军。职业教育现代化发展应紧跟政策变化，贯彻实施激发人才创新活力的政策方针。

云南地处我国西南边陲，总面积 39.4 万平方千米，占全国国土面积的 4.11%，面积广阔，在全国各省级行政区面积中排名第 8。跟据全国第六次人口普查数据，云南总人口有 4596.6 万人，人口基数大，加之地处西南边陲，教育资源较东部地区而言较少，职业教育发展缓慢。2007 年 12 月，云南省教育厅制定了《云南省教育事业发展“十一五”规划及 2020 年远景目标》；2010 年 10 月，云南省颁布了《云南省中长期教育改革和发展规划纲要（2010—2020 年）》；2011 年 3 月，云南省教育厅发布了《关于教育立法体系建设的意见》；2015 年 2 月，云南省政府第 59 次常务会议审议通过了《云南省人民政府关于贯彻落实国务院加快发展现代职业教育决定的实施意见》；2015 年 5 月，《云南省现代职业教育体系建设规划（2015—2020 年）》（《云南教育（视界时政版）》2015（7）：30－37）的发布为云南省职业教育体系建设提供了政策性的指导；2015 年 10 月，云南省教育厅等五部门印发了《云南省职业院校现代学徒制试点工作实施方案（试行）的通知》；2016 年 8 月，云南省发布了《云南省高等职业教育创新发展行动计划（2016—2018 年）实施方案》；2017 年 5 月，云南省发布了《云南省教育事业发展“十三五”规划》。这些文件的出台从政策和法律上为云南省发展职业教育提供了指引。

（二）经济背景

近年来，云南省各行业产业快速发展，尤其是烟草、汽车、民航、花卉、生物、钢铁等众多行业发展速度快，产业规模效应较大。为了更好地应对云南省农业产业化、新型工业化、城镇化、教育现代化的发展，为绿色经济强省、民族文化强省和我国面向南亚东南亚的辐射中心的建设提供有力的人力资源保障，云南省开始大力发展现代职业教育。截至 2017 年，云南省有中等职业院校 397 所。云南省近年来中高职教育快速发展，职业教育中的现代学徒制、订单式、校企合作、产教融合等各种模式快速发展。云南省职业教育紧紧围绕经济社会发展对高素质劳动者和技能型人才的需要，逐渐形成了适应经济发展方式转变和地方产业结构调整要求、体现终身教育理念、中高级职业教育协调发展的现代职业教育体系。

为服务云南生物医药和大健康、旅游文化、信息、现代物流、高原特色农业、新材料、先进装备制造、食品与消费品制造等八大重点产业，以及“路网”“航空网”“水网”“能源网”和“互联网”五网建设，云南利用经济结构转型促进职业教育转型发展，围绕云南区域经济发展和区域地域优势，推动云南职业教育“走出去、请进来”，提高职业教育国际化办学水平。从 2010 年至现在，云南职业教育迅速发展，促进了中职到高职、高职到本科的学历提升能力。全省高等职业教育整体实力显著增强，人才培养结构更加合理，培养质量持续提高。这些都对云南省职业教育的发展起到了极大的促进作用。

（三）民族背景

从 2010 年全国第六次人口普查数据得知，云南全省总人口 4596.6 万人，其中少数民族人口为 1533.7 万人，占云南省总人口的 33.4%。云南省有 8 个少数民族自治州，是我国少数民族种类最多的省份，其中 15 个民族（白族、哈尼族、傣族、傈僳族、佤族、拉祜族、阿昌族、景颇族、布朗族、纳西族、普米族、怒族、基诺族、独龙族、德昂族）为云南特有民族，要发展云南的职业教育首先要重视云南省民族地区的职业教育，云南职业教育现代化也是云南民族教育的现代化。职业教育的发展定位是服务区域和地方经济发展，云南民族地区由于受自然条件和自身财力的限制，对外部人才的吸引力较弱，民族地区经济发展所需的大量人才必须靠自己培养，而职业教育技能培训是对现有人才进行素质技能提升的重要方式。因此民族地区大力发展职业教育，不仅可以促进民族地区教育事业的健康发展，还可以为民族地区的发展培养高素质劳动者和技能型人才，为民族地区的发展提供人才支撑和智力支持。

二、研究意义

（一）理论意义

1. 经验指导

本书对云南职业教育发展的历史脉络进行梳理，为现今云南职业教育的改革与发展提供经验指导与借鉴。通过调查分析云南职业教育发展的历史，总结云南职业教育发展中取得的成就以及存在问题，明确云南职业教育今后发展的定位；通过对云南职业教育发展现状、职教园区建设现状、产教融合校企合作现状、职业教育师资情况、职业教育信息化国际化情况、职业院校管理科学化情况的梳理，了解云南职业教育的现状，了解云南省区域经济发展情况，探究职业教育与区域经济发展之间的联系。

2. 思想提升

本书将有助于了解云南职业教育发展倾向，从职业教育的发展成果及发展现状出发，让更多人了解职业教育发展模式和发展方向，以及就业优势和教学特色，提升云南省各级政府部门、院校、行业企业、社会对职业教育的思想认识，转变对职业教育的态度和看法。这对云南乃至西部人力资源开发战略研究将起到重要的推动作用，使职业教育能更好地为区域经济社会发展服务。

3. 理论创新

本书将有助于促进云南职业教育的理论创新和可持续发展，丰富云南职业教育发展理论，对云南职业教育发展过程中产生的模式、理论进行梳理和分析，为实现云南职业教育现代化做好理论准备，找到适合云南省职业教育发展的理念和路径。

（二）实践意义

1. 转变职业教育办学思路，改革职业教育体系

云南省现代职业教育体系建设规划（2015—2020 年）中强调："以邓小平理论、'三个代表'重要思想、科学发展观为指导，全面贯彻落实党的十八大、十八届三中、四中全会、十九大以及习近平总书记系列重要讲话精神，围绕把云南建成民族团结进步示范区、生态文明建设排头兵、面向南亚东南亚的辐射中心三大目标，坚持以立德树人为根本，以服务云南发展为宗旨，以促进就业为导向，加强根本、宗旨和导向意识，统筹发挥好政府和市场的作用，深化职业教育产教融合、校企合作，不断创新职业教育体制机制，调整优化教育结构布局，提高教育教学质量，加快现代职业教育体系建设，为全省经济社会持续健康发展培养大批高素质劳动者和技术技能人才。"本书通过对新中国成立以来云南职业教育政策演进的梳理，对云南职业教育现代化的发展进程进行分析，了解近年来云南省现代职业教育体系的建设情况，为转变职业教育办学思路、改革职业教育体系提供实践经验。

2. 培养高素质、高技能的工匠，提升云南省劳动者的人力资源素质

自改革开放以来，截至 2018 年底，云南省普通中等教育专业学校累计毕业 157. 17 万人，职业教育中学累计毕业 132. 13 万人。职业教育注重相关技术、技能的培养，对学生的动手能力和操作能力非常重视，故而针对职业院校的相关毕业生，云南省与多省合作，让相关企业到校招聘员工，通过校企合作为学生提供课本以外的相关技能的训练实习机会，促进学生将理论与实践相结合，提高自身职业技能和专业能力。这些毕业生毕业以后大都从事专业相关工作，服务于云南省八大产业，为云南经济社会的发展做出了贡献。

3. 实现促进云南民族地区经济发展的战略目标

近年来，云南面对"一带一路"建设、西部大开发、面向南亚东南亚的辐射中心建设提供的重大机遇，破解资源和地域限制，大力发展五大支柱产业——烟草、旅游、生物资源、有色金属和清洁能源，调整优化产业结构，促进了云南省经济社会的快速发展，高职院校从 1999 年的几所增加到 2018 年的 44 所，截至 2017 年中职院校有 397 所。高职中职院校专业设置齐全，立足云南特色，旅游、水电、生物、冶金、能源、土木、汽修、茶艺、民族特色舞蹈、医学等高职中职专业覆盖全面，为服务云南省八大重点产业提供了充足的人才保障和技术支持。通过对中高职职业教育专业设计、技能培养、培养模式的创新，从传统教授模式到顶岗实习、现代学徒制、订单式培养等教育结构改革、教学

质量提高、培养模式转变，以人才作为职业教育和经济发展的切入口，促进了区域经济又好又快发展。

三、研究方法

（一）文献法

通过搜索数据库以及查找专业书籍，对历年教育统计年鉴和高职教育质量报告进行分析，对云南职业教育发展的历史脉络进行梳理，以对当今云南职业教育的改革与发展提供借鉴。此外，我们还查阅了发展云南职业教育的相关政策资料及法律条文，收集了关于云南职业教育发展现状、云南区域经济发展情况等资料，为相关分析提供基础。

（二）调查法

通过访谈、实地调查、参观调查、学校学生座谈等形式，对云南职业教育的发展状况进行调查研究，对云南职业教育发展现状中存在问题进行分析，为云南职业教育发展提出建设性建议；根据云南区域经济发展情况，提出适合云南职业教育发展的目标，提高云南职业教育的服务能力。

（三）案例法

通过查阅高等职业教育质量发展年报，了解各个学校的特殊案例，并基于此分析云南高职院校国际化发展、专业设置、就业、创新创业、获奖等基本情况。了解云南民族中专发展情况，对比民族中专、职业院校、职业中学等在每个州市的发展情况以及职业园区建设和职教中心建设，分析云南职业教育发展情况。基于云南少数民族较多，民族特色专业众多的特殊情况，分析云南民族职业教育情况。

（四）对比法

云南地处西南边疆，可将云南职业教育发展情况与全国或中国东部经济发达地区作对比，了解其发展现状和特点，找寻云南职业教育发展的不足之处；通过与德国、日本等职业教育发展较好的国家作对比，为云南职业教育发展提供目标与途径。

（五）数据分析法

基于云南省统计年鉴，探究云南省职业教育对区域经济发展的影响，为实现中国职业教育到2035年能力显著提升的目标服务。

四、基础理论

(一) 人力资本理论

在20世纪60年代，诺贝尔奖获得者舒尔茨提出了人力资本理论，即通过对劳动者进行各种普通教育、职业教育，提升劳动者的总价值。所以教育是提高人力资本价值的主要手段，开展对劳动者的教育是一种对人力资本的投资。同时，舒尔茨对美国1929—1957年教育投资与经济增长的关系进行了定量研究，发现教育投资是各种投资中效益最好的投资，且通过教育来提高劳动力素质对促进经济发展的作用是长期性的。而劳动者工资的差别主要是取决于其受教育程度的差别，所以通过普遍提高劳动者的受教育程度，可以减少由于受教育程度不同而产生的收入差异，减缓个人收入社会分配不平等和区域经济发展的不平衡，促进社会协调发展。杨秀军（2006）认为，职业教育的发展为民族地区的经济发展提供了人才保障和智力支撑。民族地区经济发展落后的原因一方面是物质资本不足，更重要的是人力资本的落后。因此，大力发展职业教育以提高民族地区的人力资本水平，能够促进民族地区政治、经济、文化、社会等各个方面的发展。

(二) 教育外部关系规律理论

潘懋元（1990）认为，教育作为一种社会活动，必须遵循一定的客观规律。教育是适应社会发展的需要而产生与发展的，同时又推动社会的发展，教育与经济、政治、文化之间是相互影响、相互制约的；教育的发展会受到社会的经济、政治、文化发展现状的影响，同时它又反过来影响社会的经济、政治、文化。许锋华（2016）指出，职业教育与民族地区发展之间有密切联系，体现在它集中反映了区域经济的特点上。职业教育正是为适应区域发展而设立，区域间经济面貌的特殊性是决定和规划区域职业教育发展规模、层次和类型的主要依据。区域职业教育发展模式的选择既不能脱离民族地区经济特征及其发展水平，也不能脱离区域职教自身的发展条件。杨舒媚（2016）对职业教育与区域经济之间关系的研究发现，区域经济的建设为职业教育发展提供了物质支持，同时区域经济水平也会影响到职业教育的发展。当其不能很好地为区域的产业服务时，职业教育的发展就会受到制约。杨舒媚还建议职业教育的发展应根据教育的外部关系规律，参照经济社会对职业教育的真实需求，调整学校的自身定位、专业设置以及人才培养的模式和目标等，使职业教育培养出的人才更加符合民族地区经济社会发展的需求，适应民族地区产业升级与发展的需要，推动民族地区经济社会的发展。

（三）公共产品理论

公共经济学将社会上存在的产品分为三类，依照美国经济学家保罗·萨缪尔森（1956）的观点，第一类是既具有“排他性”又具有“竞争性”的私人物品；第二类是既具有“非排他性”又具有“非竞争性”的只能由政府提供的公共产品；第三类则是社会中存在着大量的具有“排他性”或“竞争性”属性的物品，这类物品被称为准公共物品。

劳凯声（2002）教授认为“教育的公益性”决定了教育是“一种典型的公共物品”。但随着社会主义市场经济的不断推进，越来越多的学者认为职业教育属于准公共产品，主要有以下几点原因：一是受教育的权利属于全体公民。教育可以带来巨大的正外部效应，职业院校提供的职业教育不仅能够为社会提供高素质的劳动力，还能为劳工提供在岗培训，为企业提供高素质劳动力队伍，提升劳动生产率，同时也能够提升国民基本的道德文化修养，促进社会和谐稳定发展。二是由于职业教育所能提供的受教育名额、师资、场地、设备等资源有限，学生需要负担一定的成本，这就使得职业教育具有着明显的“排他性”和“竞争性”，意味着职业教育会同时受到“市场失灵”以及“政府失灵”的影响，因此只有多方参与，才能使职业教育健康持续地发展。

（四）多元智能理论

比奈·阿尔弗雷德于1905年创造出“比奈－西蒙量表”用以对人类智力进行测量，但这一量表对于人类智力的测量更加偏重单一智能的测定。美国教育心理学家霍华德·加德纳（1983）在其所著的《智力的结构：多元智能理论》中提出：“智力是在某种社会和文化环境的价值标准下，个体用来解决所遇到的难题或生产及创造出某种产品所需要的能力。”这一创新性的多元智能理论认为，人类所具有的不同的智能具有同等重要的地位，现阶段社会对于智能的关注多集中于“语言智能、逻辑－数理智能”，而忽视了对于“空间智能、运动智能、音乐智能、人际交往智能、内省智能、自然观察智能”的培养。这样一种教育理念导致对职业教育社会认同度不高，严重影响了职业教育的健康发展；而在中国这样的多元化社会，多样化的人才才是这个时代所需要的。该理论重点强调了人的智能需要全面发展。而职业教育在实现人的全面发展中起着重要的作用，理应受到公平对待、高度重视。德国联邦教育及研究部前部长安妮特·沙万女士曾明确表示："职业教育绝非是为资质愚钝的学生准备的后备计划，职业教育面向所有天赋迥异的学生，它既适合所谓的能力较差学生学习的特殊道路，又是一条拔尖人才的培养之路。"当前中国正进入产业结构转型、优化经济发展模式的关键期，云南省也在致力于发展本地区的新的经济增长点，未来的职业教育将会承担更重要的任务。

五、概念界定

（一）职业教育

在我国，关于职业教育的名称先后经历了三次争论，分别是职业教育、技术教育和职业技术教育，在国家1996年颁布的《中华人民共和国职业教育法》中，"职业教育"这一名称最终得以确立。但是学者们对职业教育的本质认识并没有因名称的确定而统一，因此对职业教育的定义也就有各种不同的主张。职业教育作为一种在现实中实际存在的教育类型，除了要受到对职业教育本质认识的制约外，还要受到一国的教育制度、发展战略和文化观念的制约。不同历史时期国家的教育制度和战略不同，职业教育的界定也往往不同。

目前在我国有两种不同的职教观念影响着对职业教育的认识和界定。一种是"大职教观"。学者石伟平（2001）将"大职教观"解释为"职业和技术的教育与训练"，它包括：以在校生为主要对象的职业准备教育，其中有普通学校的"职业基础教育"与职业学校的"职业教育和培训"；以在职人员为主要对象的岗位培训；以失业人员为主要对象的再就业培训。在职业教育形式方面，包括学校本位的职教模式、企业本位的职教模式、社会本位的职教模式以及"学校-企业"综合模式。伴随着终身教育思想日益得到认可，职业教育成了贯穿于个人职业发展全过程的一种教育——职业准备教育→就业培训→岗位培训→晋级/专业/再就业培训，这就是现代语境背景下的"大职业教育观"。而另外一种是小职教观，就是指学校本位模式的职业教育。学者杜连森（2013）指出，在小职教观的视域下，职业教育特指与普通教育相对的，由各类中等职业学校和高等职业学校实施的教育，属于学校教育的一种。

社会学的职业教育本质论者对职业教育的定义一般比较宽泛和模糊。学者纪芝信（1995）认为职业教育是在一定的普通教育基础上，为适应某种职业需要而进行的专门知识、技能和职业道德教育，目的是使受教育者成为社会职业所需要的应用型人才。刘春生、徐长发（2002）认为，职业教育是在一定的普通教育的基础上，对社会各种职业、各种岗位所需要的就业者和从业者所进行的职业知识、技能和态度的职业教育和职后培训。

教育学的职业教育本质论者对职业教育内涵的界定一般比较明确。如刘育锋（2004）将职业教育定义为：职业教育是以在“一般职业”中就业，并且在“一般职业”中得到发展为主要目的的一种教育类型。欧阳河（2005）将职业教育定义为：职业教育是为想要成为技术应用型技能型人才的人提供的一种教育服务。

孟景舟（2008）认为，在不同的职教观和不同的职业教育本质论的影响下，很难对职业教育的内涵有明确统一的认识。综合不同学者对职业教育概念的定义，可将其分为广义、中义和狭义三种。广义的职业教育是指除普通教育以外的所有类型的教育；中义的职业教育是指职前职后为培养生产、建设、管理和服务第一线岗位所需的应用型人才，向受教育者传授知识、培养技能的各级各类职业和技术教育，以及普通教育中的职业教育的总称；狭义的职业教育指职前、职后向受教育者传授知识、培养技能，培养经济和社会所需的低、中、高级技工和高级技师的总称。

职业教育是我国现代教育体系中的重要组成部分，也是与经济社会发展联系最紧密的教育类型，是指“对受教育者实施可从事某种职业或生产劳动所需要的职业知识、技能和职业道德的教育”。《中国大百科全书·教育》中对职业教育有一个简明而经典的定义：“职业教育是给予学生从事某种职业或生产劳动所必须的知识和技能的教育。”在此基础上，可以进一步分析。首先，职业教育是与生产直接相关的，尤其在现代化大生产过程中它受到了高度重视；其次，职业教育与科技发展、职业分工对从业者素质要求的提高密不可分；再次，教育的发展既促进了教育的普及化，也引发了教育的分化，职业教育就是教育在分化过程中为社会服务功能的扩大的必然结果；最后，职业教育本身要扮演好自己的角色，培养生产一线的应用型实用人才。所谓的实用人才，是指受过职业教育，能在职业活动中立即发挥作用，马上进入熟练工作状态的人。综合前述认识，我们对职业教育作如下定义：职业教育是为适应经济社会发展和个人就业的要求，对受过一定教育的人进行职业素养特别是职业能力的培养和训练，为其提供从事某种职业所必需的实践经验，并能迅速适应职业岗位需要的一种教育。

（二）职业教育的现代化

对于“现代化”的内涵，不同学者有不同的观点。王骥（2013）等教授认为，从现代化建设角度而言，现代化是指具有现代世界先进水平的、满足现代需要的一种状态。吴忠民（2019）教授在其所著的《中国现代化》一书中认为，现代化是以工业化为基础的一系列社会变革，现代化意味着生产力的极大发展、高度的社会分工、以人为本的行为价值取向、能够以最小的代价面对不断产生的社会危机。更为关键的是，吴忠民教授认为，现代化并没有一个全世界所通行的方法，需要因地制宜。就中国的实际而言，罗建平（2010）认为，中国特色现代化的核心，是人的全面发展。中国现代化的“五位一体”体现在政治、经济、文化、社会和生态方面，这些内涵构成了物质文明、政治文明、精神文明、社会文明和生态文明，其核心是实现人的全面发展。

由上述观点可知，现代化是个系统工程，首先体现在思想的现代化，强调以人为本、民主法治。其次是科学技术的现代化，强调的是用现代化的技术促进产业经济的发展。再次是以“科学管理”“人本管理”运动所引领的管理模式的现代化。最后是环境的现代化。这里的环境更多地是指政治以及制度环境，随着现代化的发展，社会的各个方面都随之发生变化，其内核是高度发达的工业化、信息化和人的全面发展。

教育现代化是中国教育改革的一贯主题，是优先发展教育的理想追求和不竭动力。匡瑛（2018）认为，改革开放40余年来，随着中等职业教育的恢复、高等职业教育的大规模发展，以及本科教育的转型，中国的职业教育的现代化进程应体现在，职业教育由局部性、阶段性过渡到终身性、全面性，从“断头教育”发展成为“终身教育”。

徐国庆（2018）认为，现阶段我国的职业教育并未获得与普通教育平等的地位，因此，职业教育要实现现代化，就需要构建一个各要素达到现代化水平、自身学制完善的职业教育体系，来获得与普通教育平等的地位，这也是当前职业教育现代化改革的核心任务与逻辑主线。

姜大源（2019）认为，职业教育现代化改革需要面向全部社会职业，着眼于广大社会底层群众，举办多层次、多形式的职业教育，包括特殊人群的职业教育。

马树超（2018）则从产教融合、校企合作的方面对职业教育现代化的构成提出建议，认为职业教育现代化需要进一步的深化与社会上的其他主体的合作，尤其是与企业方面的合作。

《国家职业教育改革实施方案》指出：“与发达国家相比，与建设现代化经济体系、建设教育强国的要求相比，我国职业教育办学和人才培养质量水平参差不齐。”职业教育现代化需要从软件与硬件两个方面提升办学质量与水平。我国应建立“职教高考”制度，采用“文化素质＋职业技能”的考试方法，增加不同类型学生接受职业教育的可能性。

总体而言，对于现代职业教育所追求的目标，依据现代化以及职业教育的概念，可以理解为：就顶层设计而言，要建立完善的职业教育相关政策法规，并积极引导社会风向，提升职业教育在教育领域的总体地位；对社会而言，要提供更多的、更高水平的、能够掌握更高技能的职业技能人才，并让更多的社会成员享有接受职业教育的机会；就学校而言，要规范学校管理、提升师资专业化水平、配置能够满足学生培训的硬件设备；就学生个人而言，要能够实现自身的全面发展。

第二章 云南职业教育现代化的发展理念与发展目标

国务院于2019年1月24日正式发布了《国家职业教育改革实施方案》,《方案》要求坚持以习近平新时代中国特色社会主义思想为指导，把职业教育摆在教育改革创新和经济社会发展中更加突出的位置，为进一步办好新时代职业教育提供了战略部署和行动指南。2019年2月23号，国务院发布了《中国教育现代化2035》，为教育发展描绘好了远景蓝图：到2035年，总体实现教育现代化，迈入教育强国行列，职业教育服务能力显著提升。根据党中央的精神，为推进云南职业教育发展，云南省政府、各级有关部门必须牢固树立新发展理念，科学制定云南职业教育现代化的发展目标，为云南省的职业教育事业指明方向、规划好蓝图，更好地服务云南地方现代化建设。

一、云南职业教育现代化的发展理念

2015年10月26日—29日在北京举行的中国共产党第十八届中央委员会第五次全体会议提出，为实现“十三五”时期发展目标，破解发展难题，厚植发展优势，必须牢固树立并切实贯彻创新、协调、绿色、开放、共享的发展理念。习近平总书记在十九大报告中提出了新时代坚持和发展中国特色社会主义的十四条基本方略，明确要“坚持新发展理念”。新发展理念既是指引我国未来发展全局的核心理念，也是职业教育改革发展的指导思想和基本原则。以五大发展理念为指导，增强活力，推动云南职业教育全面可持续发展，保证公平公正，对云南职业教育的发展具有重大的现实意义。

(一) 创新理念，引领云南职业教育内涵式发展

创新是引领发展的第一动力，决定着一个国家和民族的前途命运。习近平总书记指出：“抓创新就是抓发展，谋创新就是谋未来。”我国职业教育已从规

模扩张迈向质量提升、内涵拓展阶段，依托创新理念发展职业教育，是发挥职业教育先发优势，助力我国职业教育现代化的重要时代命题。当前云南职业教育的现代化，首先应以创新为动力实现突破性发展，急需从以下几个方面进行变革：

1. 创新职业教育体制机制

“职业教育现代化实现的关键在于职业教育制度现代化和治理现代化。”以建立政府主导、行业指导、企业参与的办学机制为基础，落实政府责任，强化部门协调，加强行业指导，基本形成政府统筹、部门配合、行业企业与社会各方深度参与、公办和民办共同发展的新局面。创新职业教育发展方式，以促进教育与产业紧密结合为重点，整合资源、优化结构、强化内涵、提高质量，基本形成质量、规模、结构、效益协调发展的格局。

2. 创新职业教育人才培养模式

创新人才培养模式已成为高职教育的重要任务。人才培养是教育的重中之重，质量是职业教育的发展之本，高职院校的教育教学目标就是为社会培养和提供高素质高技能的职业技术技能型人才。高职院校应积极探索现代职业人才培养模式，试行政校企三主体、现代学徒制、订单式培养等人才培养实践模式，深化高职教育教学改革，探索实践具有云南职业教育特色的人才培养模式，建立以产业为引领、就业为导向、素质为核心、能力为本位，实现工学结合的人才培养模式。

3. 创新职教师资队伍建设

创新职教教师队伍建设，必须加快“双师型”队伍建设，选聘“能工巧匠”式人才到院校就职，创新拔尖人才作为专业组群领军人物，加大职业教育境外招才引智力度，打造国内外专兼结合的教学团队，优化教师结构；聘用有实践经验的行业专家、企业工程技术人员和社会能工巧匠等担任兼职教师，优化“双师型”队伍建设；落实教师在职进修和企业实践制度，促进企业员工和院校教师交流沟通，创新在职培训形式，加强专业带头人和骨干教师培养。

4. 创新职业教育管理制度

加强和创新职业教育治理，提升治理能力。首先是建立多方参与的决策机制和教育教学质量监测机构，由政企两方共同监督教学质量和教育管理过程；其次是创新人事分配制度；最后要完善招生、教学、资助、就业、财务和资产等学校业务管理办法，创新学校教育教学管理制度，提升学校教学质量和教育管理力度。

5. 创新职业教育评价考核制度

高职教育教学质量主要体现在人才培养质量上。健全高职教育质量保障体系，要重视第三方评估，尤其是行业企业的指导评估，才能有效督促院校改革创新人才培养和教育教学管理，建立“以素质能力评价学生、以教学效果评价教师、以贡献水平评价学校，基本形成教育与产业、校内与校外结合的质量评价机制”。

（二）协调理念，促进云南职业教育全面发展

协调是云南职业教育健康持续发展的内在要求。建设现代职业教育体系要求从教育事业发展的总体布局出发，正确处理发展中的重大关系，处理好学校、政府、企业的不同要求和发展目标，解决发展中的不平衡问题，推动职业教育协调发展。它包含三层含义：一是不同层次职业教育之间的协调发展；二是职业教育与经济社会发展之间的协调发展；三是建设职业教育与现代教育体系内部不同层次不同类型教育之间的协调发展。

1. 职业教育自身及其与各级各类教育之间的协调发展

《现代职业教育体系建设规划》提出，我国未来职业教育改革发展的目标是：形成适应发展需求、产教深度融合、中职高职衔接、职业教育与普通教育相互沟通，体现终身教育理念，具有中国特色、世界水平的现代职业教育体系。职业教育自身及其与各级各类教育之间的协调发展，关键是要明确不同层次职业教育的功能定位，搭建职业教育自身、职业教育与普通教育、职业教育与终身教育之间相互衔接与沟通的桥梁。

（1）职业教育自身的协调发展

建立和完善中职、高职、本科以及研究生各层次学历的现代职业教育人才培养体系，建立职业技术教育贯通的学历与学位体系，最大限度地为职业教育类的学生拓宽学习深造的通道，建立起贯通的学历晋升体系。为此，应深化招生考试制度改革，加快推进高等职业教育分类招考，探索和完善自主招生、中高职贯通培养等考试招生办法，以及多种模式的中、高、本、硕衔接培养机制，使职业学校与普通学校毕业生拥有同等升学机会，打通职业院校学生从中职、专科高职、应用型本科到专业学位研究生的上升通道。

（2）职业教育与普通教育协调发展

优化职业教育与普通教育比例结构，实现普通高中与中等职业学校招生规模大体相当，提升学生家长及社会公众对职业院校的接受度，积极探索综合高中试点工作。通过建立弹性学制与学分转换制度，促进普通高中和中职教育学生的有序流动，促进中职学生再学习和学历提升，实现职业教育与普通教育双

向协调发展。

（3）职业教育与终身教育协调发展

以开放大学为平台，以省市区县政府为责任主体，形成处处可学、时时能学、人人皆学的覆盖全省全民的终身教育体系。推动开放大学和职业院校向社会开放学习资源，与社区深度融合，建立职业院校与社区联动机制，促进职前教育和职后教育有效衔接，促进职业教育与终身教育协调发展。

2. 职业教育与经济社会之间的协调发展

要加强职业教育与云南区域经济社会之间的协调发展。要充分利用当地区域的职业教育资源，结合当地特色产业，围绕云南本地的主导产业、现代服务业和战略新兴产业，对接重大工程、重大建设项目，强化专业群对接产业群建设，为云南优势主导产业培养高素质应用型技术技能人才。要围绕云南区域的发展定位，优化职业教育的专业结构和布局，加强职业教育的地区服务能力。

3. 职业教育学生的协调发展

《中共中央关于制定国民经济和社会发展第十三个五年规划的建议》进一步强调，要全面贯彻党的教育方针，落实立德树人的根本任务。对职业教育而言，教育内容应注重“关注人才持续发展的成长路线图”“更加重视中高端技术技能人才的培养，深化产教融合、校企合作，注重文化素养、技术技能和职业精神融合培养，培养道德品质高、技术技能强的高素质人才，提升人才培养的针对性和适应性，切实提升劳动者素质和创造附加价值的能力”。要“完善职业教育人才多样化成长渠道，健全‘文化素质＋职业技能’培养模式和目标，加强单独招生、综合评价招生和技能拔尖人才免试等考试招生办法，为学生接受不同层次高等职业教育提供多种机会”。

（三）绿色理念，促进云南职业教育的可持续发展

绿色是可持续发展的必要条件和人民对美好生活追求的重要体现。职业教育的绿色发展，就是要遵循学生教师的成长规律、职业教育的发展规律和经济社会转型的升级规律，培养具有强烈社会责任感和可持续发展能力的、适应经济社会需求的短过渡期或无过渡期技术技能人才，从人才出发，推动院校可持续发展。

1. 坚持立德树人，实施素质教育

培育和践行社会主义核心价值观，全面加强职业精神和职业道德教育，把中华优秀传统文化和创新创业教育作为重要学习内容，纳入学生发展核心素养和学业质量评价标准，推动其进教材、进课堂、进头脑，从学习内容和观念上

培养学生的道德素质和职业素养。结合职业教育教学的特点，推动德智体美劳全面发展与专业教学的有机融合，促进专业知识体系和价值体系的有机统一、专业内容和科学方法的有机统一，坚持理论与实践相结合，培养有社会责任感、有创新精神、有职业道德、有实践本领的一代新人，为社会和企业提供高素质高技能人才，实现职业教育素质教育观念，促进云南职业教育的可持续发展。

2. 注重内涵式发展，提高教育质量

国务院印发的《关于加快发展现代职业教育的决定》明确提出要形成定位清晰、科学合理的职业教育层次结构，这一决定既是落实对现代职业教育体系建设的要求，也是对过去职业院校盲目升格的一种纠偏。职业院校要坚持以国际合作为依托、校企合作支撑、信息职教互加，瞄准需求定位和特色优势，深谋专业布局，深播产教要素，精致打造品牌，精心锻造文化，办一流职教，提升内涵式发展水平，提高教育质量，加快建成现代职业教育体系。

3. 开展实践探索，提升社会贡献度

提高对经济社会的发展贡献度是职业教育发展的最终目标。职业教育是为了给社会和企业培养优秀的人才，为经济发展提供人才保障，促进经济又好又快发展而设立的。而实施的主要途径一是要深化人才培养模式改革，推进校企合作办学、合作育人、合作实践实训基地建设、合作发展平台建设，开展校企联合招生、联合培养现代学徒制试点，联合开展订单式培养；二是要改革职业教育教学模式，推行项目教学、案例教学、实践教学、工作过程导向教学和工程实践创新项目教学；三是要提高专业建设和课程建设标准，以人才培养对接用人需求、专业设置对接产业需求、课程内容对接课程标准、教学过程对接生产过程、毕业证书对接职业资格证书为切入点，深化教学内容改革，完善专业课程体系。要实现企业产业需求与院校培养人才的无缝对接，增加院校学生的就业率和企业满意度。

（四）开放理念，增强云南职业教育发展活力

开放是职业教育发展的途径，主要是为了解决内外联动发展的问题。职业教育是与经济社会发展联系最为紧密的一种类型教育，人才培养目标、办学模式、教学内容、办学形式等各个要素都要与经济结构、产业结构和职业结构的调整变化相适应，还要与技术进步、岗位升级、社会发展相协调。因此，向全社会开放办学，建立广泛的国际交流与合作，是职业教育的发展趋势和责任要求。

1. 实施集团合作，实现优势互补

职业教育要通过组建或参与职教集团，逐步形成院校与院校之间、院校与

行业企业之间的整合优势，生产并提供优质教育产品，建立集团内部服务体系，实施知识品牌战略，按照“宽口径设置、大菜单选择、模块化组合”的思路，实现中职与高职课程体系的有机衔接和学历证书教育与职业资格证书教育的双证“融通”，放大和提高优质职教资源的效用，提高专业和课程产品的共享水平，促进院校之间的交流。

2. 强化校企合作，彰显职教特色

学校要以开放发展的思维，强化校企的深度合作，积极探索引企入学和入企办校等深度合作形式，积极推进校企一体化办学，加强校企深度合作，以校内实训基地公司化运营为目标，推进产教结合、“校企一体”建设，发展特色职教。

3. 加强与行业部门合作，注重多维融合

职业教育要通过加强与行业协会、企业、劳动就业主管部门的合作，促进多重维度的合作。一方面，使职业教育内容与职业资格证书教育、技术等级证书教育融合，提高专业教学的针对性，强化学生就业准入意识；另一方面，使职业教育有效地延伸至行业、企业、劳动、人事等部门的各级各类培训中，拓展职业教育的社会服务功能。不仅如此，通过相互间的合作，可以提高在校学生对上述各种培训的认识，增强其成人后从事非正规和非正式学习的适应能力，减少学习障碍，为终身教育各阶段教育间的衔接创造条件。

4. 面向全社会开放办学

一是要面向社区开放学习资源，服务终身教育。通过举办各种形式短期职业教育、继续教育和文化生活类课程，实现职业教育与社区发展融合。二是要面向普通教育开放，推进普职教育深度融合，将职业院校建设成为职业素养、职业技术、职业技能的学习和体验中心、校外教育服务中心，支持普通高中有计划地开设职业体验、职业生涯规划等课程。三是要面向企业开放技术培训，服务产业发展，推进“百万技能人才培训福利计划”，建立以“职业培训包”为基础的培训制度，提高培训质量和效率，形成促进经济转型升级、提高劳动者素质、稳定就业、改善民生的新局面。

（五）共享理念，保证云南职业教育的公平发展

共享是职业教育发展的目的，旨在促进教育公平、彰显职业教育价值、加快推进职业教育的现代化。教育公平是社会公平、教育资源共享的基础，提供相对均衡、相对优质的职业教育，坚持“以人为本”的理念，是共享理念在职业教育发展上的基本体现。

1. 建立健全共享机制

深化职教园区资源共享机制建设与改革，实施园区资源共享建设计划，深化校际间优势资源互补协同合作，开展专业群对接产业群建设，优化园区与院校专业结构布局。同时，建立不同区县、州市之间职教资源共享机制，实现优质职业教育资源在不同区县之间、州市之间、城乡之间的合理分享、科学流动，带动相对弱势区域特别是涉农区县提高职业教育水平，促进职业教育发展，实现信息共享；建立不同省市之间职教资源共享机制，实现省市之间先进建设经验和成果的共享，促进各省市之间交流沟通，建立健全共享机制，促进信息共享沟通。

2. 建设和完善共享平台

首先是充分利用国家现代职业教育改革创新示范区的职业教育资源，实施职业院校信息化基础设施建设计划，建立国家级数字化资源开发与制作基地，形成为国家示范区服务的数字化资源平台群；其次是加强职业院校科学化、规范化、精细化管理，建设职业教育信息化管理平台，实现职业院校在教学、实训、科研、管理、服务等方面的资源共享。建设区域职业教育共享共建平台，一是建立教学资源合作开发平台，推动区域职业院校合作开发职业教育的专业课程，编写教材；二是利用现代信息技术，建设职业教育数字化课程资源库，实现优质职业教育教学资源在区域的全覆盖。建立教学资源开放共享平台，实现区域之间的图书文献、数据、实习实训基地的共建共享共用，建设区域性实践教学虚拟仿真教学平台，提高资源利用效率。建立国家职业教育实验区（示范区）联盟的信息交流平台，完善职业教育协同发展联盟组织和运行机制，通过定期召开职业教育协作发展论坛、职业院校产教融合对接会，建立职业教育协同发展网站，畅通信息交流，分享就业市场信息、实习岗位信息、学校动态信息、科研项目信息等，为联盟职业院校间的合作，为联盟的政、行、企、校、研要素融合提供支撑。

以“五大理念”引领和对接云南省职业教育发展的实践与改革，旨在构建更高质量、更可持续发展、更加公平的，具有云南地方特色的现代职业教育体系，以推进云南省职业教育现代化进程。

二、中国职业教育现代化的发展目标与任务

没有职业教育的现代化就没有教育的现代化，职业教育是教育的重要组成部分。《国务院关于加快发展现代职业教育的决定》《国家职业教育改革实施方案》（国发〔2019〕4 号）的颁布，是国家和党中央为推进职业教育现代化，立足全局进行统筹规划、顶层设计，以确保不同区域、不同层次的职业教育高

质量发展、协调发展，同步进入现代化教育行列的重要指南。中国职业教育发展目标，为职业教育现代化发展指明了方向，是职业教育现代化的重要保障。

（一）中国职业教育现代化发展目标制定的背景和指导思想

1. 时代背景

（1）社会经济全面转型发展的需要

随着我国进入新的发展阶段，产业转型升级和经济结构调整不断加快，各行各业对技术技能人才的需求越来越紧迫，职业教育重要地位和作用越来越凸显，以教育现代化支撑国家现代化已经形成共识。职业教育如何调整办学目标、定位、教学模式、路径，以适应全新的时代要求和条件，无疑是职业教育现代化发展的重要课题。

（2）国家创新驱动发展战略的需要

从全球来看，新一轮科技革命和产业革命正在孕育和发展，重大科技创新正在引领社会生产新变革和新发展。为加快我国向创新型国家迈进，建设现代化教育和经济体系，建设富强民主文明和谐美丽的社会主义现代化强国，实现中华民族伟大复兴的中国梦，满足人民美好生活需要，必须加快教育现代化，把我国建设成为教育强国。深化职业教育的办学内涵和提高教育质量，培养更多的高素质创新型技术技能人才，服务国家创新驱动发展战略的实施，可以说迫在眉睫。

（3）职业教育内涵式发展的需要

互联网、人工智能等新技术的发展正在不断重塑教育形态，知识获取方式和传授方式、教和学关系正在发生深刻变革，人民群众对更高质量、更加公平、更具个性的教育需求也更为迫切。新时期职业教育必须走高质量发展、内涵式发展的道路，构建现代化教学体系、现代化管理体系，培养更多优秀人才，已然成为职业教育现代化建设的核心任务。

2. 指导思想

《国务院关于加快发展现代职业教育的决定》（国发〔2014〕19号）提出：以邓小平理论、“三个代表”重要思想、科学发展观为指导，坚持以立德树人为根本，以服务发展为宗旨，以促进就业为导向，适应技术进步和生产方式变革以及社会公共服务的需要，深化体制机制改革，统筹发挥好政府和市场的作用，加快现代职业教育体系建设，深化产教融合、校企合作，培养数以亿计的高素质劳动者和技术技能人才。

《中国教育现代化2035》文件中提出的推进教育现代化的指导思想是：以习近平新时代中国特色社会主义思想为指导，全面贯彻党的十九大和十九届二中、三中全会精神，坚定实施科教兴国战略、人才强国战略，在党的坚强领导下，全面贯彻党的教育方针，坚持马克思主义指导地位，坚持中国特色社会主义教育发展道路，坚持社会主义办学方向，立足基本国情，遵循教育规律，坚持改革创新，以凝聚人心、完善人格、开发人力、培育人才、造福人民为工作目标，培养德智体美劳全面发展的社会主义建设者和接班人，加快推进教育现代化，建设教育强国，办好人民满意的教育。

以上两个文件的指导思想强调，只有科教才能强国、只有人才才能兴国，把教育和科学技术摆在经济、社会发展的重要位置，鲜明地提出了培养德智体美劳全面发展的社会主义建设者和接班人的根本任务，巩固了职业教育现代化和教育现代化的发展阵地。

（二）中国职业教育现代化的发展目标和任务

《国务院关于加快发展现代职业教育的决定》（国发〔2014〕19号）（后简称《决定》）提出了我国现代职业教育发展的目标：到2020年，形成适应发展需求、产教深度融合、中职高职衔接、职业教育与普通教育相互沟通，体现终身教育理念，具有中国特色、世界水平的现代职业教育体系。具体的目标任务是：

——结构规模更加合理。总体保持中等职业学校和普通高中招生规模大体相当，高等职业教育规模占高等教育的一半以上，总体教育结构更加合理。到2020年，中等职业教育在校生达到2350万人，专科层次职业教育在校生达到1480万人，接受本科层次职业教育的学生达到一定规模，从业人员继续教育达到3.5亿人次。

——院校布局和专业设置更加适应经济社会需求。调整完善职业院校区域布局，科学合理设置专业，健全专业随产业发展动态调整的机制，重点提升面向现代农业、先进制造业、现代服务业、战略性新兴产业和社会管理、生态文明建设等领域的人才培养能力。

——职业院校办学水平普遍提高。各类专业的人才培养水平大幅提升，办学条件明显改善，实训设备配置水平与技术进步要求更加适应，现代信息技术广泛应用，专兼结合的“双师型”教师队伍建设进展显著。建成一批世界一流的职业院校和骨干专业，形成具有国际竞争力的人才培养高地。

——发展环境更加优化。现代职业教育制度基本建立，政策法规更加健全，相关标准更加科学规范，监管机制更加完善，引导和鼓励社会力量参与的政策更加健全。全社会人才观念显著改善，支持和参与职业教育的氛围更加浓厚。

为推进和落实职业教育改革，《国家职业教育改革实施方案》（国发

〔2019〕4号）对职业教育发展的目标任务具体表述为：

——坚持以习近平新时代中国特色社会主义思想为指导，把职业教育摆在教育改革创新和经济社会发展中更加突出的位置。牢固树立新发展理念，服务建设现代化经济体系和实现更高质量更充分就业需要，对接科技发展趋势和市场需求，完善职业教育和培训体系，优化学校、专业布局，深化办学体制改革和育人机制改革，以促进就业和适应产业发展需求为导向，鼓励和支持社会各界特别是企业积极支持职业教育，着力培养高素质劳动者和技术技能型人才。

——完善职业教育体系，为服务现代制造业、现代服务业、现代农业发展和职业教育现代化提供制度保障与人才支持。建立健全学校设置、师资队伍、教学教材、信息化建设、安全设施等办学标准，引领职业教育服务发展，促进就业创业。落实好立德树人根本任务，健全德技并修、工学结合的育人机制，完善评价机制，规范人才培养全过程。深化产教融合、校企合作，育训结合，健全多元化办学格局，推动企业深度参与协同育人，扶持鼓励企业和社会力量参与举办各类职业教育。推进资历框架建设，探索实现学历证书和职业技能等级证书互通衔接。

——从2019年开始，在职业院校、应用型本科高校启动“学历证书＋若干职业技能等级证书”制度（1＋X证书制度）试点工作。到2022年，职业院校教学条件基本达标，一大批普通本科高等学校向应用型转变，建设50所高水平高等职业学校和150个骨干专业（群），建成覆盖大部分行业领域、具有国际先进水平的中国职业教育标准体系。企业参与职业教育的积极性有较大提升，培育数以万计的产教融合型企业，打造一批优秀职业教育培训评价组织，推动建设300个具有辐射引领作用的高水平专业化产教融合实训基地。经过5～10年左右时间，基本完成职业教育由政府举办为主向政府统筹管理、社会多元办学的格局转变，由追求规模扩张向提高质量转变，由参照普通教育办学模式向企业社会参与、专业特色鲜明的类型教育转变。

《中国教育现代化2035》针对职业教育明确提出的发展目标是：职业教育服务能力要显著提升。要加快发展现代职业教育，不断优化职业教育结构与布局，推动职业教育与产业发展有机衔接、深度融合，集中力量建成一批中国特色的高水平职业院校和专业。主要任务是：深化职业教育产教融合，构建产业人才培养培训新体系，完善学历教育与培训并重的现代职业教育体系，推动教育教学改革与产业转型升级衔接配套。健全产教融合的办学体制机制，坚持面向市场、服务发展、促进就业的办学方向，优化专业结构设置，大力推进产教融合、校企合作，开展国家产教融合建设试点。建立健全职业教育制度标准，完善学校设置、专业教学、教师队伍、学生实习、经费投入、信息化建设等系列制度和标准，制定并落实职业院校生均拨款制度。建立国务院职业教育工作联席会议制度。

中国职业教育现代化目标的制定，“展现出与时代共进、育大国工匠、致力于中华民族伟大复兴的使命担当”。职业教育现代化是职业教育高水平的发展要求，是对传统职业教育的超越，是职业教育发展理念、发展方式、体系制度等全方位的转变。《决定》表明，职业教育作为教育的一个类型，其地位和作用对于国家现代化发展极为重要。职业教育发展目标和任务的确立，始终坚持把立德树人放在第一位，为职业教育培养什么人、为谁培养人才、怎样培养人才提供了思路和答案。培养高素质的技术技能人才、德智体美劳全面发展的现代人，是职业教育现代化的目标和方向，对实现我国职业教育现代化提供了蓝图和思想保障。根据《决定》，到2020年，我国中等职业教育在校生将达到2350万人，专科层次职业教育在校生为1480万人，接受本科层次职业教育的学生达到一定规模。这不仅对国家转方式、调结构、促升级具有十分重要的意义，也将帮助每个家庭创造更大人才红利。

三、云南职业教育现代化的发展目标和任务

云南职业教育现代化目标的制定，必须全面贯彻党的教育方针，立足云南区域发展状况，遵循教育规律，坚持改革创新，加快推进云南职业教育的现代化。

（一）制定云南职业教育现代化发展目标的意义和原则

1. 制定职业教育现代化发展目标的意义

发展目标是指职业学校在某一时期内生存与发展中全局性、方向性的奋斗目标，是对学校未来发展趋势、发展方向的创新性思考和科学预见，直接影响学校的整体发展战略。

制定职业教育发展目标意义重大，具体表现为：

首先，发展目标规划了职业教育的办学层次、类型、规格和特色，能够保证职业教育沿着正确的道路和方向发展，同时定位了职业教育发展所要达到的具体指标、发展速度和规模效益。可以说发展目标是指导职业教育分步发展的依据。

其次，发展目标能够正确引导职业教育的改革和发展方向。

再次，发展目标能够有效整合各类办学资源，统筹各方面具体工作，保障学校工作的正常、高效运转。

最后，将发展目标内化为学校全体师生员工的内在需求，激发师生员工教

学、科研、管理和后勤服务的积极性和主动性，形成人心齐、士气旺、事业兴的发展局面。

例如，楚雄技师学院“建成一流的有特色的现代技师学院、力争进入全国100所示范性技师学院行列、争取创办高等职业技术学院”的发展目标，以及洱源县职业高级中学等创建国家级重点职业中学的发展目标，明确规定了学校的发展规模和速度，对学校的发展就有很好的指导作用。

一个好的发展目标对职业学校起着规划、导向、整合、激励的作用，因此制定职业教育发展目标对职业教育发展意义重大。

2. 制定职业教育现代化发展目标的原则

（1）适度超前原则。在整个社会发展中，教育只有先行一步，才能为社会经济的发展预先培养人才，这就决定了教育的发展必须适度超前于经济发展的水平。职业教育，在制定发展目标时也要遵循适度超前的原则。此外，发展目标也是对职业教育未来发展趋势、发展方向的创新性思考和科学预见。

（2）与地方经济社会发展相适应的原则。王键在《区域职业教育发展战略》一书中提到：“在制定职业教育发展战略目标时，必须优先考虑职业教育与经济社会发展的适应性，根据经济社会发展的需求制定职业教育发展战略目标，保证职业教育发展与区域经济的发展相协调。”

（3）可行性原则。可行性原则是指发展目标的制定要从职业教育现有的发展情况出发，职业教育目前的条件和优势是实现职业教育新发展目标的基础和前提。科学地定位发展目标，要遵循发展目标的可行性原则，实事求是地分析职业教育目前的条件和基础。

（二）职业教育现代化发展目标的特征

发展目标蕴含着职业教育发展的历史和传统，又包括它未来的发展方向。因此职业教育的发展目标应该满足以下条件：

第一，完整性。即发展目标的表述要完整。发展目标体现职业教育整体的发展水平，是职业教育各个方面发展情况的总体体现。职业教育的发展目标是一个有机的系统，由若干具体目标组成。因此，发展目标的表述在意义和文本结构方面必须完整。

第二，简洁性。即发展目标的语言表述要简洁精练。发展目标是职业教育向外界传递自己价值观念以及整体发展情况的品牌或者口号，一定要简洁精练，让人易于记忆，这样才能达到宣传的作用。此外，发展目标具有导向、激励的功能，要使其功能充分发挥，发展目标就要做到语言表述简洁精练。

第三，精确性。即发展目标的定位精确。职业教育的发展目标应该能精准地定位职业教育未来的具体发展方向，只有这样的发展目标才具有可操作性。

第四，特色性。即突出职业教育发展的特色。“特色”不是以“大”定论，而是以“特”定论，做到“人无我有、人有我精、人精我新、人新我特”。这是一种不断实现职业教育特色创新的思维模式。

第五，方向性。即发展目标要能反映职业教育发展的方向。发展目标具有规划和导向功能，职业教育的发展目标必然要能反映该学校的发展方向。

第六，层次性。即发展目标要具有层次性。发展目标一般以系统的形式存在，不同层次和水平的发展目标构成了一个完整的发展目标体系。职业教育发展目标的层次性体现在把发展目标进行任务分解，划分为具体的发展指标。这样有利于把宏观、抽象的发展目标分解为具体、可操作的发展指标，可以对职业教育的发展情况作出质与量的规定。

（三）新时代云南职业教育现代化的发展目标

根据《国务院关于加快发展现代职业教育的决定》（国发〔2014〕19 号）的精神，为加快构建具有云南特色的现代职业教育体系，推进职业教育与产业发展深度融合，有效地服务云南经济社会发展方式转变和产业转型升级，云南省政府结合本省实际，制定发布了《云南省现代职业教育体系建设规划(2015—2020 年)》(云教职〔2015〕19 号)、《云南省人民政府关于贯彻落实国务院加快发展现代职业教育决定的实施意见》（云政发〔2015〕16 号）等文件，在建设规划中明确提出了云南职业教育现代化发展的指导思想：以邓小平理论、“三个代表”重要思想、科学发展观为指导，全面贯彻落实党的十八大，十八届三中、四中全会以及习近平总书记系列重要讲话精神，围绕把云南建成民族团结进步示范区、生态文明建设排头兵、面向南亚东南亚辐射中心，坚持以立德树人为根本，以服务云南发展为宗旨，以促进就业为导向，统筹发挥好政府和市场的作用，深化产教融合、校企合作，不断创新体制机制改革，调整优化结构布局，提高教育教学质量，加快现代职业教育体系建设，为全省经济社会持续健康发展培养大批高素质劳动者和技术技能型人才。

《云南省现代职业教育体系建设规划（2015—2020 年)》（云教职〔2015〕19 号）制定了云南职业教育现代化发展的总目标：到 2020 年，建立起具有云南特色、适应经济社会发展、结构规模合理、产教深度融合、中等职业教育与高等职业教育衔接、职业教育与普通教育相互沟通、学历教育与非学历教育并重、内外发展环境优良、体现终身教育理念的现代职业教育体系。

从云南省现代职业教育发展目标看，制定的基础和前提条件是立足于全省经济社会发展的实际需要；内容上强调要加快构建现代职业教育体系，以深化改革来加快现代职业教育发展，要以深化办学形式和机制、招生考试制度、人才培养模式、专业课程体系、教学质量评价等改革来不断扩大规模、转变方式、拓宽范围、统筹协调，加快推进现代职业教育发展。发展目标的主题是要全面巩固和提升职业教育发展水平。

（四）新时代云南职业教育现代化发展的主要任务

为贯彻落实《国务院关于加快发展现代职业教育的决定》（国发〔2014〕19 号），《国家职业教育改革实施方案》（国发〔2019〕4 号）关于职业教育发展的目标任务，《云南省现代职业教育体系建设规划（2015—2020 年）》（云教职〔2015〕19 号）、《云南省人民政府关于贯彻落实国务院加快发展现代职业教育决定的实施意见》（云政发〔2015〕16 号）等文件，具体规定了云南职业教育现代化发展的任务，概括如下：

1. 加强立德树人

把社会主义核心价值观融入职业教育教学全过程，培养具有科学文化知识、熟练职业技能等综合职业能力的高素质劳动者和技能型人才。

2. 院校布局更加科学

基本形成滇中、滇东北、滇东南、滇西、滇西北、滇南 6 个区域性职业教育区，基本建成安宁、嵩明、曲靖、玉溪、保山、昭通、普洱、临沧、楚雄、文山、版纳、德宏、红河 13 个区域性职业教育园区。原则上在每个县（市、区）办好 1 所中等职业学校。

3. 结构规模更加合理

基本实现中等职业学校和普通高中招生规模大体相当，高等职业教育规模占高等教育的 50%，民办职业院校在校生占职业院校在校生总数的 30% 以上。

4. 办学水平普遍提高

重点建设 10 所高等职业院校、150 所中等职业学校，20 个职教园区（中心）实习实训基地和 10 个高职院校公共实习实训基地。建成一批紧贴产业发展需求的特色专业和骨干专业。重点建设 5 个示范性职教集团。职业院校办学基础设施条件、教师学历、专业结构、生师比、“双师型”教师占专任教师的比例等达到国家职业院校建设标准。

5. 层次结构更加完善

在有需要的地方继续办好初等职业教育学校。在各类职业院校、培训机构和用人单位内部开展实用技术技能培训，使学习者获得基本的工作和生活技能。发挥中等职业教育在现代职业教育体系中的基础性作用，开展基础性知识、技术和技能教育。继续办好现有高等职业（专科）学校，发展应用技术类型高校，培养本科层次职业人才。

6. 创新现代职业教育管理制度

完善“分级管理、地方为主、政府统筹、社会参与”的职业教育管理体制，健全现代职业学校制度。探索发展股份制、混合所有制职业院校，创新公办职业教育办学机制，激活职教集团发展活力。

7. 加强现代职业教育内涵建设

深化产教融合、校企合作，促进校企深度合作，建设一批高水平的中高职学校。指导职业院校主动聚焦云南省八大重点产业，面向市场需求调整专业设置，加强特色专业建设，形成中职、高职、应用型本科、专业学位研究生相衔接的专业链和专业集群，增强职业教育人才培养的有效供给。开展现代学徒制试点工作，创新校企一体化人才培养模式，按照“贴近行业、围绕专业、面向职业、服务就业”的原则，加强学生职业技能、就业创业和继续学习能力的培养，提升系统化人才培养水平。实施现代职业教育质量提升计划，提升校长队伍和“双师型”教师队伍建设水平，继续实施“特聘教师”计划，加快“云岭教学名师”的认定和培养。

8. 强化职业教育信息化建设

实施职业教育信息化提升工程，加大职业院校信息化建设投入，改革传统教学模式，开发数字化教学资源和虚拟仿真实训系统，实现教学手段科技化、教育传播信息化、教学方式现代化。

9. 经费投入与保障

逐步分类推进中等职业教育免除学杂费，依法制定并落实职业院校生均拨款标准，完善经费稳定投入长效机制，改善职业院校基本办学条件。落实教育费附加的30%用于职业教育的政策，拓宽经费来源渠道。

云南省职业教育现代化的发展目标和任务，贯彻并对标国家职业教育现代化发展的战略思想，紧密结合云南实际，体现出了自身特色：一是目标突出。它聚焦云南省加快推进职业教育现代化这一主线，制定出提高职业教育普及水平、促进职业教育公平、优化职业教育结构、提高职业教育质量、构建现代职业教育制度体系等重点任务。二是问题导向。它聚焦云南省职业教育的战略性、紧迫性问题和热点难点问题，找准关键环节和重点领域，对精准扶贫和乡村振兴计划因地制宜、精准施策。三是服务导向。它聚焦云南省八大重点产业发展战略及产业布局规划，推动职业教育产教深度融合，为云南省经济社会发展提供人才、科研、智力等支撑。

第三章　云南职业教育现代化的发展历程

中国的职业教育源于古代，但古代职业教育仅具有职业教育的粗浅性质和形式，与现代意义上的职业教育有很大差别。而职业教育的快速发展是伴随着中国近现代150年的历史发展而发展变迁的，并且形成了自己独有的特色与形式。

云南职业教育在近现代取得了一些发展，形成了与云南区位特色相符的职业教育体系，为振兴云南地方经济、服务区域发展做出了贡献。与过去相比，云南的职业教育无论是在规模上还是在质量上都取得了长足的进步。

一、古代朴素的职业教育

（一）古代职业源考

职业是人们在社会中从事的作为主要生活来源的工作，通常又称作工作岗位。人类在劳动中产生了社会分工，从商品互换到货币出现形成交易，社会分工逐步细化，在此基础上逐渐形成了职业。我国古代的职业分化程度很低，根据《周礼·考工记》记载，我国古代的社会职业有六大类，即王公、士大夫、百工、商旅、农夫和妇功。现在人们常说的“三百六十行”，源于《清稗类钞·农商类》一书，该书中记载：“三十六行者，种种职业也。就其分工约计之，曰三十六行；倍之，则七十二行；十之则三百六十行。”

（二）古代初始的职业教育形式

由于古代社会的职业流动十分有限，也就不可能建立起开放的、社会化的职业教育体系。中国古代主要以农耕经济为主，因技术和交通的限制，职业教育发展并不广泛，只需要在各个职业圈内对少数人进行职业教育，就能满足社会的基本需要。当时的职业教育主要有两种形式：一种是直接满足官场需要的官学；另一种是零星地散布于民间的学徒制。

在奴隶社会时期，由于社会分工细化，发达的手工业生产者要求对手工业奴隶进行强制性技术培训，当时就出现了一种带有强制性的职业教育形式。此外，“六艺”中的“射、御、书、数”被认为已具有了职业训练的性质。春秋战国时期，社会经济空前繁荣，手工业内部分工更为精细，而技术在古代秉承父技子承、师徒传承，因此形成了独特的家族式或师门式职业教育体系，这些为现代职业教育的发展奠定了基础。

秦汉以后，从中央到地方都有官办作坊。在这样的作坊中，一个新手在师傅的言传身教之下从学徒变为工匠，最后成为师傅，这是古代一般的职业教育过程。这些手工业者基本上是世袭的“匠户”，官办的作坊和职业教育机构为数极少，规模也很有限，而且几乎仅仅服务于官府，不对社会开放，因此这种教育只是封建官僚体制的附庸，并不是真正意义上的职业教育。到东汉末年，洛阳设立的著名的“鸿都门学”，是我国历史上第一所专科性质的学校。南北朝时期的医学，唐朝时期国子监管辖的律学、算学、书学，再到宋代专门学校中增添的武学、画学，这些都可以视为我国古代具有职业性质的高等教育。

（三）云南古代朴素的职业教育

云南地处边疆，经济、文化与中原相比极为落后，因而古代没有正式的职业教育性质的学校，但已经有广义上的职业教育，其技术的保存与人才的培养是通过家传、学徒制等方式进行的。元朝时期，云南被正式置于中央帝国的版图中，建立了云南行省，并大规模推行土司制度。到了明清两朝，随着中央统治深入滇西南，部落割据与封闭状况被打破，云南的大部分地区也开始慢慢接受中原文化。随之，云南各种物产资源被发现，如盐和银。随着滇西南的盐矿、银矿等矿产被大规模地开发利用，由于采用了汉人带来的先进冶炼技术，滇西南矿产业的崛起拉动了其他产业的快速发展，而当时采矿、冶铁、茶艺技术在某种程度上都是通过师传和家传的方式进行的，这也呼应了当时整个中国的职业教育形态。

古代的职业教育受当时社会经济发展水平的制约，虽然具有明显的生计性和个别化特征，但是它所培养出来的人才，对当时社会的发展具有重要意义，在客观上起到了促进社会生产发展、科学技术进步的积极作用。

二、近代云南职业教育的建立

（一）近代云南职业教育建立的背景

1. 政府对职业教育的倡导

随着我国近代工商业的产生和发展以及“西学东渐”的深入，新兴的资产阶级猛烈地抨击科举制度。他们普遍认为改革教育和培养新式人才是改良社会并促进社会发展的重要途径，呼吁建立新式学堂，主张将知识和技术技能纳入学校课堂，让更多人学习知识和技艺，打破传统的家族式和师徒式技艺传承方式。

19 世纪后期，随着我国新教育运动的兴起和民族资本主义经济的发展，职业教育性质的学堂在各地萌生，职业教育逐步取得了发展。中国近代实业教育发源于 1866 年左宗棠奏设的福州船政学堂。光绪二十八年（1902 年），随着壬寅学制颁布，实业教育制度正式确立；光绪二十九年（1903 年），清政府颁布了由张百熙、张之洞、荣庆等拟定的《奏定学堂章程》；光绪三十年（1904 年）又颁布了“癸卯学制”，学制分为三段四级，在纵向上分为初等教育（其中又分为初等小学和高等小学两级）、中等教育、高等教育，而横向上与之并列的有师范教育和实业教育两个系统。“癸丑学制”的颁布，其目的是推行新式教育，以适应并推动近代资本主义工商业的发展。

2. 富国兴滇的需要

清朝末年，中国社会经济日渐衰退，社会矛盾空前激化，民族危机急剧加深。直至民国初期，传统农业依旧是云南国民经济的重要基础，封建、半封建的生产关系仍占据主导地位。云南的近代工业虽然有所发展，但也仅限于滇中腹地的一些城市和矿区，绝大多数地区都还没有产生近代生产方式，绝大部分地区还局限于传统的农耕文明和小农经济中，近代生产方式因受地域和交通的限制，其发展不如东部和沿海地区发展迅速，资本主义经济还属于萌芽阶段。因此，当清政府实行新政，推行新式教育，提倡以职业教育培养技术人才、振兴国家经济的指导思想确定以后，云南省政府、学界积极参与，大力倡导开办职业教育，使职业教育在云南得以迅速开展。

（二）云南近代职业教育发展概况

1. 初等职业教育

清朝末年，一方面，清政府学部下令各省开办农业学堂；另一方面，由于云南气候温和、雨量充沛，适宜栽桑养蚕，因此，“滇省的职业教育，颇置重桑蚕一科”。光绪三十年（1904 年），云南在省会昆明创办了一所初级桑蚕学堂和一所实业学堂，这标志着云南职业教育的产生。光绪三十一年（1905 年），云南先后在澄江、丽江创立桑蚕学堂，随后在云南各地发展到 20 余所。光绪三十三年（1907 年），各地奉命将桑蚕学堂改为初等农业学堂，主要学习桑蚕、农业、林业和兽医 4 科，职业教育逐步从单一的桑蚕和农业发展到其他专业，覆盖农林兽经几个方面，促进了云南经济的发展。光绪三十二年（1906 年），在省会昆明开办了 10 所半日学堂，学生学习的科目有纸笺、织布、靴鞋、裁缝 4 科。至宣统二年（1910 年），又在省会昆明创办了“省会女子职业学校”，设裁缝、织布、刺绣、编物 4 科，性质为半工半读。同年，云南从昆明到各府、州、县共创设约 100 余所的女子桑蚕研究所。

进入民国以后，云南初等工业学堂改为省会乙种工业学校，初等农业学堂改为乙种农业学校。到 1914 年，全省有 45 所乙种农业学校、5 所乙种工业学校，学生 2000 余人。后因护国军兴，教育经费锐减。至 1923 年，云南的职业教育基本停办。1928 年以后，初等职业教育有所恢复。但至 1940 年，全省仅存 6 所初等职业学校，学生 983 人。由此可见，这一时期云南的初等职业教育几乎处于停滞状态。

2. 中等职业教育

在近代云南的中等教育事业中，中等职业教育占据重要地位。光绪三十三年（1907 年），云南创办了省会中等农业学堂，设蚕业、农业、林业 3 科，并附设农业教员讲习所及染织科，以便让学生更好更快地理解相关专业技术，掌握相关技能。清末，中等职业教育还处于萌芽状态，数量极少。直到 1910 年，云南才创办了第一所商业学堂。

进入民国以后，中等职业教育进入了一个曲折发展的历史时期。云南省教育厅先后颁布《云南省教育厅扩置全省职业教育计划大纲》《云南全省职业学校设置纲要》等文件，多次下令推广职业教育，中等职业教育因此得到了一定扩大和充实。民国初年，中等职业教育获得稳步发展，一些普通中学改办为工农等科职业中学，省立、县立普通中学添设职业科或附设职业科。1912 年，省会农业学堂改为省会农业学校，云南高等工矿学堂改办为“省会工业学校”。后者后又改为“甲种工业学校”，内设采矿、冶金、应用化学 3 个学科，并设“理化实验所”。实验所对社会开放，让社会公众有机会能参与技术技能学习，发展云南特色冶金采矿产业。民国十五年（1926 年），云南省设立农科高级中学，内设农科、林科两个班，辟有自己的农场、林场和苗圃。民国十八年至十九年（1929—1930 年），教育部命令各省努力发展各种职业教育，限制普通中学的扩大，并规定把中等教育经费的35%用于职业教育事业，要求各中等学校都加设职业班或加设职业课程，对学生进行职业训练，根据当时经济下滑的趋势，加强职业训练，促进失业员工再就业。1935 年以后，云南还开办了省立团山、玉溪、开远等初级农业职业学校。除此以外，还开办了省立昆华高级护士助产学校、鼎新初级商业学校，培养护士和会计。1940 年，云南的教育经费因失去独立资格而锐减。次年，教育厅颁布《关于省立各中等学校裁并班级令》，后因战事及经济影响，全省的中等职业教育陷入停滞乃至停办。到1945 年，除省会几所中等职业学校外，在县立、市立的128 所中等学校中，仅剩1 所职业学校。

3. 高等职业教育

光绪二十五年（1899 年），云南创办了武备学堂，附设方言学堂。宣统元年（1909 年），方言学堂改办为高等学堂，这是云南开办的第一所外语高等学堂，设日、英、法3 科，并选派优秀毕业生到日本、欧美留学。方言学堂为云南汉族与少数民族交流、云南与外省交流培养了大量的语言人才；优秀毕业生到日本、欧美学习先进教育管理思想，学成之后回国效力，为地方经济社会发展做出了贡献。从另一个层面说，要加强云南的对外经济合作，首先要利用云南与南亚东南亚毗邻的地理优势，加强对外交流，这对语言人才有很高的要求。民国二年（1913 年）方言学堂改为云南法政专门学校，课程有法律、政治、经济、商业、英语等。1932 年，该校停办。但是，该校在办学期间共毕业了40个班，培养了1800 余名学生。至新中国成立前，云南省的许多行政、司法、商业机关中的管理者都是从这所学校毕业的，它为云南的行政、司法、经济系统提供了许多管理人才，为云南经济社会发展打下了坚实的基础。宣统二年（1910 年），云南创办了云南高等工矿学堂，初设高等生1 个班、中等生4 个班。招生对象主要是云南、贵州两省的优级师范选科的理化、博物两类的优秀毕业生，为云南冶金、采矿行业培养了许多技术人才，为云南的产业发展提供了人才基石。辛亥革命后，该学堂因学生星散零落而停办。

4. 师范教育

云南在清朝末年为了解决开办新式学校的师资困难，采取多种形式培训师资。光绪三十年（1904 年），云南选派速成师范生41 名留学日本，学习教育专业知识，研究教育管理、教学方法、教育形式以及学科设置等问题。这批师范生，在日本学习和考察后，于光绪三十二年（1906 年）先后回国。他们成了云南师范教育的骨干师资，是近代云南职业教育发展重要的师资力量。这些学成归来的留学生为云南职业教育带来了生生不息的力量，不断培养出新的师资和专业性人才。

光绪三十二年（1906 年），昆明设立了“省会师范传习所”，这是云南为解决师资短缺问题最早采取的应急办法；各直隶厅、州所办的中学堂也被一律改为“师范传习所”，全省共17处，为各州市独立培养自己的师资提供了场所和条件。同时，将“师范传习所”毕业生按其程度分为优等生和中等生，优等生被分配到高等小学堂任教。同年，云南省学务处遵照学部关于加强师范教育的命令，在昆明贡院内开办了一所“体操专修科”。光绪三十三年（1907 年），云南把高等学堂改成两级师范学堂，即优级选科和初级简易科。光绪三十四年(1908 年)，云南当局把云南各府、厅、州办的“师范传习所”，一律改为初级师范学堂；同时，云南省教育当局利用原来医学堂的经费和地址，建立了云南省第一所女子师范学堂。宣统二年（1910 年），云南各府的初级师范学堂全部建立，中学堂也先后建立起来，这使得更多需要接受教育的人能够有机会上学堂。

1912 年，省教育当局把清末创办的昆明“两级师范学堂”与省会中学附设的初级师范相合并，改名为“省会师范学校”。1915 年，护国战争爆发，军费开支猛增，云南当局把相当一部分教育经费挪作军费，全省教育受到很大影响，当局只有关闭昭通、保山、丽江的师范学校，7 所省立师范减少至 4 所。1930年后云南中等师范有了很大发展，1933 年云南省教育厅根据中央教育部划分各类学区的精神，对中等师范学校的体制进行了调整，到 1938 年，云南学区划分并扩大为 9 个，共有省立师范学校 33 所，县立师范学校 42 所。但 1939 年以后，由于抗战军兴，特别是 1941 年云南的教育经费失去独立地位以后，加之社会动荡，教育经费得不到保障，学校难以维持。到 1945 年，全省只剩下 20 所师范学校，师范教育步入低谷。从公共管理的角度看，教育是准公共产品，教育资金主要来源于当地政府和国家的财政补贴，教育经费保障是教育发展的基础，因而由于战争、经济衰退、国内环境的影响，在当时没有教育经费保障的情况下，云南的教育必然走向衰退。

（三）云南近代职业教育的发展特点

1. 重视中等职业教育

清朝末年，新式教育学校在云南迅速开办起来。云南在开办新式教育的初期，最先受到重视的是高等教育和初等教育，中等教育则在一定程度上被忽视了。之后，清政府多次下令推广职业教育，鼓励学生接受中等职业教育，才使中等职业教育得到了较大发展。政府对中等职业教育的重视，引起社会对职业教育的关注，家长学生积极接受和参与职业教育，为职业教育注入了动能。

2. 教育目标明确

云南在开办职业教育学校的过程中，确立了明确的人才培养目标，结合云南文化、地理区位条件，明确了人才培养方向，即要培养符合云南经济产业需要、实用且有一定技能，能实现谋生、就业，对社会有用的人才。

3. 教育对象广泛

云南的职业教育学校，从开办伊始就有明确的招生标准，招收的学生不分性别、种族、社会阶层，体现了职业教育的公平性特征，有利于实现其教育宗旨，与普通中高学历教育一开始拒招女生不同，职业教育招收的对象广泛，为普通大众提供了学习的渠道。

4. 专业、课程设置结合实际

云南省的职业教育学校在专业设置、教学内容上强调结合地方实际，体现地方特色。清末至民国年间，职业学校的专业主要设有蚕业、农业、林业、矿业、织染、商业、护理等科。在课程设置上，职业教育课程分为两大类：文化课和专业课（实业课），并对职业课程及实习时数做出了明确的规定，强调理论与实践相结合。职业课程要注重实际，学生学成要能运用到工作中去。

5. 办学机制灵活

清末直至民国，云南职业学校的开办具有较强的灵活性，将职业学校纵向设置为初等、中等、高等三个层次，以培养符合云南经济发展不同水平需要的实业人才。职业学校的类型也较为多样，有为男生开办的，也有为女子开办的；有为普通学生开办的，也有为讲习生开办的。学制上，时间有长有短，有短期的，短则几个月；也有长期的，长至几年不等。灵活的办学特点，较好地适应了不同学生自身的状况及需要。

6. 重视实习实践

云南近代的职业教育非常重视学生的实习，一般规定职业学校的学生实习时间不得少于全部学时的1/3；学生实习不及格者，不得毕业。要求各职业学校必须建立实验场所，配备技术指导人员，以更好地指导学生实习实践所学专业技术。此外，还要求职业中学应同当地工矿、商会、医院等建立联系，聘请其中有经验的人做学校的顾问，建立顾问委员会，让他们给学生上课，使学生所学的知识技能更具有实用性，毕业后能够立即服务于社会。

7. 管理极为严格

清末到民国的职业教育管理一般都采用普通教育的管理制度。以中等职业教育为例，学籍管理极为严格。如，对退学的规定有：违反学校规则、行为不良、学业过劣、发生重大不当行为等。对作为学籍管理手段的考试也作了严格规定：考试有平时考、月考、学期考、毕业考等，考试层次严密，有助于学生自我督促提升。日常生活方面，注重礼节训练，力争使学生成为遵纪守法的良民。

三、新中国成立后云南职业教育的发展

（一）新中国职业教育的发展历程

新中国成立以来，我国职业教育进入了一个新的历史时期，经历了调整后发展、劫难后恢复、规范创新发展三个阶段。

第一阶段，新中国的成立至改革开放的30年。我国经历了“基本完成社会主义改造的七年”“开始全面建设社会主义的十年”“文化大革命的十年”“在徘徊中前进的两年”。这30年，新中国在经历长期战乱、一穷二白的基础上搞建设，其间，先是经历了三年战后经济恢复时期，然后是社会主义革命时期。这一时期，以毛泽东为核心的党中央率领全国人民巩固了人民政权，恢复并发展了国民经济，实行了第一个五年计划，开始了社会主义工业化的进程，进行了社会主义改造，建立了社会主义基本政治、经济制度；三大改造完成之后，开始进入了全面建设社会主义时期。在社会主义建设的探索中，经历了大跃进、人民公社化运动，随后又遭受苏联逼债和三年自然灾害，紧接着又发生了“文化大革命”。不断的政治运动影响了国民经济的正常发展，冲击了各项社会事业的开展。我国学者将1949—1965年的十七年，称为新中国教育的创立、摸索和发展阶段；1966—1977年的“文革”十年中，学校的教学活动和科研活动全部停止，这一时期的教育发展遭到重创。

第二阶段，改革开放至2009年的30年。1978年12月十一届三中全会的召开，标志着中国开始实行改革开放的政策。改革开放的30年，是中国经济蓬勃发展的30年，人民生活水平快速提高。1978年到2006年间，中国经济总量迅速增加，国内生产总值从0.3645万亿元增长至21.0871万亿元，增长近60倍。更为重要的是，这一时期我国的经济成功实现了从计划经济转向社会主义市场经济。这一时期，也是教育事业蓬勃发展的30年。学者徐国庆将改革开放后的职业教育发展划分为三个阶段：即20世纪80年代的中等职业教育恢复与发展阶段、20世纪90年代的职业教育规模稳定与内涵初建阶段以及21世纪的职业教育体系初步形成与内涵全面深化阶段。

第三阶段，2010年到至今，随着我国进入新的发展阶段，增长速度由高速

向中高速转换，发展方式从规模速度型粗放式增长向质量效率型集约式增长转换。随着社会的不断进步和科技的发展，社会对职业教育的人才培养目标提出了新的要求。不论是新型城镇化中人的城镇化还是乡村振兴战略中农民的现代化即新型职业农民的培育，都需要通过职业教育对现有人才进行素质技能的提升；产业升级和经济结构调整不断加快，各行各业对技术技能人才的需求越来越紧迫，职业教育的重要地位和作用也越来越凸显。城镇化、乡村振兴、产业升级和经济结构的调整都需要职业教育培养大批社会发展所需的高素质技术技能型人才。

（二）云南职业教育的探索发展时期

1. 发展背景

新中国成立至改革开放时的30年，是云南职业教育的探索期。云南由于地处西南边疆，少数民族众多，教育多以民族教育和家庭教育为主。云南基于各少数民族处于不同的社会发展阶段，经济社会发展呈现多层次不平衡的特点，采取了“直接过渡”“和平协商”“缓冲土改”等特殊政策，使民主改革和社会主义改造的任务顺利完成，实现了历史性的跨越，其中教育的跨越式发展对“直过民族”摆脱贫穷落后的状况起到了至关重要的作用。后期受十年“文化大革命”的影响，云南经济、文化、教育受到严重冲击。

2. 发展概况

新中国成立初期，云南省职业教育的发展面临着学校培养目标不明确，缺乏领导干部，教师数量不足、质量低，缺乏合适教材的困境。1951年，针对本省目前的技术教育数量不足及设备简陋等情况，云南省文教厅颁布了《云南技术教育发展初步方案》（草案）。1952年，云南省中等技术教育委员会正式成立，对本省中等职业学校的设置、招生、经费、师资建设、教学等工作进行统筹。职业教育在经过省政府的大力推进之后，获得了长足的发展。

但在1958至1976年间，云南的职业教育同其他方面的工作一样，受到了两大冲击：一是“大跃进”时期的盲目发展；二是“文化大革命”的严重冲击。“教育大跃进”首先是从贯彻“教育与生产劳动相结合”的方针开始的。“农业中学”是1958年在工农业生产“大跃进”形势下出现的一种新兴学校，是“教育为无产阶级服务，教育与生产劳动相结合”的方针和发展教育事业要用“两条腿走路”方针的直接产物。很快，除了组织大批师生下乡下厂直接参加劳动外，还开展了“学校进工厂、农场”活动。一时间，各级各类学校几乎校校有工厂、农场，甚至班班有车间、农田或菜地。1960年，职业学校的发展达到了新中国成立以来的最高峰，学校数量及在校生人数成倍甚至十几倍地增长，超出了国民经济的负担能力和教育自身的发展条件，导致教育质量得不到保障。因此，1961 年教育部确立了压缩职业教育规模的方针，对职业教育进行了改革，保证了职业教育的教学质量，提升了职业教育在公众中的可信度。

20 世纪 60 年代的“文化大革命”，对中国的学校教育产生了严重影响。这场运动以政治教育替代学校教育，致使各级各类学校的教育教学工作基本瘫痪。

截至 1978 年，云南省普通中等教育专业学校有 70 所，普通中等教育专业学校专任教师数有 2200 人，招生人数为 12800 人，在校学生数为 26600 人，毕业生人数为 9900 人。

截至 1980 年，云南省的其他中等专业学校由 1952 年的 7 所增加到 79 所，在校生人数由 1952 年的 3485 人增加到 19783 人。

此后，省政府多次召开全省职业教育工作会议，出台了一系列政策和条例，并针对云南省职业教育管理机构，教育形式、规模，专业设置，师资设备等问题进行讨论研究，以不断规范云南省职业教育的发展。

3. 发展特点

（1）动手能力强，但专业限制较深。“动手能力强”是许多老中专生引以为傲的特点，但这种培养方式并非完美无瑕，在这种模式下学生受限制的程度深。当时学校教育完全是计划体制，开什么专业、教什么内容由上级下达指令，职业教育教学方式重复性较高、灵活性较低。比如，讲生产劳动，学生就要固定在一个岗位上工作 8 周，不能轮换。但这种培养模式为当时的农业工业提供了大量的可操作性人才，为当时云南省经济的发展提供了人才储备。

（2）受政策影响较大。受教育与生产劳动相结合的方针影响，1954 年成立的中华中学、农业中学学生以半工半读的形式，将学习与生产劳动相结合，充实了当时的农村科技，为推广农业新科技、发展多种经营发挥了巨大的作用。

（三）云南职业教育的改革发展时期

1. 发展背景

从 1978 年改革开放开始至 2009 年的 30 年，云南职业教育处于改革发展时期。自改革开放以来，虽然云南的职业教育取得了一定的发展，但与社会经济的发展对云南的职业教育的需求还有很大的差距，云南职业教育还有很长的路要走。改革开放以来，云南的经济发展取得了巨大成就，经济总量大大增加，综合经济实力显著提高，财政总收入快速增长；第三产业全面发展，经济结构不断调整和优化，基础设施明显改善，城乡居民生活水平显著提高。

2. 发展概况

（1）中等职业教育

到1999年，云南职业教育学校达到了209所，教师6900余人，在校生人数15.78万人。云南省中等职业教育办学条件不断改善，骨干学校建设成效明显，培养体系逐渐完善。中等职业教育通过跨行业、跨地区的联合，优化了教育资源，相继创建起一批国家级、省部级重点中专，全省每一个县都有了自己的职业高中或职教中心，产、学、研相结合，积极为当地经济和社会服务，为社会培养了一批储备人才。

2009年底，云南省职业教育得到了快速发展，中等职业教育在学人数达到了66.87万人，实施职业教育园区化建设工程，新建了12个职教园区，大力推进以职教集团化为重点的职业教育体制改革，组建职教集团31个，帮困助学体系不断完善。全省中等职业学校在校生67万人，已超过普通高中在校生规模。这些傲人的成绩为云南省职业教育进入更高更好的发展阶段奠定了基础。

表3-1　2009年云南省中等职业学校情况

数量（2009年）	学校数量（所）	专任教师数量（万人）	招生数（万人）	在校人数（万人）	毕业人数（万人）
普通中等教育专业学校	94	0.74	9.79	23.37	6.31
职业教育中学	191	0.96	10.71	24.1	5.58

资料来源：《云南省2009年统计年鉴》

（2）高等职业教育

改革开放以来，云南省高职教育快速发展，取得了历史性的突破，但在“九五”以前，云南省高等职业教育几乎为空白。1984年，在省会昆明成立了市属高等职业院校——昆明大学，学校本身的规模不大，1996年该校在校学生767人，开设经济学、文学、工学3个专业，后来才逐步形成了较全的专业体系。

1996年，《中华人民共和国职业教育法》颁布实施，为职业教育事业的发展和改革提供了有力的法律保障。1999年云南公布了《云南省职业教育条例》。1999年，中共中央下发《国务院关于深化教育改革全面推进素质教育的决定》，强调要大力发展高等职业教育，现有的职业大学、独立设置的成人高校和部分高等专科学校要通过改革、改组和改制，逐步调整为职业技术学院。云南省作为全国高等职业教育改革的试点，积极参与了新模式的改革探索。同年，经云南省专业设置评议委员会评审、省教委批准，在22个本专科院校（其中有普通高等院校、职工大学、师范专科学校、教育学院）正式增设57个高职专业。同年7月，昆明冶金高等专科学校等全省12所专科学校和职工大学开始试办高职班，共设置20多个专业，招生3140人。2000年，云南省获得国务院高等职业技术学院审批授权，开设高职教育的学校达26所，招生专业68个，招生人数6000余人，基本形成本科院校职业技术学院、专科学校和部分成人高校共同发展高职教育的格局，多渠道、多模式、多机制的高职教育发展体系正式形成。

2005年，中共云南省委、云南省人民政府出台《关于大力推进职业教育改革与发展的意见》，使云南省高等教育大众化不断向前推进，高等教育结构得到不断优化，高职高专教育发展非常迅速。截至2005年底，全省有高职高专28所（其中专科院校7所，高职院校21所，高职院校中有6所民办高校），占云南高等教育的63.64%。

3. 发展特点

（1）职教集团初步兴起

2005年，作为云南中等职业教育改革试验区的玉溪市就组建了烟草、工业财贸、旅游服务等3个职教集团，开创了云南职业教育集团化发展之先河。随后，云南省曲靖职教园区、嵩明职教园区先后建起，推动了云南职业教育快速发展。截至2009年底，云南省已建成31个职教集团，基本形成按州市布局、按产业布局的园区设置，推动了云南职业教育和经济社会的发展。

（2）开展少数民族职业教育

云南是我国少数民族种类最多的省份，有8个民族自治州，29个民族自治县。除汉族外，5000人以上的少数民族有25个，其中15个少数民族（白、哈尼、傣、傈僳、佤、拉祜、阿昌、景颇、布朗、纳西、普米、怒、基诺、独龙、德昂）为云南特有，各民族分布呈“大杂居、小聚居”的特点。自改革开放后，云南省积极响应国家大力发展经济的号召，大力发展民族经济，改变了民族地区历史性的贫困面貌，实现了边疆民族地区经济社会的全面发展。结合云南各地的中专院校以及少数民族的技艺，开展少数民族技艺培训班，如省民专“因地制宜，因族举措”“一山一寨，一族一策”，开展了茶艺班、舞蹈班等各种培训班和专业，为云南少数民族艺术传承和经济发展做出了巨大贡献。

（3）高等职业教育快速发展

自1999年开始，云南省高职院校快速发展。截至2007年底，云南省高职高专院校数、毕业生人数，均超过全省高校总数的50%。根据云南省2005/2006学年初教育事业统计公报，“十五”期间，云南省高等职业院校比“九五”末增加了20所；招生人数从“九五”末期的6000余人增加到41179人，同比增加85.43%，并占全省普通高校招生人数的48.74%（全省高校招生84487

人)；在校学生107320人，占全省普通高校在校生人数的42.14%（全省高校在校生254687人)。

四、云南职业教育的创新发展时期

(一) 发展背景

1. 区域经济转型需要

经济转型也称结构转型，从传统技术到现代技术，从农业到工业和制造业，然后转向高收入服务型经济。随着我国区域经济结构的调整和产业的转型升级，职业教育要承担起服务经济发展方式转变和现代产业体系建设的时代责任，为区域经济的发展培养数量充足结构合理的高端技术技能型人才，实现主动适应区域经济发展的需求。近年来，随着云南省产业结构不断调整，三次产业比重由2011年的15.9：42.5：41.6调整到2015年的15：40：45（《云南省产业规划（2016—2025年)》)。由数据可知，第一产业比例和第二产业比例略有下降，第三产业比例增幅相对较快，由此基本形成了“三二一”产业规模由大至小的格局。《规划》指出：第一，着力发展八大重点产业，形成经济增长新动力，促进经济新发展。云南八大产业分别为：生物医药和大健康产业、旅游文化产业、信息产业、现代物流产业、高原特色现代农业产业、新材料产业、先进装备制造业、食品与消费品制造业。第二，改造提升优势骨干产业，增强传统产业增长动力。第三，培育壮大战略性新型产业，着重发展新能源产业，打造经济增长新引擎。

按照习近平总书记的要求，结合云南实际，云南提出要推动产业结构向开放型、创新型、高端化、信息化、绿色化方向转型发展，推进信息化与工业化深度融合发展，以智能制造为主攻方向，开展制造业升级专项行动，促进先进装备制造等新兴产业发展，加快产业结构调整，转变发展方式，确保与全面建成小康社会同步。劳动力是产业转型升级中最为重要的要素，劳动者劳动技能和方法的提升，直接影响产业的转型升级。云南产业转型升级，迫切需要培养大量的技能型劳动力，而提高劳动力资源的素质，必须依靠职业教育。实现经济转型升级，推进产业结构调整，促使云南制造从“低端制造”向“精品制造”转型升级，需要加快建立完善的现代职业教育体系，提高劳动者整体素质，建设一支规模宏大、结构合理、素质较高的技能型人才队伍。

2. 政府重视职业教育发展

随着社会的不断进步与时代的不断发展，职业教育的重要性日益凸显。高度重视职业教育的发展，加快发展现代职业教育，是党中央、国务院做出的重大战略部署，是一项基础性、全局性和长远性的重大任务。改革开放40多年来，职业教育的首要成就就是在国家战略中地位的确立。2010年7月，《国家中长期教育改革和发展规划纲要（2010—2020年）》；2014年，《国务院关于加快发展现代职业教育的决定》（国发〔2014〕19号）；2019年，《国家职业教育改革实施方案》（国发〔2019〕4号），这些政策为云南职业教育的发展创造了良好的条件。

2020年10月29日，中国共产党第十九届中央委员会第五次全体会议通过了《中共中央关于制定国民经济和社会发展第十四个五年规划和二〇三五年远景目标的建议》，建议强调要加强创新型、应用型、技能型人才培养，实施知识更新工程、技能提升行动，壮大高水平工程师和高技能人才队伍。实行更加开放的人才政策，构筑集聚国内外优秀人才的科研创新高地。

在秉承国家教育政策的同时，云南省根据自身特色出台了一系列相应措施，如2015年《云南省现代职业教育体系建设规划（2015—2020年）》，2017年《云南省教育事业发展“十三五”规划》。此外，中央财政始终坚持“推改革、促发展”的理念，先后出台了一系列政策措施，引导和支持地方不断加大对职业教育的投入力度，逐步形成了覆盖学校的能力建设、学生资助、教师素质提升等全方位、普惠与特惠相结合的职业教育财政政策框架，有力地推动了职业教育的改革发展。在国家强有力的支持下，职业教育在各个领域的发展均取得了突破性进展，职业教育的发展从规模扩张转变为质量的提升，实现了从量变到质变的转变，职业教育发展处于内涵全面深化的阶段。主要有以下三个特点：一是重视职业教育体系建设。我国从20世纪80年代到现在，已经初步构建起由中等职业教育、高等职业教育和技术应用型本科教育构成的，内部有着多种沟通途径的现代职业教育体系。二是内涵建设的全面展开，包括校企合作在局部有了重大突破，专业结构调整总体比较成功，职业院校服务经济产业的能力得到大幅度的提升。三是人才培养模式和课程改革向纵深发展。师资队伍建设方面初步完成了教师数量与能力的基本配置，不断朝着双师型师资队伍的目标迈进，职业教育作为一种类型教育开始在我国逐步确立起来了，政府、社会、公众基本接受了职业教育形式。

（二）发展概况

1. 中等职业教育

截至2020年初，云南省中等职业教育（包括普通中等专业学校、职业高中、技工学校和成人中等专业学校）共有学校405所，比上年减少5所；招生24.71万人，比上年增加1.71万人，占高中阶段教育招生总数的42.78%；在校生66.49万人，比上年增加1.48万人，占高中阶段教育在校生总数的

42.24%；专任教师2.41万人，比上年减少1105人；中等职业学校（不含技工学校）占地面积1675.64万平方米，校舍建筑面积661.53万平方米。

表3－2　2019年云南省中等职业学校情况

数量（2019年）	学校数量（所）	专任教师数量（万人）	招生数（万人）	在校人数（万人）	毕业人数（万人）
普通中等教育专业学校	87	0.97	10.47	30.81	9.12
职业教育中学	160	1.18	6.26	17.55	5.66

资料来源：《云南省2019—2020学年初全省教育事业发展公报》

国家中等职业教育改革发展示范学校建设计划于2011年正式启动。教育部、人力资源社会保障部、财政部在2011年1月7日下发教职成厅〔2011〕1号文件，公布了285所学校为第一批立项建设学校。2011年10月20日下发教职成厅〔2011〕4号文件，公布了377所学校为第二批立项建设学校。2012年9月21日下发教职成厅〔2012〕4号文件，公布了342所学校为第三批立项建设学校。至此，共公布了1004所学校为国家中等职业教育改革发展示范学校建设的立项单位，其中云南省共有27所院校入选，入选名单如下表所示：

表3－3　全国千所中职示范学校建设单位中云南的27所

地　区	批　次	学　校
云南	一	曲靖市麒麟职业技术学校　云南省玉溪工业财贸学校
	二	云南省工业高级技工学校　曲靖农业学校　云南省交通高级技工学校　玉溪第二职业高级中学　腾冲县第一职业高级中学　楚雄民族中等专业学校　云南建设学校　昆明市官渡区职业高级中学　大理市中等职业学校　临沧卫生学校　云南省普洱卫生学校　芒市职业教育中心　蒙自市职业高级中学
	三	云南高级技工学校　曲靖财经学校　保山市隆阳区职业技术学校　大理高级技工学校　曲靖市宣威第一职业技术学校　楚雄高级技工学校　德宏州中等职业学校　曲靖应用技术学校　禄丰县职业高级中学　红河州农业学校　安宁市职业高级中学　曲靖市师宗职业技术学校

资料来源：《职教研究》

2. 高等职业教育

云南高等职业教育发展到2015年，在校生人数达22.86万人，占全省高校全日制本专科在校生总人数的37.2%；教职工人数14010人，其中专任教师10652人，生师比为16.5∶1。

截至2018年，云南省高职院校共有44所，其中国家级示范骨干院校2所、国家级骨干院校1所、省级示范院校7所、省级特色骨干院校8所、普通高职院校23所，分为4个层次的梯队分布。其中省级特色骨干院校之一的云南热带作物职业学院于2014年5月并入云南农业大学，更名为云南农业大学热带作物学院。

根据云南省2019至2020年初教育统计年鉴，截至2020年初，云南省高等职业教育情况如下：高职（专科）院校49所，高职（专科）全日制在校生平均规模达到8193人；高职高专学校占地面积1589.47万平方米，校舍总建筑面积（含正在建设施工、非产权独立使用）895.33万平方米，教学科研仪器设备总值232091.35万元，图书1873.07万册。

由数据可知，云南省职业学校无论是在办学规模、办学条件还是学生人数上，都占据了普通中高等教育的半壁江山，成为中高等教育的重要组成部分，为云南省培养了大批服务于生产一线的技术技能型人才。

表 3－4　云南省高职院校分布情况表

地区/学校（所）	国家级示范骨干院校	省级示范院校	云南省级特色骨干院校	普通高职院校
昆明市	云南交通职业技术学院 昆明冶金高等专科学校 云南机电职业技术学院	昆明工业职业技术学院 云南国防工业职业技术学院 云南国土资源职业学院 云南林业职业技术学院 云南农业职业技术学院	云南司法警官职业学院 云南体育运动职业技术学院 云南热带作物职业学院（现为云南农业大学所属） 云南经贸外事职业学院	昆明铁道职业技术学院 昆明艺术职业学院 云南财经职业学院 云南工贸职业技术学院 云南交通运输职业学院 云南科技信息职业学院 云南旅游职业学院 云南水利水电职业学院 云南特殊教育职业学院 云南外事外语职业学院 云南文化艺术职业学院 云南轻纺职业学院 云南省工程职业学院 云南新兴职业学院 云南商务职业学院 云南城市建设职业学院 昆明卫生职业学院
曲靖市		云南能源职业技术学院	曲靖医学高等专科学校	
玉溪市				玉溪农业职业技术学院
保山市			保山中医药高等专科学校	

续 表

地区/学校（所）	国家级示范骨干院校	省级示范院校	云南省级特色骨干院校	普通高职院校
昭通市				昭通卫生职业学院
丽江市				丽江师范高等专科学校
楚雄彝族自治州			楚雄医药高等专科学校	云南现代职业技术学院
红河哈尼族彝族自治州			云南锡业职业技术学院	红河卫生职业学院
文山壮族苗族自治州				云南三鑫职业技术学院
西双版纳傣族自治州		西双版纳职业技术学院		
大理白族自治州				大理护理职业学院 大理农林职业技术学院
德宏傣族景颇族自治州				德宏师范高等专科学校 德宏职业学院
合计	3 所	7 所	8 所	27 所

资料来源：《高等职业教育质量年度报告》

3. 职业教育师资培训

云南省的职业教育师资培训工作主要包括省内组织的和教育部组织的两部分。省内组织的主要依托于云南大学职业技术学院的“全国职业教育师资培养培训重点基地”。1998 年，云南大学设立职业技术学院，是云南省高校中最早开展职业技术教育的院校之一。学院以云南大学雄厚的师资力量为基础，以社会需求为导向，以素质教育和技能培养为基点，以培养有理想、有道德、有文化、有纪律的技术技能型、实用型人才为目标，充分发挥云南大学的资源优势，高起点、高水平地发展高等职业教育，为云南职业教育培养师资，为云南省乃至中国西部培养经济建设和社会发展需要的实用复合型人才。2000 年，云南大学职业技术学院获得“云南省高等职业教育专业办学资格合格证”，同时被国家教育部批准为“职业教育师资培养培训重点基地”；2001 年，云南大学职业技术学院被教育部批准为中等职业学校教师在职攻读硕士学位的培养单位，是云南省唯一集国家级、省级职教基地和职业院校教师在职硕士学位培养单位于一身的重点院校。云南大学职业技术学院具体开展了如下工作：

第一，开办职业技术师范类本科教育，培养职教师范类师资。祝士明、毛亚男（2012）认为，我国本科层次的职业教育主要是为了给中等职业学校培养师资力量的，因此被称为“职教师资型本科”。自 1998 年开始招收第一届本科层次职业教育的学生以来，云南大学职业技术学院根据全国和云南省经济社会发展的需要，灵活设置专业，培养职业教育师资。学院一共开设了六个全日制本科专业，分别是计算机科学与技术、汉语言文学（文秘教育）、财务会计教育、市场营销教育、旅游管理和应用电子技术教育。至 2010 年底，学院共培训了 824 名中职教师，基地已与 13 个企业建立了正式的实习合作关系；云南大学本科职教开始招生以来，到 2015 年底学院已经为社会培养毕业生近 2000 名，在校学生为 568 名。其中，不少毕业学生成为中等职业学校的师资力量，为云南当地的职教发展做出了积极的贡献。

第二，开展中职教师在职攻读硕士学位研究生的培养工作。2001 年以来，先后设置旅游管理、企业管理（财务管理和市场营销方向）、通讯与信息系统、计算机应用技术和技术教育学 5 个专业，合计招生 500 人。随着师资力量不断增强，2007 年，学院又开始招收成人教育学专业的研究生，截止到目前，已经发展为具有成人教育学、职业技术教育学、教育法学、教育技术学（教育学方向）四个专业的学术型研究生的招生点。

第三，开展中职骨干教师和管理人员的培训工作。学院在教育部职业教育与成人教育司、云南省教育厅职成教处的大力支持下，开展职教师资培训工作。2000 至 2006 年，学院多次举办中等职业学校专业课骨干教师和校长及管理人员培训班，共计培训学生2300人次；2007年，学院还承担了教育部“中等职业学校教师素质提高计划”的培训工作；至2010年，学院共举办中等职业学校教师素质提高计划专业骨干教师国家级培训班7期，培训人数389人；2012至2018年，学院中等职业学校专业骨干教师国家级培训人数达1196人。自2000年以来，学院职骨干教师和管理人员培训工作共计培训学生近4000人次。

近年来，云南省在在职教师师资培养方面取得了很大进步。至2018年，云南省共有3个国家级（云南大学职业与继续教育学院、云南旅游职业学院、昆明冶金高等专科学校）和16个省级职教师资培训基地，形成了3个省级职业院校教师企业实践基地和1个省级职业院校教师远程培训机构。另外，云南省多所职业学校与沿海地区职业教育发展较好的城市建立了多种合作办学模式，为云南省职教师资的培养培训提供了有利条件。

表3-5 云南省省级职业院校教师培训基地名单

一、省级职业院校教师培训基地	
序　号	基地名称
1	云南师范大学
2	云南农业大学
3	昆明工业职业技术学院
4	云南交通职业技术学院
5	云南财经职业学院
6	昆明卫生职业学院
7	玉溪工业财贸学校
8	昆明理工大学
9	云南机电职业技术学院
10	云南国土资源职业学院
11	云南农业职业技术学院
12	丽江师范高等专科学校
13	云南省曲靖应用技术学校
14	官渡区职业高级中学
15	曲靖医学高等专科学校
16	云南林业职业技术学院

续　表

二、省级职业院校教师企业实践基地	
序　号	基地名称
1	文汇酒店
2	云南宝升汽车服务有限公司
3	昆明枫叶王府酒店管理有限公司
三、省级职业院校教师远程培训机构	
序　号	基地名称
1	北京奥鹏远程教育服务中心

资料来源：云南省教育网

（三）发展特点

1. 职教集团规模化发展

云南省现已组建了21个省级职教集团，13个州市级职教集团。在省级职教集团中，本科院校牵头3个、高职高专院校牵头9个、中职学校牵头8个、中华职教社牵头1个。职教集团涵盖了工业、农业、烟草、轻工、旅游、交通、艺术、建筑、林业、粮油、财经、体育、水利水电、国土资源、冶金矿业等领域。近年来，云南各地职教集团以校企双赢、学生受益、社会获利为办学目标，取得了一些成绩和突破，给职业教育注入了新活力。

2018年，根据《云南省教育厅关于开展云南省职业教育集团化办学工作评估的通知》的要求，省教育厅组织专家对立项建设并提交检查评审材料的35个（另有7个未提交检查评审材料或未开展工作）职业教育集团化办学试点单位的工作进行了阶段性检查与评审，经网络评审、实地考察及会议评审等方式，为深入贯彻国家和云南省促进产教融合、校企合作的相关精神，在前期试点的基础上，从中遴选出8个示范性职业教育集团化办学拟立项建设单位。

表3－6　云南省示范性职业教育集团化办学拟立项建设单位名单

序　号	集团名称	牵头单位
1	云南交通职业教育集团	云南交通职业技术学院
2	云南旅游职业教育集团	云南旅游职业学院
3	云南工业职业教育集团	昆明工业职业技术学院

续 表

序　号	集团名称	牵头单位
4	曲靖麒麟职业教育集团	曲靖麒麟职业技术学校
5	云南冶金矿业职教集团	昆明冶金高等专科学校
6	云南经贸外事职教集团	云南经贸外事职业学院
7	云南机电职业教育集团	云南机电职业技术学院
8	云南农业职业教育集团	云南农业大学

资料来源：全国职业教育集团化办学专题网站

2. 行业企业积极参与

为促进职业教育的发展，在借鉴发达国家职业教育经验的基础上，教育部门提出新的人才培养模式。在2008年度职成教工作会议上，教育部长周济强调，“要积极推进学生到企业等用人机构顶岗实习，努力形成以学校为主体，企业和学校共同教育、管理和训练学生的教学模式”，也就是要实行校企合作的人才培养模式。从一系列政策中，都能看到国家鼓励行业企业积极参与职业教育的导向。至2018年，教育部指导成立了56个行业职业教育教学指导委员会，涉及的行业基本覆盖国民经济行业分类中的所有门类；全国组建了1406个职业教育集团，许多企业与学校建立了紧密合作关系。

云南省高职院校开展的教育合作主要有校企合作、组建职教集团等方式。13个州市级职业教育集团，体现出依托行业背景开展合作的特点，实现了政府主导，企业、社会参与的职业教育办学体制，使教育资源得到有效整合，优质资源实现共享，以更好培养高新技术产业、支柱产业、现代服务业急需的高素质人才。

3. 结合云南特色，民族特色浓郁

云南省少数民族众多，民族职业教育开展较广。现云南省有20所民族中等专业学校、民族职业技术学校和民族职业高级中学，占中等职业学校总数的5.3%。以云南省民族中等专业学校为例，学校先后被命名为“全国民族职业教育示范基地”“全国职业教育民族工艺品设计与制作公共实训基地”“云南民族优秀文化教育示范学校”“云南省职业院校学生管理15强”，先后荣获“全国民族团结进步模范集体”“全国各民族青年团结进步先进集体”“全国职业院校学生工作创新优秀单位”“云南省教育先进集体”等国家级奖项12个、省部级奖项50多个、地厅级奖项300多个。学校面向少数民族、面向农村、面向贫困地区招收学生，在专业设置上充分体现民族性，根据少数民族和少数民族地区的需要，先后设置了具有民族属性的“民族工艺美术、民族音乐舞蹈、民族服装服饰、民族工艺品设计制作、民族风味食品加工制作（烹饪）”等多个民族文化技艺类专业，并将其作为重点骨干专业来建设，使其成为学校的品牌与特色。同时，学校还开设了许多具有民族特色的课程，如民族舞蹈、民族工艺、民族文化概论、民族理论与政策等，“逐步形成了民族文化课程体系，真正做到了民族文化进校园、进教材、进课堂、进头脑”。

4. 面向东南亚，职业教育国际化倾向明显

云南地理位置特殊，属我国西南边疆，与东南亚多个国家接壤。受“一带一路”经济带影响，云南的职业院校与南亚东南亚多个国家合作，职业教育的国际化程度较高。2017 年，云南省共有独立设置的高职高专院校 43 所，其中，公办高职院校 32 所，民办高职院校 11 所，在校生约 26 万人。从云南 43 所高职院校 2018 年度质量报告中可以看出，在 34 所开展国际交流与合作的院校中，有 31 所与东南亚国家开展了合作，占 91.2%。其中，有 16 所院校与东南亚国家院校签订有合作协议，已开展了互派师生、合作培养学生、合作开展培训等较为深入的合作，占 51.6%；有 9 所与东南亚国家院校签订合作协议，即将开展合作，占 29%。在调查的 15 所高职院校中，有 14 所院校与泰国、越南、缅甸及老挝签订了合作协议，建立了合作关系；14 所院校有东南亚国家大学代表团来访，占 93.3%。这充分展现了云南的区位优势和建设面向南亚、东南亚区域教育辐射中心的对外发展方向。

5. 现代职业教育体系逐步建成

现代职业教育体系是指在一定的现代职业教育理论下，各级各类办学主体依据特定的培养目标，在专业设置、人才培养规格、教育标准、招生就业、教育模式等方面打通壁垒，促进受教育者在职业教育体系内实现流动和转换的各种系统的统称。现代职业教育体系更强调动态协调发展，具体表现为体系层次结构的完整性和层次间的衔接融合。自 2010 年以来，按照滇中、滇东北、滇东南、滇西、滇西北、滇南等 6 个区域进行布局，云南基本建成安宁、嵩明、曲靖、玉溪、保山、昭通、普洱、临沧、楚雄、文山、西双版纳、德宏、红河等 13 个区域性职业教育园区。为推进订单式培养和现代学徒制培养体系建设，要逐步建立起政府引导、行业参与、社会支持、企业和职业院校双主体育人的具有特色的现代学徒制人才培养模式。云南省着重从完善现代职业教育体系、创新职业教育发展模式、完善职业教育制度、健全现代职业学校制度、创新现代职业教育管理制度方面入手，逐渐形成了云南特色的现代职业教育体系。

第四章　云南职业教育发展的情况

云南职业教育发展历史短、基础薄弱、发展的步伐缓慢，导致云南的职业教育与其他发达省份相比具有发展滞后的特点。改革开放后，随着经济的发展，云南的职业教育有了长足的进步。

一、云南省职业教育的发展在全国的地位

（一）云南省高等职业教育发展现状

根据《质量年报》数据，截至2017年，云南省的高职院校数量居全国第14位（公办34所，民办11所）。（见表4－1）

表4－1　全国部分省份高职院校数量统计表

序　号	省　份	院校总数	公　办	民　办
1	江苏	90	67	23
2	广东	87	60	27
3	河南	79	59	20
4	山东	78	61	17
5	安徽	74	58	16
6	湖南	70	60	10
7	河北	59	47	12
8	湖北	59	49	10
9	四川	58	40	18
10	江西	57	45	12
11	福建	52	30	22

续　表

序　号	省　份	院校总数	公　办	民　办
12	山西	47	42	5
13	浙江	47	38	9
14	云南	45	34	11

1. 在校生人数

据高职发展智库统计，2017 年，广东高职院校在校生 73. 7 万人，居全国第一；山东高职院校在校生 71. 3 万人，居全国第二位；江苏高职院校在校生 61. 2 万人，居全国第三。云南省高职院校在校生人数为 192800，居全国第 20 位。

根据《质量年报》数据，2017 年，各省高职院校“双师素质专任教师比例”进一步提升。浙江“双师比”79. 55%，居全国第一；江苏“双师比”72. 93%，居全国第二位；山东“双师比”72. 43%，居全国第三。云南省“双师比”57. 7%，居全国第 13 位。

2. 经费保障

按照政策目标，2017 年，全国各地高职院校年生均拨款水平应不低于 12000 元。作为高职院校经费的重要来源之一，政府每年下发给高职院校的生均财政拨款近年来一直在持续增加。2017 年，云南生均拨款为 10953 元，居全国第 24 位。

3. 职业技能大赛

在 2017 年全国职业院校技能大赛常规赛团体和个人共 321 个一等奖项中，江苏获得 63 项，继续蝉联一等奖总数冠军；山东获得 48 项，居全国第二位；广东获得 22 项，居全国第三。而云南省只获得 1 项，居末位。在 2017 年全国信息化教学大赛中，云南省未获得任何奖项。

从以上数据可以得出，云南省的高等职业教育总体处于全国的中等水平。在今后的发展中，需要继续加大生均财政拨款力度，提高信息化教学水平。

（二）云南省中等职业教育发展现状

1. 中等职业教育的规模情况

2017 年，全国中等职业教育共有学校 1. 07 万所。其中，普通中等专业学校 3346 所，职业高中 3617 所，技工学校 2490 所，成人中等专业学校 1218 所。从行政区域来看，全国各地区中等职业学校数差距较大。如图 4－1 所示，全国中等职业学校数最多的省份为河南，有640所；其次是河北，有609所；云南有374所，居全国第八位，规模在全国处于中上水平。

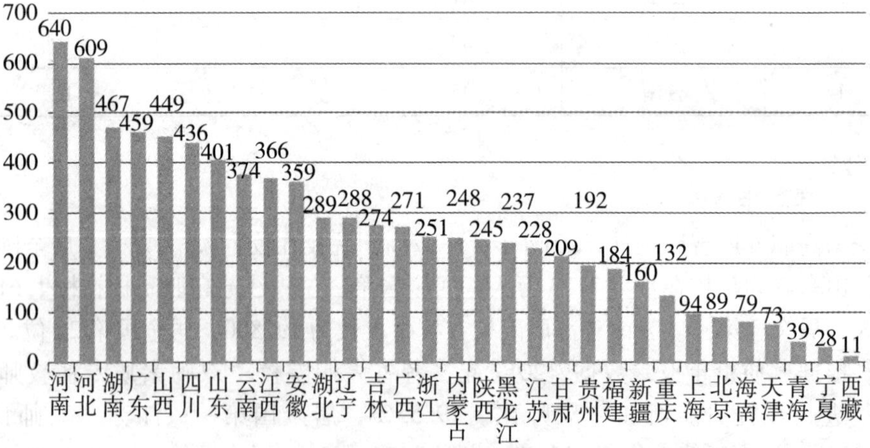

图4-1　2017年全国不同行政区域中等职业学校分布情况

数据来源：教育部发展规划司《中国教育事业发展统计简况（2017）》

2. 招生和在校生情况

2017年，全国高中阶段教育招生职普比为42.7∶58.3，在校生职普比为40.2∶59.8，四成以上的高中阶段学生在中等职业学校学习，中等职业教育在加快普及高中阶段教育方面发挥了关键作用。全国各地高中阶段教育招生职普比情况有较大差异。以2016年数据为例，如图4-2所示，江苏省中等职业学校招生占高中阶段教育招生总量的50%；广西、安徽、海南、浙江、四川、天津、广东等地区均在45%之上；云南、青海、山东、福建等11个省份在40%~45%之间；辽宁、宁夏、新疆、山西、湖北等10个省份在30%~40%之间。在高中阶段教育中，云南省中等职业教育的招生情况在全国处于中等水平。

如图4-2所示，2017年全国中等职业教育的在校生人数最多的是河南（1065231人）；其次是广东（993850人）；云南居全国第十二位（501015人），在全国处于中上水平。

3. 师资情况

2017年，全国中等职业教育共有教职工107.62万人，专任教师83.68万人，中等职业学校的生师比为19.59∶1。云南省中等职业教育共有专职教师2.61万人，在校生64.18万人，中等职业学校的生师比为24.59∶1，生师比远高于全国平均水平。

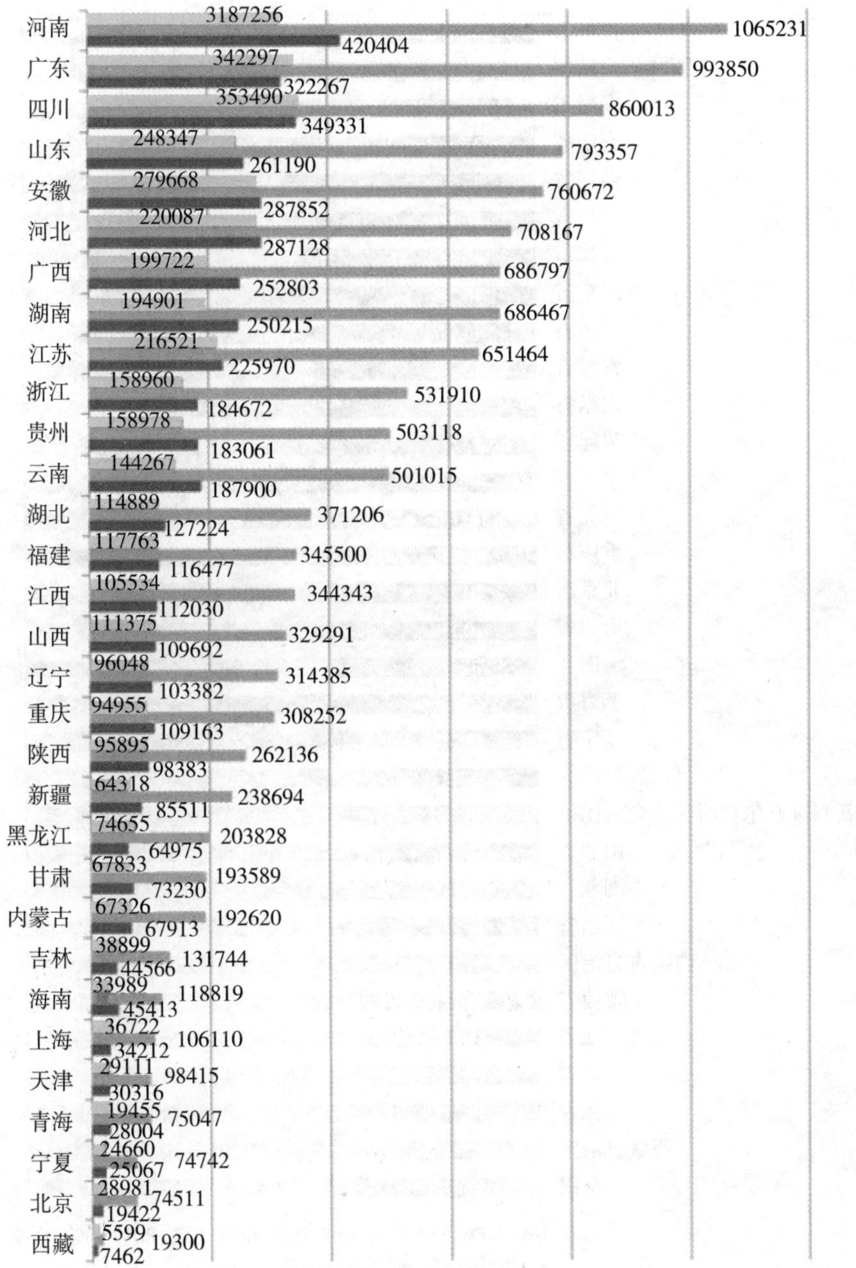

图 4－2　2017 年全国不同地区中等职业教育招生、在校生和毕业生数

数据来源：教育部发展规划司，中国教育职业发展统计简况 2017，不包括技工学校

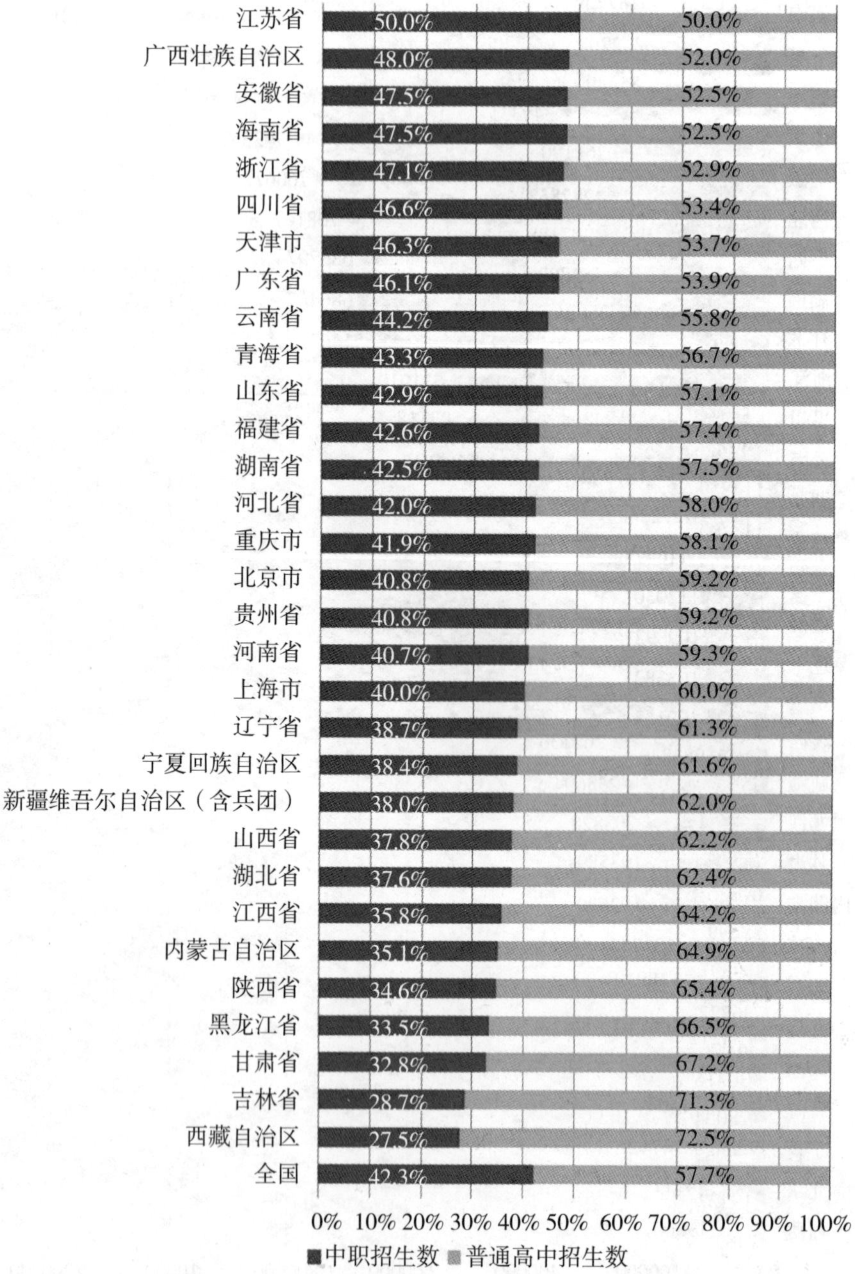

图 4－3　2016 年全国各地区高中阶段教育招生职普比

数据来源：教育部职业教育与成人教育司。2016 年各省（自治区、直辖市）职业教育与继续教育相关工作情况统计

二、取得的成就

（一）云南少数民族地区职业教育体系基本建成

从职业教育体系来看，云南少数民族地区已基本形成了从高等职业教育到中等职业教育，再到农村成人文化技术培训学校（机构）、职工技术培训学校（机构）及其他培训机构（含社会培训机构）为一体，学历与培训并举、中职与高职衔接的办学机制，建成了层次完善、专业门类较全的职业教育体系。在党和政府及教育工作者多年的不懈努力下，云南中等职业教育取得了一定的成绩。目前，云南省已形成了科学、合理的中等职业教育体系，包括中等职业教育和普通高中教育，为云南地区的经济腾飞提供了坚实的人才保障。在响应国家大力发展职业教育的倡导下，云南中等职业教育的建设力度进一步加强。通过多年的发展，2009 年云南省中等职业教育已初具规模。在各级政府的倡导下，在社会各级人士的帮助和支持下，云南省的中等职业教育取得丰硕的成果。

从办学规模来看，云南省职业教育招生和在校生规模快速扩大，培养高素质劳动者和技能型人才的能力进一步增强。截至 2016 年 12 月，全省有各级各类学校 31137 所，在校学生数达 1351. 57 万人，教职工 60. 2 万人。全省高职院校 41 所，在校生 25. 5 万人，毕业生 6. 66 万人，相比上一年，在校生数和毕业生数分别增长了 12 和 17 个百分。高职高专学校占地面积 1222. 34 万平方米，校舍总建筑面积（含正在建设施工、非产权独立使用）678. 62 万平方米。这些高职院校在积极参与高等职业教育改革的同时，逐步形成了国家级示范骨干院校 2 所，国家级骨干院校 1 所，省级示范院校 7 所，省级特色骨干院校 8 所，普通高职院校 23 所共四个层次梯队的分布。全省现有中职学校 410 所，在校生 61. 8 万人，毕业生 17. 68 万人；职业技术培训机构 9334 所，在校生 437. 7 万人，毕业生 475. 3 万人。近几年来，通过进一步调整职业院校布局和专业设置，优化配置各类职业教育资源，整体提升了职业院校的办学水平，全省职业教育事业持续稳定发展，职业教育规模稳步扩大。

为了响应国家大力发展职业教育的号召，云南省也开始了较大规模的职教学生扩招。为使得教学质量不下滑，云南省适时对职业教育的师资力量进行了扩充，特别是 2007 年对教师的招聘较多，达到较为合理的师生比。2008 年颁布的《云南省加快中等职业教育发展行动计划》允许扩大招生后，生师比得到合理上浮。教育资源虽然得到有效的优化，但仍有待进一步的提升。截至 2016 年底，云南省有中等职业教育专任教师 18400 人，其中普通中等专业学校专任教师7600人，职业高中专任教师10800人；高职高专学校专任教师9513人。

（二）办学条件明显改善

近年来，各级党委、政府高度重视民族地区职业教育的发展，整合各类资源，加大对职业教育投入，进一步增强了职业学校的办学实力，学校办学条件得到了明显改善。2013年，云南省政府安排地方政府债券10亿元用于职业教育，其中教育行政部门6亿元，人力资源和社会保障部门4亿元。教育行政部门6亿元地方债券，主要用于职业院校的基础能力建设，对云南省迅速改善职业教育的办学条件，提高教育教学质量起到了关键作用，其效益十分明显，成果突出。截至2014年底，云南省规划建设了12个区域性职教园区，累计完成投资144.77亿元，其中各级财政投入48.32亿元，行业投入0.23亿元，企业投入19.94亿元，社会投入1.55亿元，学校投入63.18亿元，银行贷款11.55亿元，完成征地29632亩，竣工建筑面积501.43万平方米。昆明、曲靖、楚雄、普洱、文山、临沧等地7个职教园区已经投入使用，入住学校56所，入住学生22.59万人；德宏、保山、昭通、玉溪、版纳等5个职教园区正在建设中。在地方政府债券资金的推动下，各州市政府也安排了一定的专项资金，用于改善中高职学校的办学条件，兴建教学楼、实验楼、学生宿舍、学校食堂、图书楼、运动场所等。经过多年的资本运作，催生了超过30个大型职业教育集团公司；与全省2400多家成员单位联手共进，加强了职业学校与相关企业的合作；加强学校之间的业务交流，加强学校与学校、学校与企业等之间的资源共享建设，实现了学校与企业的互惠共赢局面；组织实施了职业学校基础能力提升工程。

（三）办学形式多样化

云南省民族地区职业教育以市场需求为导向，大力探索工学结合、农学结合、校企合作、顶岗实习的人才培养模式，使学用得到有效结合。

一是实行集团化办学。云南推动民族职业教育规模化、集团化、连锁化发展，组建了职业教育集团，统筹全州重点骨干专业建设，深化校企融合，实现专业教师的共享和互派，实现基地共享。例如大理州根据当地的旅游和特色产业优势，整合当地现有职业教育资源，顺应职业教育发展的新趋势，成立了具有地方特色的旅游类、工业加工类两大职业教育集团，并开展了与企业合作的办学新模式，创造了“1.5+0.5+1”的中专学校、县级职中、企业三方的新办学模式，即前一年半主要在中专学校学习理论知识，而后的半年和一年主要在县级职中、企业等地方进行见习或实习实践工作。此外，普洱市职业教育中心也是集团化办学的一种形式，它由云南省省部级重点中专——普洱财经学校、普洱农业学校、普洱林业学校和省部级重点技工学校——普洱技工学校、国家级重点中等职业学校——思茅职业教育中心以及市粮食干校和市供销干校七所学校合并组建而成，是普洱市教育局主管的一所综合性中等职业学校。集团化办学以及职业教育集团的组建，是对职业教育资源的整合与优化，也是国家的“做大、做强”中等职业教育的战略思路的具体体现，对中等职业教育的改革和发展起到了良好的促进作用。普洱市职业教育中心的组建与发展，也是云南中等职业教育产教融合的一个典型。该中心设有普洱市安全生产教育培训中心、成人函授培训站、普洱市泰力健驾驶培训学校、普洱市永丰印刷厂和云南省第18职业技能鉴定所等多家职业技能培训和鉴定机构，承担着普洱市70多个专业工种的教育、培训、鉴定工作，是普洱市从业人员继续教育、职业资格培训鉴定和上岗培训规模最大、种类最多、师资力量最强的成人教育培训和鉴定机构。

二是学校联合办学。中职学校与发达省区优质中专开展对口扶贫和联合办学，提升了办学水平和就业针对性。各级各类中等职业学校都建立有对口帮扶结对子学校。楚雄州民族中等职业学校开展了与云南民族大学、云南大学、云南财经大学、云南师范大学等省城高校联合办学的新模式，开展成人大专班、成人本科班、成人函授等形式多样的办学模式，满足了学生多方位的学习需求。腾冲县第一职业高级中学根据腾冲产业结构特点和市场需求合理设置专业，“走出去、引进来”，采取“纵横联合、校企结合、长短结合”的多形式、多层次、多渠道办学模式，实现了自身的快速发展。与国家级重点职中上海市东辉职中、重庆市旅游学校、北京市实用美术学校、北京市汽车维修工程学校、北京市昌平职业学校、福建莆田海峡职业中专、湖南湘潭市江南工业学校等国家级重点职业学校联合办学，并与云南民族大学、云南中医药大学、昆明医科大学、北京师范大学、西南大学、重庆大学等高校联合开办函授、网络教育大专、本科班，函授学员达1056人，增强了自身办学实力，拓宽了办学路子和学生的就业门路。

三是校企合作办学。云南中职学校与沿海发达地区工业企业开展订单对口培养，建立企业联盟作为学生的实训基地。

（四）服务能力显著提升

云南省民族地区职业院校着眼于当地人才需要，服务地方经济发展，服务经济社会的意识和水平进一步提高。经过对云南省经济形势的分析发现，烟草、旅游、矿产、茶叶、制糖、花卉、化工等产业是云南省的主要特色产业，而且这些特色产业大多数是基于云南省所特有的自然资源。对此，进行合理、科学的专业设置，加上较好的职业技术教育资源，必然能为云南省的经济腾飞做出贡献。地方的中等职业教育必须为当地的经济建设服务，云南省各地应根据自己的地方特色，做好各地中等职业学校的专业设置，并定期组织专家、学者对其进行优化调整。发展计算机、汽修、数控、生物技术、护理等紧缺专业的人才的培养，再结合本省实际情况，大力发展烟草、旅游、机械、化工、建筑、冶金、交通等特色产业的行业协会组织。加强与当地特色企业的沟通与合作，以行业协会为专业设置的牵头组织，探讨建立企业与学校合作办学、互惠互利的新模式，依托地方特色产业，通过行业协会沟通、协调企业与学校的诸多合作事宜，并对职业技术学校的专业设置和学校毕业生就业前景等情况进行统筹考虑，期望建立能带动地方特色产业发展的专业职业学校，使得职业技术学校与企业实现资源优势互补、资源共享，低投入高效益的创新的职业教育模式，使中职教育专业布局得到进一步的完善。

为主动融入和服务国家"一带一路"、孟中印缅经济走廊建设、沿边经济带建设、"互联网+"行动、《中国制造2025》等国家战略发展需要，云南高等职业院校应主动适应全省产业发展和产业结构调整，积极调整专业结构，深化教育教学改革，不断提高应用技能型人才培养质量，促进云南产业转型升级。2016年，全省高职院校就业率92.99%，就业人数43908人。其中，本地就业人数为37761人，占就业总数的86%。从就业渠道上看，有30326人创业就业于中小微企业，占就业总人数的60.4%。大批应用技能型人才的培养，有力地促进了云南经济社会的发展。

（五）办学水平逐渐提升

云南高等职业教育发展坚持"质量兴校"，持续开展特色办学建设。近年来，云南高职办学规模不断扩大，办学水平逐年提升。截至2016年，全省共建设国家级重点专业20个、省级重点专业41个，国家级特色专业2个、省级特色专业54个，国家级示范院校2所、国家级骨干院校1所、省级示范性高职院校8所。此外，还建设了一批国家级、省级精品课程，并获得了国家级、省级教学成果奖30余项。2012年，云南率先在全国开展以数据采集平台预审与关键问题考察、内涵建设与特色建设评估并重为主要方式的新一轮高职院校特色评估工作，重点建立教学督导制度，规范教学运行，完善制度管理；2016年又启动了高职院校内部质量保证体系诊断与改进工作。通过一系列创新工作，建立起了以教育主管部门为主导、学校为核心、社会积极参与的教学质量保障体系，云南高等职业教育发展已驶入了快车道。

三、云南省职业教育存在的问题及原因分析

（一）存在的问题

1. 职业学校结构与布局不均

云南中等职业学校的整体布局，从发展之初就以“条、块”分开的形式存在，整个职业教育分布呈“倒金字塔”状，顶部大底部小。各类职业学校大多分布在州市级，县级及以下数量规模相对较小，分布不均衡；并且职业教育的优质资源绝大部分集中在昆明市和各州市政府所在地。职业教育并未深入底层，难以触及边远山区和部分农村地区，而这些职业教育发展的薄弱地区，也正是普通基础教育的弱势区域。职业教育学校在这些区域内难以起到产业技术培训的“教育中心、培训基地”的作用，制约了边远贫困地区的发展。

2. 招生难，生源质量较低

表 4－2　云南 2013—2016 年度中等职业教育招生及计划完成情况

	2013 年		2014 年		2015 年		2016 年	
	实际招生数	完成率（%）	实际招生数	完成率（%）	实际招生数	完成率（%）	实际招生数	完成率（%）
普通高中	267407	99.93	268066	97.97	274510	98.76	288237	97.97
普通中等专业学校	109455	99.53	111314	79.95	112507	81.09	115087	76.38
成人中专	2012	—	1961	—	1059	—	920	—
职业高中	68218	64.34	62755	57.34	62017	62.38	67582	61.92
技工学校	39964	—	39491	—	44740	—	53259	—

数据来源：《2016 年云南教育事业统计摘要》

由上表可知，2013 至 2016 年，云南中等职业教育的招生完成情况都不太理想；职业高中的招生情况尤其不乐观，招生完成率一直徘徊在 60% 左右。云南少数民族地区中等职业学校招生方面主要存在两个问题：招生难和生源质量差。就一个学校的办学来说，招生是首要也是最基础的条件。近年来，随着高考扩招，使得职业学校的招生越来越难；一些职业学校因为招不到学生而压缩规模，甚至被兼并。目前招生已成为中等职业学校最头痛的问题。中等职业学校招生

之所以会出现以上两个问题，原因主要有以下几个：第一，从招生政策上看，就读中等职业学校的“门槛”较低，可以说只要愿意就可以进入中等职业学校学习。在调研中我们发现很多中等职业学校的招生标准为“年满15周岁，身体健康，品行端正的应往届初高中毕业生或同等学力的社会青年”。第二，招生市场的混乱。有偿招生等不合规范的招生手段被滥用，主要表现在要么给学校教职工分配一定的招生指标并实行奖罚措施，要么委托中介机构进行违规的有偿招生等。各类学校和招生中介在招生过程中为了一己之利虚假宣传、相互诋毁，使职业学校丧失信誉。这种恶性竞争短时间内或许会有一定效果，但是从长远来看，更多的是负面影响，一方面破坏了招生市场的良好秩序，导致招生工作的压力越来越大；另一方面增加了学校的办学成本，损害了职业学校的形象和声誉，更加降低了职业教育在老百姓心中的地位，从根源上制约了中等职业学校的可持续发展。第三，省州市中专技校招生的冲击。云南少数民族地区中等职业学校相对来说在县里占多数。很多家长、学生在观念上容易存在一种“省州市的中专技校办学条件好，出来容易就业，比县职中好”的想法，所以很多人在自己的孩子上不了普高的情况下，都愿意让孩子去省州市读职业学校。比如巍山职中就遇到这样的问题，巍山学生由于受传统观念的影响，大多数学生不愿意留在县级职业中学学习，都愿意到大理市和昆明市的中职学校。同时县级职中要完成一定的招生指标，就不得不采取一些非常的办法，比如招收往届初中生或者初中没毕业但年龄已达到的人来就读。因此，招生政策的限制、招生市场的混乱以及省州市中专技校招生的冲击等造成了云南少数民族地区中等职业教育招生难和生源质量差。

3. 就业质量不高，稳定性不强

云南职业学校学生就业主要存在三个问题：就业面窄、就业质量不高、就业稳定性不强。

由于受历史、自然、地理条件的影响，云南社会经济发展长期处于不发达状态，工业基础薄弱，本地企业和工厂较少，并且规模较小，外来投资的企业也没有发展起来。以洱源县为例，到2016年末，全县共有工业企业118家，其中，规模以上工业企业仅有15家，规模以下工业企业103家。因此社会对人才的需求小，没有更多的岗位提供给毕业生，毕业生只能在有限的岗位中进行选择。这也是云南职业学校学生毕业后大多数选择去省会城市或者沿海地区工作的原因之一。

云南职业学校学生的初次就业率较高，基本在95%以上，但专业对口就业情况不佳。据统计，2016年西双版纳州全州中等职业学校毕业生共计2638人，就业人数2385人，直接就业人数1900人，就业率90.41%，对口就业率57.35%。毕业生初次就业平均月薪在1500~2500元，反映出云南中等职业学校学生就业质量不高。据一中等职业学校的老师说："中等职业学校学生的就业多数属于低端就业，很多学生的工作其实只能算作是'打工'，例如很多学生毕业到超市当销售人员或者去汽车修理店当伙计。这样的工作流动性和随意性很大，没有任何的保障。"

近几年，云南高等职业教育为主动融入和服务国家战略发展需要，主动适应全省产业发展和产业结构调整，有了一定的发展，但学生的就业质量仍然不高。2016 年，全省高职院校就业率 92.99%，就业人数 43908 人。其中，本地就业人数为 37761 人，占就业总数的 86%；从就业渠道上看，有 30326 人创业就业于中小微企业，占就业总人数的 60.4%。

云南职业学校学生就业稳定性不强，主要有两方面的原因：第一，学生缺乏职业素养，缺乏吃苦耐劳等优秀品质，行为习惯和心理素质差，常常因为无法适应企业和工厂的工作压力而离职。第二，云南工业基础薄弱，本地企业、工厂少，规模小。职业学校学生在就业方向上大都选择企业或工厂，而且大部分是民营企业。民营企业稳定性差。中国政法大学民商经济法学院教授李建伟曾指出，美国企业的平均寿命为 40 年，而中国民营企业平均寿命只有 2.9 年；中国民营企业寿命短，稳定性差。企业本身寿命短，企业员工就业的稳定性就更不用说了。大部分民营企业的人事制度不完善，对员工的裁减比较随意。

4. 专业设置脱离地方经济社会发展需求

从经济发展的区域性来看，云南职业学校的专业设置脱离了地方经济社会发展的实际。在这里我们将昆明市、玉溪市、楚雄州划分为滇中经济发展区，将德宏州、西双版纳州、普洱市、文山州、红河州划分为滇南经济发展区，将大理市、丽江市、怒江州、迪庆州、临沧市划分为滇西经济发展区。建材、化工、冶金矿业是滇中经济发展区的主导经济产业，但滇中地区职业学校相应专业的设置却很少。如与建材相关的建材装备运行与维护、工程材料检测技术等专业设置几乎为零；与化工产业相关的生物化工、化工分析与检验专业仅有楚雄技师学院开设；与冶金矿业相对应的专业只有禄劝县职业高级中学开设了选矿技术和矿山机电两个专业。滇南地区的主导产业是烟草、热区农业、生物、矿产、旅游文化，芒市职教中心和宁洱县职业高级中学等开设的旅游服务与管理专业是适应当地产业发展需要的，但几乎没有学校开设与矿产、生物等产业相关的专业。滇西北经济发展区在矿产、生物、能源等主导产业的专业设置上也存在开设不足的情况。

高等职业教育专业的开设仍然存在这个问题。如 2016 年云南高职院校共设置专业 879 个，其中布点院校数在 10 个以上的专业有 17 个，基本上集中在工商管理、电子信息和建筑管理大类中，而护理、工程造价、会计、临床医学等专业在校人数不足。

5. 实训基地数量不足，质量不高，配置结构不合理

通过调研发现，云南职业学校的实习实训基地仍然存在着数量不足、质量不高的情况。大多数中等职业学校主要在县里，办学条件有限。部分学校至今只有一幢实训楼，而且由于没有经费购买实训设备，多数也是闲置。中职学校由于缺少实训基地，一些专业的学生没有机会参加实训，专业学习仅限于课堂和书本。当前少数民族地区除了计算机、汽车运输与维修等热门专业的实训设备相对完善外，其他专业现有实训设备配备质量不佳，实训基地完整性、系统性较差。很多学校反映，学校实训室设备老化情况较为严重，有些甚至影响了正常教学活动的开展。

无论是中等职业学校还是高等职业学校，专业的实训基地（实训室）建设不均，主要表现为开办时间较长的专业实训设备相对较好，新开专业实训条件严重不足。此外，少数民族地区中职学校校内校外的实训基地也配置不均。例如洱源县职业高级中学只有汽修专业拥有校内实训室和校外实训基地，其他专业则没有。在云南少数民族地区，市里办学条件相对较好，但县里办学条件则相对较差。据多个学校领导反映，因为县里企业少、规模小，学校一般联系不到相关的企业开展合作建立校外实训基地。

6. 师资队伍不达标

（1）师资整体数量不足

表4－3　2016年云南8个民族自治州中等职业学校专任教师情况

州名称	高中阶段毛入学率（%）	专任教师学历合格率（%）		生师比		专任教师数（人）	
		普通高中	中等职业学校	普通高中	中等职业学校	普通高中	中等职业学校
全省	82.60	98.02	89.00	14.96	22.67	53875	21453
楚雄州	83.0	98.35	91.06	14.40	17.57	3152	996
红河州	61.91	98.58	87.47	13.87	17.90	5088	1596
文山州	59.12	97.99	85.04	15.76	17.86	3379	1745
版纳州	63.39	97.63	96.40	14.31	25.77	929	333
大理州	80.38	98.33	89.38	13.79	22.11	4125	1347
德宏州	73.7	98.1	87.73	13.92	25.84	1418	489
怒江州	50.25	97.55	84.33	13.03	8.5	652	217
迪庆州	69.62	98.58	93.09	13.63	12.66	493	188

资料来源：《2016年云南教育事业统计摘要》（不包含技工学校数据）

如上表所示，2016 年云南省 8 个少数民族自治州高中阶段毛入学率均较低，除了楚雄州以外，其他 7 个州高中阶段毛入学率均低于全省平均水平。除了怒江州和迪庆州外，其他 6 个州普通高中生师比均小于中等职业学校生师比。版纳州、大理州、德宏州中等职业学校生师比大于 20∶1，说明这 3 个州的中等职业学校教师数量不足。8 个少数民族自治州普通高中专任教师学历合格率为 98%，而中等职业学校专任教师学历合格率只有 89%，中等职业学校专任教师学历还有待提高。8 个少数民族自治州专任教师数中普通高中为 19236 人，而中等职业学校只有 6911 人，不足普通高中专任教师数的 50%。这些都反应出云南少数民族地区存在中等职业学校师资队伍数量和质量上的不足。

（2）教师结构不合理

云南少数民族地区教师结构不合理主要有两个方面：一是来源结构不合理。目前云南少数民族地区中职学校的专业课教师绝大部分是直接从学校毕业就走上工作岗位的，或从普通高中调入的老师，从企业或其他单位调入具有实践经验老师的比例很小，教师普遍缺乏实践经验；另外，实习指导课教师比例低，不能突出动手能力强的职教特色。二是云南少数民族地区中等职业学校现有师资专业结构比例不合理，表现为专业课和专业技能课的教师少，文化课的教师多。

（3）教师专业素质不高

在调研中发现，云南部分中等职业学校教师对职业教育缺乏认识，还没树立职业教育理念。教师知识结构不完善、职业技能整体水平较低，表现为老教师职业技能水平不高，青年教师知识结构不完善，兼职教师教学技能有待提高。根据调研资料显示，县级职中的多数教师都是从初级中学直接调入，专业技能不足；甚至还存在着教师技能水平低，边学边教的情况。双师型的优秀教师严重匮乏。据调查，2015 年楚雄州中等职业教育“双师型”教师仅占专任教师的 32%。专业教师匮乏，多为外聘教师，比如宾川职中的汽修、美容美发专业的老师多为外聘教师，教师的专业技能有限，专业性还有待提高，并且外聘教师流动性大。有的学校因编制有限大量聘请代课教师，代课教师因为课时费低、工资低，教学的积极性也不高。

（4）教师专业培训不足，培训质量不高

参加培训的教师普遍反映培训课程设置不合理，培训内容缺乏针对性和实用性。据调研，县级中职学校老师的培训一般由教育局组织，文化课教师多是班主任培训、教材培训，很少有教学方式和教学技能等方面的培训。技能课教师，虽有组织去外地参加专业培训的，但毕竟还是在少数。甚至有的学校领导对派教师参加培训活动并不热心，学校教师基本没有参加教师培训的机会，并且由于教学任务安排，学校派出参与培训的教师不是该专业优秀的、年轻的骨干教师，而是无职务、年龄较大、课业负担少、非专业的教师。此外，部分学校很少开展校本培训。

7. 教学基础设施存在短板

表 4－4　2016 年云南省 8 个民族自治州中等职业教育办学规模与办学条件

地　区	学生数（人）	生均占地面积（平方米）	生均校舍建筑面积（平方米）	生均设备产值（万元）	生均图书（册）
中等职业学校设置标准	—	不少于 33	不少于 20	不低于 2.5	不少于 30
楚雄州	17495	40.08	9.0	1.62	29.02
红河州	28570	54.73	18.4	2.45	22.56
文山州	31165	58.76	13.4	4.6	22.76
西双版纳州	8583	23.86	7.6	0.99	11.59
大理州	29779	33.40	13.5	2.51	15.82
德宏州	12636	41.90	9.9	1.52	19.09
怒江州	1845	106.34	34.0	3.09	40.33
迪庆州	2381	153.0	44.9	17.88	28.10

资料来源：《2016 年云南教育事业统计摘要》（不含技工学校数据）

根据教育部 2010 年颁布的《中等职业学校设置标准》：“校园占地面积，生均用地面积指标不少于 33 平方米；生均校舍建筑面积指标不少于 20 平方米；图书馆和阅览室，适用印刷图书生均不少于 30 册；工科类专业和医药类专业生均仪器设备价值不低于 3000 元，其他专业生均仪器设备价值不低于 2500 元。”由表 4－4 可知，除了西双版纳傣族自治州，其他 7 个民族自治州的中等职业学校生均用地面积均超过国家规定的标准，但生均校舍建筑面积只有怒江州、迪庆州超过了国家规定标准，其他州离国家规定标准差距较大，尤其是文山州和版纳州。生均设备产值只有文山州、大理州、怒江州和迪庆州超过国家规定标准，德宏州和版纳州离国家规定的标准差距最大。生均图书册数只有怒江州超过国家规定标准，其他的州仍有一段差距。由以上分析可得出，云南少数民族地区中等职业教育的基础设施建设仍有待提高。

表4－5　2016年云南、重庆、浙江3省（市）高等职业教育发展情况表

类　别	云　南	重　庆	浙　江
全省（市）人口（万）	4742	3017	5539
高职院校数量（所）	40	40	48
高职在校学生人数（万）	19.60	28.7	35
占全部高校人数（%）	31.89	39.2	38.69
专业点（个）	879	1060	1224
专任教师总数（人）	9513	13002	14592
生均财政拨款水平（元/生）	10431.11	10500	12440
生均教学科研仪器设备值（元/生）	8776.84	7034.9	16432.32
毕业生人数（人）	50209	81000	113585

数据来源：《云南省高等职业教育质量年度报告（2017）》

如表4－5所示，2016年云南省高职院校生均拨款达到10431.11元，2013年仅为6000元；2016年生均教学科研仪器设备值为8776.84元/生，2013年仅为7391元/生。除此之外，在院校办学面积、院校总收入、校内外实训场地建设等指标上云南省都明显逐年提高。然而，云南高等职业教育的发展相对于内地及沿海地区，依然显得很薄弱。以浙江省为例，2016年的生均拨款超过云南2000元/生，生均教学科研仪器设备值则是云南的2倍。办学经费的不足，严重制约着云南高等职业教育的可持续发展。

（二）存在问题的原因分析

1. 职业教育的发展观念存在偏差

在中国的文化观中：以农为本，以商为末，工则是“奇技淫巧”，应该“绝巧弃利”。殊不知正是这种“奇技淫巧”创造了西方早期工业文明及当代的资本主义。职业技能与技术作为我国传统文化的弱项由来已久，也是职业教育发展的一个难点。这也让人们普遍存在重普教、轻职教的思想，认为职业教育只是普通教育的补充，是学习成绩不好，无法考上普通高中的无奈选择。同时，由于职业教育资源缺乏，自身发展不足，办学质量不高，生源质量较低（主要是中考或高考成绩较低），导致社会对职业教育的认可度不高、吸引力不强。由于这种职业教育是次等教育的观念，很多家长都不愿意送自己的孩子到职业学校读书，这也是职业教育招生难的原因之一。

2. 职业教育的发展定位存在偏差

发展定位决定着职业教育的建设和发展方向，而职业教育又是一项必须“接地气”的社会工程。云南职业院校目前在学校发展的顶层设计、人才培养目标的定位、学科专业的设置、人才培养方案的制定以及学分课程模块的设置等方面，都与区域经济发展水平、行业分类和产业结构不匹配。一些职业院校在办学过程中，因为招生压力、学校发展等因素，存在专业设置模糊，盲目跟风办学的情况，缺乏有特色、拿得出手、喊得响的专业。结果往往带来的是办学质量不高，学生就业不好，专业设置与工作岗位对接度不高，造成了就业和产业用工的结构性失衡。此外，在调研中还发现，云南地区职业院校与经济发达地区的企业合作较多，职业教育培养的人才大半供给了经济发达地区，与本地区的行业、企业交流较少。对自身发展定位认识不足、存在偏差，没有认识到发展职业教育对本区域经济社会发展的作用。也可以说，云南的职业教育缺乏“云南特色”。职业教育办学必须服务于区域经济社会，所以学校在开设专业和课程、开展实训等方面既要遵循学校的办学理念，又要立足于经济社会的实际。当前，云南支柱产业的优势和区域经济情况是云南职业教育的大背景。所以，保证云南职业教育的全面、协调、可持续发展，必须扶持具有“云南特色”的职业教育。

3. 产教融合、校企合作深度不够

2008 年以来，云南为充分利用和整合职教资源，调动企业、行业参与办职教的积极性，由学校牵头，学校和企业共同组建职业教育集团。2008—2009 年，云南省共组建了涵盖农业、旅游、工业、冶金矿业、交通、艺术、林业、国土资源、财经等领域的 15 个省级职业教育集团、10 个州市职业教育集团。但是，这些职教集团只是一个松散的联合体，由于企业办学的义务、责任和利益不明确，企业参与办学的运行机制不尽完善，企业参与职业教育的积极性仍然不高。

校企合作不够深入。一些学校所谓的校企合作，合作形式比较单一，只是提供实习基地、安排学生进行顶岗实习等浅层次的合作，更深层次的校企合作模式很难推行，校企合作仍然是“校热企冷”的局面。造成这种局面主要存在三个原因：第一，校企合作具有明显的自发性、民间性，缺乏政府的财政支持和政策支持，没有统筹规划、统一布局。政府尚未组建专门的协调监督机构，负责校企合作的相关事宜，对校企合作进行计划、组织、控制，并且投入校企合作的专项经费也比较少。第二，企业是盈利性组织，学生顶岗实习所产生的机器损耗费、人员管理费等报销比例较少，并且也会影响企业的正常生产秩序。因此，企业不愿参与校企合作。在校企合作中，企业给学生提供的都是最基层最低级的技术支持和岗位设计。企业没有真正将校企合作作为一项长期的人力资本投资来考虑，也不会将企业最核心的技术和管理理念带给校企合作的学生，像合作出版教材、参与课程研讨、技术研发合作等都属于空白。这就制约了校企合作的发展。第三，学校教学内容没有与时俱进，学生缺乏专业技能，在进入职场后无法直接上手企业交办的工作，学校教学内容与职场实战脱节，导致学生在企业中很被动。企业接收的学生不能游刃于具体工作中，导致企业成本上升，合作意向低下。

4. 政策落实不到位（执行受阻）

尽管近几年来，教育部和云南省已相继出台了《教育部关于印发〈高等职业教育创新发展行动计划（2015—2018 年）〉的通知》《全面推进职业院校教学工作诊断与改进制度建设的通知》《云南省人民政府贯彻落实国务院关于加快发展现代职业教育决定的实施意见》《云南省现代职业教育体系建设规划（2015—2020）》等文件，对职业教育的发展也起到了一定的促进作用，但从整体上来说，由于这些政策文件在执行的过程中，被大打折扣，导致没有充分发挥这些政策的最大效用。

各级地方政府由于经济社会等各方面的原因，往往对国家和上级部门的政策或法律法规难以真正落实到位，在地方教育政策制定上，又不能充分考虑地方实际或者政府的能力，使得制定出的政策缺乏实际操作性。如中职学校普遍存在信贷和融资渠道不畅的问题，社会融资占教育经费总投入的比例仍然不高，许多地方难以做到城市教育经费附加按不低 30% 的比例用于职业教育。很多针对职业教育的教学资源由于各种现实阻力，很难及时拨付给职业学校，少数地方政府还出现拖欠教师工资和教学设备设施款项等情况，这就造成云南职业教育的经费出现了很大的短缺，最终制约了职业教育的发展。

5. 经费投入不足、来源渠道单一

造成职业教育经费投入不足的原因：首先，对于国家来说，由于少数民族地区的社会条件、自然条件特殊，与其他地方相比较，如果发展相同层次的教育，所需要的资金远远高于内地。其次，云南少数民族地区具有山区、贫困、边疆等特点，导致云南少数民族地区经济、社会等发展不平衡、不充分，经济基础薄弱、财政收入困难。此外，在教育经费有限的情况下，政府更倾向于普通教育，这样投入到职业教育的经费自然就少。比如，2016 年云南省教育厅项目支出中普通教育有 362002.4 万元，而职业教育仅有 40386.5 万元，是普通教育项目支出的九分之一。在“十二五”末期，文山州地方政府投入教育的财政资金大约为 49.09 亿元，约占地方财政收入的 24%，其中投入中职教育的比例不足 5%，这远远低于投入中小学教育的平均水平。对于要承担大量学生实习实训，建设学生实习实训基地的职业院校来说，资金投入远远不够。

云南省2010年中等职业教育国家财政性教育经费为29.28亿元，占总教育经费收入的75.1%；2011年中等职业教育国家财政性教育经费为49.82亿元，占总教育经费收入的83.1%；2012中等职业教育国家财政性教育经费为49.46亿元，占总教育经费收入的82.8%；2014年中等职业教育国家财政性教育经费为49.79亿元，占总教育经费收入的83.4%；2015年中等职业教育国家财政性教育经费为58.64亿元，占总教育经费收入的86.8%。从中等职业教育经费投入渠道来看，云南职业教育经费过分依赖于国家财政性经费和事业性教育经费，其他渠道的经费，例如民办学校举办者的投入和社会捐赠经费所占比例较小，来源较不稳定。由此可知，云南中等职业教育经费主要是由国家财政性经费投入，主要来源渠道单一，其原因主要是没有建立健全的经费筹措和保障机制。

四、云南职业教育发展的定位

“定位”一词最早来源于生物学，是指微生物在宿主内的一定生态环境或解剖位置落脚或存活的状态，后引申到航海学、航空学、天文学、经济学及其他领域。《现代汉语词典》中对“定位”有三种解释：一是通过运用一些专业的仪器设备来确定物体所在的地理位置，体现的是一种行为；二是通过仪器测量而确定的物体的地址位置，体现的是测量的结果；三是将事物置于恰当、合适的位置并对此作出评价。这里的“定位”是指为了使被定位的事物更好地发挥价值或更好地发展。职业教育的定位指的是如何依据现实条件来确定教学目标，彰显办学特色，使职业教育更好地发展。职业教育要加快发展，首先要有明确的定位与方向。2016年6月28日，教育部召开新闻发布会，对职业教育的发展方向进行了规划。教育部职业教育与成人教育司司长葛道凯在会上表示，高职教育应从7个“更”出发，其中第一条就是要有“更明的方向”。因此，明确职业教育的定位，把握准确方向，是职业教育快速发展的先决条件。

（一）历年政府政策对职业教育发展的定位

1. 类型定位

长期以来，人们对职业教育的类型和层次存在很多的疑问，甚至很迷茫。职业教育到底是属于哪一种教育？国务院2019年1月24日发布的《关于印发国家职业教育改革实施方案的通知》（国发〔2019〕4号）给出了答案，并为新时代我国职业教育的改革与发展提供了定位与方向。《国家职业教育改革实施方案》开篇第一句话是：“职业教育与普通教育是两种不同教育类型，具有同等重要地位。”要求经过5~10年时间，实现职业教育由追求规模扩张向提高质量转变，由参照普通教育办学模式向企业社会参与、专业特色鲜明的类型教育转变。这是对新时代职业教育性质及办学特色的新的定位，具有深远的理论意义和现实指导作用。这显示了职业教育的重要性，同时说明职业教育和普通教育具有同等重要的地位。

2. 功能定位

2002 年，《国务院关于大力推进职业教育改革与发展的决定》明确了“十五”期间职业教育改革和发展的目标，即为初、高中毕业生和城乡新增劳动者、下岗失业人员、农村劳动者及其他社会成员提供多种形式、多种层次的职业学校教育和职业培训。2005 年 11 月，国务院再次召开全国职业教育工作会议。温家宝总理在会上指出：“大力发展职业教育，是推进我国工业化、现代化的迫切需要，是促进社会就业和解决‘三农’问题的重要途径，也是完善现代国民教育体系的必然要求。2005 年，《国务院关于大力发展职业教育的决定》指出：“落实科学发展观，把发展职业教育作为经济社会发展的重要基础和教育工作的战略重点。”从教育整体发展战略的高度确定了职业教育发展的重要地位。2010 年，《国家中长期教育改革和发展规划纲要（2010—2020 年）》指出：“发展职业教育是推动经济发展、促进就业、改善民生、解决‘三农’问题的重要途径，是缓解劳动力供求结构矛盾的关键环节，必须摆在更加突出的位置。”2014 年，在全国职业教育工作会议上，习近平总书记作了重要指示：“职业教育是国民教育体系和人力资源开发的重要组成部分，是广大青年打开通往成功成才大门的重要途径，肩负着培养多样化人才、传承技术技能、促进就业创业的重要职责，必须高度重视、加快发展。”“要求各级党委和政府要把加快发展现代职业教育摆在更加突出的位置，更好支持和帮助职业教育发展。”2014 年，《现代职业教育体系建设规划（2014—2020 年）》也明确要求：“充分发挥职业教育在扶贫开发中的重要作用，围绕贫困地区产业发展和基本公共服务需求，提高职业教育扶贫的精准度。”2016 年 10 月，教育部与国务院扶贫办联合发布了《职业教育东西协作行动计划（2016—2020 年）》，该行动计划在中央东西部扶贫框架的基础上，以职业教育与培训为重点，以就业脱贫为导向，积极推行三大行动：实施东西职业院校协作全覆盖行动，实现东西部各层次、各类型职业教育的结对帮扶全覆盖；实施东西中职招生协作兜底行动，通过东部地区兜底招收西部贫困地区子女接受优质职业教育、优先推荐就业等，实现就业脱贫；支持职业院校全面参与东西劳务协作，帮助贫困人口获得适应就业创业所需的公益性职业培训，以此更好地发挥职业教育与培训在脱贫攻坚中的时代效能，为实现教育精准扶贫的时代任务奠定坚实基础。

3. 培养目标定位

2014年，国务院发布了《关于加快发展现代职业教育的决定》，要求坚持以立德树人为根本，以服务发展为宗旨，以促进就业为导向，适应技术进步和生产方式变革以及社会公共服务的需要，培养数以亿计的高素质劳动者和技术技能人才。“技术技能型人才”培养目标应始终成为高职教育的人才培养目标，并围绕这一培养目标开展人才培养工作，将其贯穿到专业设置、课程开发、实训实习等人才培养过程中。

4. 云南关于职业教育发展的政策规划

2015年出台的《云南省人民政府贯彻落实国务院关于加快发展现代职业教育决定的实施意见》中提到，到2020年，建立起具有云南特色、适应经济社会发展、结构规模合理、产教深度融合、中等职业教育与高等职业教育衔接、职业教育与普通教育相互沟通、学历教育与非学历教育并重、内外发展环境优良、体现终身教育理念的现代职业教育体系。《云南省人民政府办公厅关于加强全省高等学校分类发展和分类管理的指导意见》指出：“鼓励和支持技术技能型高职院校特色办学，深化产教融合、校企合作。重点支持办学历史较长、办学条件好、质量高的一批高职院校向技术技能型特色名校方向发展。”

综上所述，云南省职业教育的发展定位是：坚持以立德树人为根本，以服务发展为宗旨，以促进就业为导向，服务云南，适应云南经济社会发展，培养大批高素质劳动者和技术技能型人才，打造具有云南特色的职业教育品牌。

5. 依据区域社会经济发展情况，精确定位云南职业教育

职业教育只有紧扣区域经济发展的脉搏，与之协调起来，才能适应并服务区域发展的要求，并在其中发挥引领作用。因此，要发展云南的职业教育，就不得不考虑当地经济社会的发展情况。目前，云南国民经济体系主要集中在烟草制品业、电力热力的生产和供应业、有色金属冶炼及延压工业、化学原料及化学制品制造业四个工业部门，工业结构比较单一，只集中发展了具有资源禀赋的优势产业，缺乏高端的、具有较大集聚关联效应的制造业。长期以来，云南经济发展较为落后，区域经济一体化程度与市场化程度较低，再加上交通等各项基础设施的不完善，各地区依照各自的资源禀赋优势发展各自产业，地区产业之间既缺乏纵向联系、横向联系，又缺乏政府层面的协调，从而导致各地区发展协同性较差，产业之间缺乏融合，没有形成共同市场。大力培育职业教育，以区域产业融合为导向，对相关专业的课程进行创新性融合和设置，为区域产业融合提供预备性人才，从而加速地区间产业融合，提升区域经济协同性发展，对全省产业发展具有重要的支撑性作用。

（二）实现云南职业教育发展定位的路径

发挥政府的主导作用，做好职业教育发展保障条件建设。

1. 加强制度设计，创新体制机制

邓小平曾经说过："制度好，可以让坏人无法任意横行；制度不好，可以使好人无法做好事，甚至会走向相反的方向。"可见制度的重要性意义非凡。近年来，云南省职业教育获得了一定的发展，但总体来说，职业教育在教学模式、就业等方面还不能完全适应经济社会发展对人的需求。这些都迫切需要政府针对职业教育的发展进行体制机制创新，加强制度设计，促进职业教育持续、健康、稳定的发展。

2. 保障政策的落实，明确责任清单

责任清单是指政府部门以列举清单的方式，列出其所承担的责任事项及事务，公布责任事项的承担主体和追责情形，明确部门间的责任边界。责任清单能促使政府正确行使权力，目的是为权力划清界限。政策被设计制定出来，需要被落实才能发挥作用，实现政策目标。但在政策的落实和执行过程中，由于各种原因，往往大大偏离政策的目标和初衷，难以达到预期的效果。亓俊国在《利益博弈：对我国职业教育政策执行的研究》一文中提到，在政策的执行过程中会出现政策执行敷衍、政策执行缺损、政策执行歪曲、政策执行抵制等问题，需要建立责任清单，明确民族地区职业教育政策落实过程中，政府和教育主管部门、学校等的责任和权力，解决阻碍政策落实的问题。责任清单的实施过程中，要明确责任主体，明确部门间的责任边界，规定责任追究情形，完善事中、事后的监督制度。在云南少数民族地区中等职业教育的发展过程中，要明确政府、教育主管部门、学校等的责任清单，并明确三者的责任边界，强化责任追究，确定追责衡量的标准，健全监督机制和问责机制，对没有完成责任清单的主体追责，并进行惩罚。为了实现云南少数民族地区中等职业学校发展目标，要制定招生与就业清单、专业建设清单、师资队伍建设清单、中等职业学校基础设施建设清单，等等。

（三）加大经费投入，拓展经费来源渠道

经费投入不足，基础能力薄弱已成为制约云南少数民族地区教育发展的主要因素。职业教育由于专业建设、实训设施建设等的成本高，需要比普通教育投入得更多。据专家推算，一个中专毕业生的培养成本是普高生的4～6倍。为此，要想办法对职业教育给予更多的支持。一是加大政府投入。建立以政府投入为主的模式，省级财政职业教育经费主要用于扶持重点学校、实训基地等。

州、县级要设立中等职业学校教育经费制度。《蒙自市委市人民政府关于加快教育事业科学发展的决定》明确提出：建立职业教育经费投入保障机制，确保城市教育费附加用于职业教育的比例不得低于30%。中职学校非税收入全额上缴市级国库后，再全额返还学校，40%用于教师奖励，60%用于学校建设。二是加大企业投入力度。通过产教融合、校企合作，吸引企业加大对职业教育的投入。三是鼓励社会团体和公民个人捐资助学，充分调动社会各方面投资职业教育的积极性，努力使社会团体和公民出资办学、捐资助学成为职业教育投入的重要来源。可以采取民间集资、股份制的形式吸引民间力量投资办学，使投资者能从办学中受益，从而加大职教办学的力量。四是设立中等职业学校基本建设贷款贴息专款，用于鼓励中等职业学校利用银行贷款改善办学条件。有计划地支持中等职业院校更新实习设备、改善教学实验设施。五是完善中等职业教育学生资助体系，资助家庭经济困难学生接受中等职业教育和培训。

五、发挥中等职业学校主体地位，搞好中等职业学校发展内涵建设

内涵式发展相对于外延发展而言，是注重“质”的提升的一条发展路径。职业教育的内涵式发展是实现职业教育可持续发展的前提。要实现云南少数民族地区中等职业学校的发展目标，应当走内涵式发展之路，对中等职业学校进行内涵建设。李文钢提出，中等职业学校内涵建设就是根据学校发展的客观规律，注重学生内在品质的培养，全面提高技能型人才培养质量和自主创新能力，实现学校教育的可持续发展。要实现中等职业学校的内涵建设，就要对中等职业学校的专业、课程、实训基地、招生与就业、师资队伍等进行建设。

（一）坚定目标定位，坚持立德树人的根本任务

我国《教育法》有关于“坚持立德树人，对受教育者加强社会主义核心价值观教育，增强受教育者的社会责任感、创新精神和实践能力”的明确要求，其中立德树人是根本要求。立德树人中的“立德”指树立学生良好的道德品质；“树人”即做人，是指塑造心理健康、身体健康的合格劳动者和培养出高素质技术技能型人才。中等职业学校在发展中坚定这一目标定位，是落实中等职业学校立德树人根本任务的逻辑起点。为了实现立德树人，中等职业学校需要做到课堂育人、实践育人、文化育人与社会育人相结合。

1. 课堂育人

针对云南少数民族地区中等职业学校德育课程开设的比重小、课时短的问

题，学校要充分发挥课堂教学的特定优势和主渠道作用，增加道德教育课时量，达到《教育部关于中等职业学校德育课课程设置与教学安排的意见》的标准。按照《中等职业学校德育大纲》的要求和本校实际，将德育课定为必修的公共基础课，开设《职业道德与法律》《职业生涯规划》《就业与创业指导》等德育课程，注重培养学生的职业意识、职业技能和就业观念。中等职业学校学生存在年龄小、心理素质差等特点，德育教育需扩展其内容，改变其教学方式。除了开设专门的德育课程外，还要充分挖掘公共基础课程教学和专业技能课程教学中的文化内涵、德育因素、人文精神，各科教学互相配合，真正做到教书育人。课堂中上课教师的言行对学生起着模范作用，因此教师应以身示范职业道德。

2. 实践育人

德育必须实现知行合一，让职业道德教育“活”起来。第一，要加强产教融合、校企合作的力度，创新人才培养模式，校企协同培养人才。用企业的规章制度和行为规范，严格管理学生，规范学生的行为，让他们将企业的规范养成习惯，内化为自身道德素养。第二，要开展各类学生活动。如开展专业技能比赛等，提供一个可以供学生施展才华的平台，让学生在比赛中不断提升其职业道德素养；举办“星级宿舍”“文明班级”等评比，来培养学生文明卫生的良好习惯和团结友爱的精神风貌。开展各类活动还可以让学生在活动中获得成功的体验，帮助中职学生树立自信。

3. 文化育人

校园文化对学校中的个体都有教育功能、凝聚功能、约束功能和协调功能，并且对在其区域内的个体产生潜移默化的作用，影响其观念和行为。要大力加强校园文化建设，一方面通过优秀传统文化育人，定期开展爱国主义、民族传统、礼节礼仪等主题教育活动，设立传统文化走廊。如洱源县职业高级中学设立了专门的传统文化走廊，向学生传授洱源的本地风俗传统。另一方面促进校园文化与企业文化的融合，构建具有职教特色的校园文化，比如在建设和设计学校的标识、教学生活设施、建筑布局、雕塑、校园美化和周边环境时，要积极融入企业文化的元素。例如设立宣传橱窗、板报长廊，系统介绍各类知名企业文化，建立“企业文化长廊”，宣传优秀企业的精神；学校的校风、教风、学风中融合企业文化精髓中的责任意识、创新意识、质量意识、诚信意识、服务意识、竞争意识和团队意识；在学校组织管理、专业建设、教学管理、学生管理、教师管理等方面积极借鉴企业制度文化中的合理要素，构建具有职业性的校园文化。这些可以让学生在这种具有职教特色的校园文化中不断养成良好的习惯，增强责任意识，不断向企业的用人标准靠齐。

4. 社会育人

人才的培养不单是学校的事情，还涉及到家长、社会等多方面，这就要求在中等职业学校人才培养的过程中，学校要联合家长、社会一同加强对学生的培养教育。建立微信群、QQ 群，在校园网上开通“家校通”平台，加强学校与家长的沟通联系，使家长及时了解学生的在校表现，配合学校有针对性地进行家庭教育。成立家长委员会，定期召开家长会，形成家校沟通联动机制，促进家长参与学校的管理和监督。

（二）紧扣区域经济社会发展需求，加强专业建设

2016 年国务院印发的《“十三五”促进民族地区和人口较少民族发展规划的通知》中明确提出要“重点打造一批具有民族特色、区域特点的职业学校，加强符合民族特色优势产业和经济社会发展需要的应用型特色专业建设”。科学合理地进行专业建设，是中等职业学校服务区域经济社会发展的关键环节，也是实现中等职业学校发展目标的基础。

专业设置的原则。为避免出现专业设置重复、热门专业过热的问题，云南少数民族地区中等职业学校在专业设置时要认真分析和研究当地区域经济社会的发展趋向、产业结构和相关职业结构的变化规律，根据区域经济社会发展的需求和学校自身办学水平和条件适度超前确立专业方向，以便培养的人才能适应区域经济社会发展所需。

根据专业与产业相契合的理念，充分利用民族地区职业教育资源，按照教育与产业、学校与企业、专业设置与职业岗位相对接的原则，面向重点产业、优势产业和战略性新兴产业来设置和调整专业，主动适应区域产业结构优化升级要求。在优化传统特色专业的基础上，结合产业的发展需求，以行业岗位需求为导向，适度超前布局培养方向，设置新的专业。例如，景东县职业高级中学按照教育与产业、学校与企业、专业设置与职业岗位相对接的原则进行专业调整，重点建设了面向本地重点产业、优势产业和战略性新兴产业的畜牧兽医、现代农艺技术、电子电器应用与维修、高星级饭店运营与管理、汽车运用与维修、服装设计与工艺等品牌专业，专业与地方吻合性高，当地各乡镇的村兽医、各大中小型汽车修理店的技术工人、各大酒店的管理与服务人员 65% 以上都是景东县职业高级中学的学生。石屏县是农业大县，山多坝少，高寒山区和低热河谷并存，境内住着汉、彝、傣、回、哈尼等 5 个民族，县域经济薄弱，工业欠发达。石屏县职业高级中学依据县情，开设种植、现代园艺、畜牧兽医、旅游会展管理、民族歌舞等适应石屏县当地经济发展所需的专业，总体上形成了“特色专业 + 通用专业”的专业体系结构。有的中等职业学校还可以联合行业、

企业一起开设新专业、开发新产品，如楚雄技师学院与云南省工艺美术行业协会合作开发楚雄州民族工艺美术文化旅游产品，开发的彝山陶和彝山白玉在云南省 2015 年文化创意博览会上获得 4 项金奖、5 项银奖。

针对云南少数民族地区经济发展落后、办学条件有限的情况，各中等职业学校可根据市场需求，对于部分热门专业，可以联合几所学校成立教育集团，实现师资、实训实习基地等教学资源的共享。例如，大理州教育局结合大理州建设旅游大州、工业兴州，构建和谐大理的发展战略，以骨干职业学校牵头，联合全州相关职业学校，依托省内外相关企业和行业，组建职业教育办学联合体，在州教育局的直接领导下，在大理市组建了大理州旅游职业教育集团，共同打造出“餐厅服务与导游”“汽车维修”等一些强势专业品牌。

2013 年，教育部、文化部、国家民委出台了《关于推进职业院校民族文化传承与创新工作的意见》，提出民族地区职业教育具有传承民族文化的责任。为了实现这一目标，云南少数民族地区中等职业学校在有条件的情况下要开设独具民族文化特色的专业。建议在建设具有民族特色的专业时，采取学历专业与专业培训相结合的组合策略。比如在开设民族音乐与舞蹈专业的同时，学校也可以开设一些短期的舞蹈培训班，满足市场的需求，也使资源得到最大化的利用。如，大理市中等职业学校就开设了“大本曲演唱班”。

（三）以能力为本位，加强课程建设

关于职业学校的课程建设，教育部职业技术教育中心研究所所长杨进曾提出：“在提高职业教育的质量上，我们应当坚持正确的办学方向，完善以能力为本位、以促进就业为导向的课程体系。首先要坚决改变以往职业教育课程建设与实施中的学科化、知识化和应试化倾向。对于目前出现的学生文化基础较差、厌学现象严重的问题，要以实用、实效为原则，设计出真正适应职业院校学生学习需要、提高学生学习兴趣的课程和教材。”2015 年，《云南省人民政府贯彻落实国务院关于加快发展现代职业教育决定的实施意见》中提出：“职业院校要引入职业标准、行业标准和企业核心技术标准，不断完善专业标准和专业核心课程标准。”云南少数民族地区中等职业学校的课程建设要注意以岗位群能力要求为基础，参照工作任务和国家职业资格标准，以工作流程为依据，以学生岗位能力、职业素质、知识传承为重点，培养学生的职业能力和专业技能。以能力为本位，加强中职学校课程建设。第一，需要中等职业学校与行业、企业共同建立起相应岗位或岗位群的能力体系。将能力进行具体的划分，并根据能力的要求确定相应模块，规划课程。第二，开展综合性的教育教学，即根据岗位能力的需要，将专业技能、职业道德以及相关的文化知识，按照技能的递进

顺序，综合组成横向的模块。要求在教学过程中，专业技能讲到哪里，相应的职业道德和文化知识也要讲到哪里。简言之，专业技能、职业道德、文化知识为一个统一整体，三者在教学过程或工作任务中要求步调一致，相互渗透，相互融合，以完整的岗位综合知识实现培养目标。与此同时，在能力模块之外，要设立文化选修课和技能选修课，补充学生的知识和满足学生个性化发展的需要。例如，蒙自市职业高级中学的汽车运用与维修专业构建“以职业需求为基础、以培养能力为导向、基于工作过程系统化的”课程体系。中等职业学校要合理确定公共基础课和专业技能课的学时比例。在教材中要适量增加职业岗位所需要的有关实例，增加现场环境、运行管理方式的介绍，以激发学生的学习兴趣和职业意识。要积极创新专业课教学模式，采取项目教学、案例教学、场景教学、模拟教学等多种教学方式进行教学。

在调研中，很多学校的教材均为上级主管部门指定。这些指定的教材忽视了全国各个地方中等职业学校在发展水平、层次、办学条件等方面存在的差异。云南少数民族地区由于社会经济落后，且多数学校为县级职业高级中学，教学基础设施差，在这些教材的实践教学过程中，学生无法完成和达不到教材要求。比如，很多实训、实验只能依靠教师口头传授。这种统一的教材不利于教学的开展，影响了教学质量。因此，中等职业学校要根据学校自身的情况，联系当地经济社会的发展需求开发校本课程。

（四）产教融合、校企合作，加强实训基地建设

实训基地是中等职业学校进行产学结合的重要一步，关系到学生技能水平的锻炼是否到位，是否符合岗位需要。教育部周济部长在2004年全国职业教育实训基地建设工作会议讲话中曾说过：“加强职业教育实训基地建设，是提高职业教育质量和解决职业教育发展中诸多问题的突破口，更是贯彻党的教育方针，突出实践教学，注重理论联系实际，落实学用一致，培养学生尊重劳动、尊重实践的职业素养的重要举措和必然要求。”实训实习基地的建设是一个长期的工程，不可能一蹴而就。第一，中职学校领导层要严格审核建设方案，结合学校的实际情形，制定一个具体的指导方针，对于实训基地的功能定位、主要任务等作出规定。第二，要采取多种方式进行实训基地的建设，比如学校与学校联合建立公共实习实训基地，学校与企业联合建立实习实训基地。云南少数民族地区的中等职业学校在实训基地建设方面进行了有益的探索。如蒙自市职业高级中学一方面自筹资金建成实训室和实训基地，另一方面与企业签订合作协议，改善和拓展实习实训条件；楚雄技师学院与东莞金状元电子商务公司合作共建电子商务示范基地，与楚雄州活塞销有限公司合作共建活塞销精工综合实训车

间等。第三，要完善实训基地建设的各项管理制度，用制度来保障实训基地的正常运行。如制定《实训基地运行管理办法》《实习实训基地管理条例和细则》《实习实训基地实训工作目标管理考核办法与考核细则》《实习实训基地实训工作常规》《生产实习教学检查制度》《安全文明实习生产制度》《实习实训考核制度》《生产实习教学检查制度》《实习工厂机具设备管理制度》《实习工具、量具使用管理制度》等。第四，要加大对中职实训基地的投入，设立实训基地建设专项基金，专门用于建设中等职业学校的实训基地。第五，要打造一支优秀的实习实训基地师资管理队伍。

（五）以学生为中心，做好招生与就业工作

招生是中等职业学校发展的基础，学生的数量和质量对中等职业学校的内涵建设起着重要作用；就业率和就业质量是衡量一所学校办学是否成功的一个重要指标，关乎学校的发展大计。因此，中等职业学校要实现内涵式发展，就要做好招生与就业工作。

要提高云南少数民族地区中等职业学校的招生，需要从以下几个方面着手：①要加强中等职业学校自身的改革与建设。中等职业学校可以借助国家大力鼓励职业教育发展这一契机，推动自身结构的革新，从教育资源以及学校的硬件设施出发，打造自我发展的坚实基础，同时从管理方法和教学方法上进行大力改革，去粗存精，建立自身办学特色，提高教学质量和学生的就业率，提高社会影响力和社会认可度。②加大招生宣传。通过网络进行招生宣传。中等职业学校应建立招生网站或者平台，由专人负责设计网页，展示学校的软硬件基础设施、学校的办学特色、学生的就业情况和招生事项等内容，同时负责解答学生和家长的疑难问题。如宾川职中建立了学校的微信公众号，不定期发布学校的最新消息和活动，让家长了解职业学校的真实教学情况。③组织学校教师开展招生宣传。教师在招生宣传中尽可能将招生工作细致化。如在中考分数公布之后，学校根据中考学生人数和成绩先初步划出分数线，大体确认招生对象，然后对教师进行招生培训，分组进村入户对招生对象进行家访和宣传。此外，还可以通过学校在读学生以及用人单位宣传。④健全云南少数民族地区中等职业学校招生机制，改变传统的招生模式。第一，实施委托教育制度。普通中学可以根据需要开设职业教育的课程，或适当增加职业教育的教学内容，在初中毕业年级学生中开展就读中职学校的预登记制度。初级中学要充分利用职业教育资源，有组织地委托职业学校（包括县市职中和州级职业学校）对已完成初中课程的毕业年级学生开展职业教育教学；委托期满后的秋季学期，进行中职学籍注册。第二，要积极探索一体化办学招生，即州县各中等职业学校联合，

在“八个共同”原则指导下开展招生工作。“八个共同”即共同研究确定职中招生专业、共同制定招生工作计划和措施、共同组织开展委托职业教育、共同组织开展招生宣传、共同组织开展招生工作、共同组织普高转中职工作、共同制定招生目标管理捆绑考核办法、共同完成中职教育招生任务，确保双方年度招生目标任务的完成。第三，校企联合招生，开展订单培养。学生毕业后经考核，考核合格的直接到合作企业就业。第四，推进中高职衔接，拓展中职学生上升空间。教育行政主管部门要加快推进“技能 + 知识”考试录取制度改革，试行高职院校招生全部从中职毕业生中录取的制度，扩大应用型本科从中职学校招生的比例。

云南少数民族地区中等职业学校在学生的就业中可以做几件事，第一，开设就业指导课。中等职业学校学生常常会出现对自身工作定位不准、收集就业信息能力差等问题。学校应开设涉及就业政策、就业信息、就业技巧、就业观念、就业心理等方面内容完善的就业指导课，有效地帮助学生了解和适应市场的需要，树立正确的就业观。第二，建立毕业生就业与升学指导服务制度，以制度来保障就业服务工作的实施。第三，学校应采取多种方式帮助学生就业。云南少数民族地区中等职业学校在促进学生就业上探索出多种方法。一是开展订单培养，与企业合作开设冠名班。如红河州农业学校与蒙自老寨乡政府、天安果业公司合作的“苹果班”，与厦门冠捷集团合作开设的“冠捷班”，有针对性、有重点地根据企业的用人需求培养学生，为学生毕业后迅速进入工作状态，适应工作需求打下了坚实基础。二是与企业合作，加大学生的实习力度。如大理中等职业学校与上海唐宫餐饮有限公司、北京蝴蝶泉宾馆、大理海湾酒店、上海大众 4S 店等 30 多家企业开展各种形式的校企合作，建立了稳定的学生见习、实习、就业基地，不仅为中等职业学校专业建设带来先进的理念，使学校的人才培养目标更贴近用人单位的要求，同时也拓宽了毕业生的就业渠道，是提高毕业生就业率和就业质量的有力保障。景东县职业高级中学为促进学生就业，探索了前厂后校、入企办学等就业合作模式，学校各专业与招生就业处协同规划，依据学生的专业、就业愿望、特长，结合产业人才需求，开拓学生就业渠道。三是学校要做好学生就业后的跟踪服务工作，了解学生在就业中的情况，不断反思，对学校的教育教学情况适时进行调整。

（六）突出教师主体地位，加强师资队伍建设

《中国教育改革与发展纲要》明确指出：“振兴教育的希望在教师，建设一支良好师德师风、政治业务高、结构合理、相对稳定的教师队伍是教育改革和发展的根本大计。”2018 年 1 月 20 日，中共中央、国务院出台了《关于全面深

化新时代教师队伍建设改革的意见》，也充分认识到了教师工作的极端重要性。教师是中等职业学校发展的不竭动力，中等职业学校要发展，必须加强师资队伍建设。云南少数民族地区中等职业学校师资队伍建设需要注意以下几个问题。

1. 要在源头上进行考量，拓宽教师的来源渠道

针对中等职业学校教师结构不合理的问题，云南少数民族地区中等职业学校要提高具有相关专业技术职务资格教师的比例，培养一批德才兼备、高水平的专业骨干教师和专业学科带头人，培养高素质、专业化的“双师型”教师队伍，改变学校文化课教师多、专业课教师不足的现状，要打破中等职业学校师资来源以高校毕业生为主的传统观念。不仅要从高等院校引进理论知识丰富、职业能力素养比较高的优秀毕业生，还要多渠道从社会上特别是企事业单位外聘专业技术人员、高技能人才和能工巧匠兼职任教，充实“双师型”教师队伍，优化教师队伍结构。如景洪市职业高级中学实施教师特聘、特邀计划，向社会特聘了烹饪、旅游服务与管理、会计电算化、汽车运用与维修、服装设计与工艺、建筑、割胶工培训等26名专家、专业技术人员到学校兼职任教，有效地保障了学校专业教学的顺利开展，优化了学院的师资队伍结构，推动了学院师资队伍的建设和发展；景东县职业高级中学为了建立稳定的师资队伍，实行“加强培养、注重实绩、鼓励先进”的管理模式；蒙自市职业高级中学采取教师到企业参与生产性任务，企业工程技术人员到学校担任项目课程教学和实训实习指导任务的“双岗交替、定向培养”的方式，建成专兼结合的优秀教师团队。

2. 健全教师培养培训体系

云南少数民族地区的中等职业学校教师存在着专业素质不高、专业培训不足等问题。为了解决这些问题，可以从以下几个方面着手：一要采取多种方式加强教师培训。云南少数民族地区的中等职业学校在加强教师培训的工作中采取了多种方式。第一，建立名师工作室。名师工作室的一个重要作用便是教师边工作边培训，建立新老教师互帮互学机制，帮助新教师快速进入角色，帮助教师提高业务素质。如楚雄技师学院依据专业建立了多个名师工作室，目的是培养具有教育情怀、专业素养精湛、师德师风高尚的彝州名师，比如张云青工作室。第二，选派教师参加省、州、县的各种教学研讨活动。石屏县职业高级中学2016年选派汽车维修、计算机应用、农学、电子技术应用等专业教师参加国家级、省级培训和国家级“青年教师企业实践”主题培训学习。第三，选派教师到企业实践培训。中等职业学校教师队伍建设离不开企业的参与，企业的积极参与，能让教师的实践能力保持与时俱进。应采取多种方式选派教师到企业实践，例如派教师到企业生产现场考察观摩、接受企业组织的技能培训等。

如大理中等职业学校选派老师到企业考察与培训，承担课题研究任务，参与企业项目开发等，对专业带头人、骨干教师、专任教师、管理人员等进行全方位的培养和培训。二要加强职教师资培训基地建设。在培训机构方面，要调动职教教师教育机构、高等学校以及有条件的企业加入教师培训工作，使职教教师教育机构、高等学校以及企业成为培训基地的一部分。在培训内容方面，要开发一套体现中职教师职业素质特点的培训方案、课程标准及教材。三要建立中等职业学校教师培训的相关制度，用制度来规范和保障教师培训工作的顺利开展。制定《中等职业学校教师培训管理办法》，同时完善相关具体的实施措施，比如教师培训选派制度、教师培训期间的保障措施、教师培训考核与激励制度等。关于教师到企业实践培训，如红河州农业学校就建立了专任教师到企业的实践制度。四要设立中等职业学校教师培养培训专项经费。在调研中发现，云南少数民族地区中等职业学校教师不愿意参加培训的一个主要原因是学校缺少经费支持，培训费用得自己出；多数教师虽认识到培训的重要性，但由于担心经费的问题，不愿意参加培训。教师是学校办学的关键因素，是学校永续发展的不竭动力。加强教师的培训就是为学校发展“储蓄能量”，因此学校要设立教师实践培训的专项经费，鼓励教师在职进修和参加培训。

六、发挥社会的参与角色，营造中等职业学校发展的良好环境

事物的发展由内因和外因决定。中等职业学校的发展除了需要自身的努力之外，还需要社会的广泛参与。社会要充分参与到其中，为中等职业学校的发展营造一个良好的环境。

（一）改变社会的认识

提到改变社会对职业教育的认识误区，不得不提目前云南少数民族地区和中东部发达地区对职业教育的看法的差别。在中东部发达地区，家长会根据孩子的特长、爱好帮助孩子选择职业学校，而不是认为职业教育就是低端教育。2018 年 3 月中旬，新京报周刊微信公众号“学习公社”就职业教育问题进行的网络调查显示，在北京市，有 15% 的家长会因为职业学校某些专业的优势明显而让孩子就读职业学校；31% 的家长发现孩子有从事技能职业的兴趣和潜力而选择职业学校；6% 的家长认为本科生也不好找工作，选择职业教育也不错。但在云南少数民族地区，家长送孩子来职业学校就读大多属于无奈之举；送孩子来就读是因为学习成绩不好，不想继续读书，但由于孩子年龄小而不能外出打

工。家长的初衷就是希望职业学校能帮助管理孩子，不让其在外面惹是生非。还有一部分家长认为职业教育无用，不让孩子来就读。如西双版纳一中职学校的学生说，因为家里是种橡胶的，长大以后也要继承家里的种植生意，父母认为来读职业学校不如在家种橡胶挣钱。由此可见，云南少数民族地区对职业教育的认识十分欠缺，与中东部发达地区相比，差距甚大。

云南少数民族地区由于地处山区，经济社会发展落后，人们的观念相对闭塞，受学而优则仕的传统观念的影响，职业教育一直不被人们看好，被认为是次等教育；很多家长不愿意送自己的孩子来职业学校就读，用人单位在招工时对职业学校学生也存在歧视。这些都影响着中等职业学校的发展。中等职业学校要得到发展，首先应当改变人们对职业教育的认识，使其认可职业教育。比如对相关典型人物和事迹通过网络等途径多加宣传；定期开展全国性的职业技能竞赛活动和省级职业技能竞赛活动，对获胜者进行表彰奖励；政府每年组织好职业教育活动周的各种宣传教育活动；学校每年定期组织学生的专业技能教学成果展示，邀请家长、企业 HR 到现场参观。如宾川职中组织美容美发专业学生开展专业技能教学成果展示活动，成效显著。云南少数民族地区的中等职业学校还可以采取技能扶贫的方式，走出校门，下乡为老百姓解决生产种植难题，塑造学校的良好形象，改变人们的观念。职业教育要不断增强为地方经济服务的能力，让当地老百姓切实地看到职业教育带来的实惠。

云南少数民族地区对职业教育的认识存在误区，部分原因是其居民受教育程度不高。据云南省 2010 年第六次全国人口普查主要数据显示，在云南 6 周岁及以上人口中，具有大学（大专以上）文化程度的有 265.6 万人，高中（含中专）文化程度的有 385.0 万人，初中文化程度的有 1263.1 万人，小学文化程度的有 1994.4 万人。由此可见，云南省整体教育水平较低，其中云南少数民族地区教育发展情况更不乐观。改变社会对职业教育的认识误区，不仅需要在职业教育领域努力，同时也需要在云南少数民族地区普及普通教育，提高人们的文化水平，以便加强他们对新鲜事物的接受能力，改变传统固化观念。

（二）加强开放合作

开放合作主要是为了扩展职业学校发展的资源。云南少数民族地区的中等职业学校的开放合作主要包括两方面的内容。一是要加强校际合作。第一，要加强少数民族地区的中等职业学校之间的合作，主要是在实训基地建设中加强合作。第二，要加强少数民族地区的中等职业学校与非少数民族地区的中等职业学校或者其他学校之间的合作，主要是联合开办专业。如宁洱县职业高级中学与思茅技校、思茅农校、云南财经大学、昆明官渡二职中、云锡技校、昆明冶金高等专科学校开展了联合办学，充分利用了联办学校的技术、设备、资金优势，增强了办学活力，提高了办学效益。第三，云南少数民族地区的中等职业学校要利用好职业教育东西协作行动计划的契机，与东部地区 10 个职教集团在基础设施建设、师资队伍建设、人才培养等方面开展战略合作，吸收新的职业教育发展理念，为少数民族地区中等职业教育的发展注入新的活力。

二是要加强校企合作。2014 年，全国职业教育工作会议将产教融合、校企合作作为创新职业教育培养模式的根本举措。十九大报告中进一步提出要“完善职业教育和培训体系，深化产教融合、校企合作”。校企合作对学校和企业的发展意义重大，是校企双方实现共赢的一种方式。对学校来说，通过校企合作，教师可以及时跟踪行业发展的情况，了解企业具体的用人标准、管理制度和生产流程，学生能在真实的企业环境中学习和实践，有助于他们对基本操作技能的掌握；对企业来说，通过校企合作，教师可以为企业开展培训或提供管理咨询服务，并针对企业的技术难题进行科研攻关，同时企业可以在实习学生中优先选择企业员工，并且这些学生日后无须再培训，可以直接上岗，为企业挑选人才节约了时间成本和培训经费。云南少数民族地区的中等职业学校与企业之间合作的方式可以采取以下几种：第一种是学校与企业共同建立实习实训基地。即学校与企业合作，学校出场地及所需的其他服务，企业负责技术人员、资金和实训设施设备，学生以实习生和企业准员工的双重身份在基地学习，企业在基地生产和经营产品。蒙自市职业高级中学就采用这种模式，如电子商务专业与蒙自科柏瑞电子商务有限公司合作，建立了电商人才孵化公共实训基地，同时学校与顺达驾校、顺通宾馆、长征汽车修理厂、蒙自威龙美业创建了功能化的实训基地，学生在合作企业以准员工的身份进行顶岗实习。第二种是开展订单培养。即中职学校根据企业提出的订单人数、专业以及其他具体要求组织招生活动。企业和学校共同制订人才培养计划，共同负责人才培养的全过程；学生毕业之后直接到企业就业。如红河州农业学校开设的“苹果班”“冠捷班”就是这样一种培养方式。宾川职中与北汽福田合作，每年订单培养 200 人，毕业后直接到北汽福田参加工作。第三种是开展“职业教育集团”培养。即由多个中等职业学校与若干企业相互联合、相互协作，共同组成职业教育集团。通过教育资源的整合，目的是为了实现学校与企业资源的优化配置和利益的最大化。如 2009 年在大理市组建的大理旅游职业教育集团有 13 个中等职业学校，涉及省内外企业 22 个，成效显著。第四种是企业冠名班。这里主要是指冠名定向扶贫班，它的主要招生对象是农村乡镇的学生以及城市的低保户、贫困家庭子女。具体是指中等职业学校与企业共同开办冠名定向扶贫班，企业在中职学校设立助学金和奖学金。企业参与人才培养的全过程，如人才培养方案的制定、课程的设置等。这种对接企业需要的人才培养方式，目标明确，学生所学习的知识和技能符合企业的要求，学生毕业后，企业可以直接择优录用。云南少数民族地区的大部分地区处于山区、贫穷地区，可以考虑采取这种方式。第五种是校企共定人才培养方案和共建教学模式。这种方式是校企双方根据各自的专业特点和行业发展趋势，共商人才培养标准，形成切实可行的人才培养方案。如蒙自市职业高级中学的汽车运用与维修专业就构建了“以职业岗位核心能力为主线，校厂一体、工学结合”的人才培养方案；旅游服务与管理专业构建了“一个导向、一个突出、三个结合”的人才培养方案。在企业专家的指导下，开展项目教学，让学生在真实的工作环境下实训，使企业车间成为实习车间。如汽车运用与维修专业与长征修理厂、中德诺浩（北京）教育投资公司合作，形成了“以工作流程为导向”的教学模式改革，全面开展“理实一体化”教学，采用计算机仿真－实训室模拟－企业实战的教学过程，强化“在做中学、在做中教”的工学结合教学模式。根据调研，云南少数民族地区在开展校企合作时前两种方式采用得较多。为了实现云南少数民族地区的中等职业学校发展目标，还需积极探索更多校企合作的方式。

（三）企业利益的保障

企业是以盈利为目的的社会经济组织，参与中等职业学校办学的最大原因便是从中可以得到利益。但目前云南少数民族地区的中等职业学校的师生在参与企业工作时还不能满足企业的盈利需求，甚至可能会影响企业的盈利。中等职业学校的师生同企业的真正员工在产品制造中的技能和熟练度方面存在差距，产品质量难以保证，企业需要准备大量的材料来满足学生的操作需要，造成了不少的材料浪费。校企合作的过程中，学校输送学生前往企业实习，企业需要派人指导，耗费企业不少的人力，使企业每日的产量定额受到影响。企业办学无法享受国家的财政支持，还要缴纳额外的教育附加费，为企业增添了管理成本和风险。

因此，要实现产教融合、校企合作，提高企业参与中等职业学校办学的积极性，就要保障企业的利益，建立企业利益保障机制。建立企业利益保障机制需要做到以下几点：一是加强对积极参与中等职业教育的企业进行政策支持和财政补贴上的立法工作，调整在校企合作中政府、企业、学校和学生等主体之间关系方面的立法，使企业在参与校企合作中的利益保障有法可依。二是政府应该搭建平台，实现中等职业学校和企业信息的及时沟通，实现资源共享和人才共享等。如成立校企合作工作室和校企合作网站，学校或企业能随时在网站上发布自己的需求，然后其他企业或学校根据自身情况进行需求对接。这样能有效解决少数民族地区部分中职学校反映联系不到企业的情况，同时企业也能寻找到最佳的合作伙伴。三是免除企业办学的教育附加费，设立为云南少数民族地区职业教育产教融合、校企合作服务的专项基金，包括对产教融合、校企合作中企业生产成本的增加和产品损耗给予相应的补偿，对参与产教融合、校企合作中指导学生的技能专家的薪津给予补贴，以及给予教师和员工培训的相关费用。2018 年“两会”期间，全国政协委员、湖南省社会主义学院院长雷鸣强向全国政协十三届一次会议提交了《关于出台职业院校教师实践和学生实习实训税收减免政策的提案》，建议国家尽快出台法律政策，明确企业事业单位接收职业院校教师实践和学生实习实训的税收减免政策，保障企业的利益，提高企业参与办学的积极性。四是中等职业学校应不断加强自身内涵建设，提高为企业服务的能力，完善校企合作的管理，同时，创新深层次合作模式，以职教集团等收益内部化形式，保障企业的利益。

第五章　云南省职教园区发展模式研究

建设职教园区是促进职业教育集约化、集团化发展和推进产教融合、校企合作的重要方法。职教园区是为提高职业教育的办学能力和水平，深化产教融合、校企合作，满足我国社会主义现代化建设的高素质技术技能型人才需求，将区域内职业教育资源和相关要素在地理位置上进行集聚的一种发展职业教育的方式。职教园区这一发展方法早在 1996 年浙江温岭就已经探索实施了，而云南省由于经济社会发展较为缓慢等原因，到 2005 年才在曲靖、嵩明、普洱等地方探索建设职教园区。在经过初步探索后，截至 2018 年，云南省已经规划建设 13 个职教园区，建成并投入使用的有 11 个职教园区。职教园区已经成为云南省发展职业教育的重要方式之一。在这个发展过程中，云南省各个职教园区结合自身实际情况，探索形成了多种独特的发展模式。

一、云南省职教园区的发展情况

（一）云南省职教园区的建设背景

1. 云南省对于高素质技术技能型人才需求的扩大

云南省位于我国西南地区，长期以来依靠增加要素投入推动经济的发展。随着经济社会的发展，云南省面临着生产要素成本的提高、资源环境约束的趋紧等问题，结构性矛盾突出，经济发展遭遇瓶颈。十八大以来，云南省为了实现经济保持中高速增长、产业迈向中高端水平的目标，加快了经济结构的调整和产业的转型升级。

经济结构的调整和产业的转型升级，必然要求大量的高素质技术技能型人才为其提供支撑。为此，云南省职业教育必须转变“分散独立办学”“小而散”的现状，整合一定区域范围内的职业教育资源，扩大职业教育办学规模，形成办学优势，走规模化、集约化、资源共享、校企合作、产教融合的发展道路。

2. 云南省对于职业教育的政策支持

1999年，云南省在《中华人民共和国职业教育法》的基础上制定了《云南省职业教育条例》。该条例强调“各级人民政府应当将发展职业教育纳入国民经济和社会发展计划，加强领导，统筹规划，合理配置资源，积极推进本行政区域内职业教育的改革和发展”。从该条例中可以看出，职业教育在国民经济发展和社会发展计划中具有重要的地位。该条例确定了发展职业教育的主体是各级地方政府，任务是推进本行政区域内职业教育的改革和发展，方法是加强领导，统筹规划，合理配置资源。云南省于2005年颁发的《中共云南省委、云南省人民政府关于大力推进职业教育改革与发展的意见》强调“各级政府整合职业教育资源，提高办学效益”“职业教育向规模化、集约化、连锁化方向发展”。这为云南省引入职教园区这一发展职业教育的方式提供了契机。在2010年云南省出台的《中共云南省委、云南省人民政府关于大力推进职业教育改革与发展的意见》中强调“加强政府教育统筹，促进职业教育协调发展和资源共享”。2015年，《云南省现代职业教育体系建设规划（2015—2020年）》出台，强调“以区域化建设为统筹点，深化布局结构调整”“加快推进嵩明、安宁、曲靖、玉溪、保山、昭通、普洱、临沧、楚雄、文山、版纳、德宏、红河13个区域性职业教育园区建设”。政策的扶持使得云南省职教园区在曲靖、普洱、楚雄等地开始悄然发展。职教园区成为云南省探索职业学校布局、整合职业教育资源、深化校企合作的一种重要尝试，并且这种方式很快就获到了云南省的高度关注和支持。

表5-1　云南省促进职教园区发展的部分文件

序　号	出台时间	文件名
1	1999年	《云南省职业教育条例》
2	2005年	《中共云南省委、云南省人民政府关于大力推进职业教育改革与发展的意见》
3	2010年	《云南省中长期教育改革和发展规划纲要（2010—2020年）》
4	2015年	《云南省现代职业教育体系建设规划（2015—2020年）》

3. 云南省职业教育自身发展的需求

加快加强13个地州的职教园区的建设也是为了满足云南省职业教育自身发展的需求。云南省职业教育的发展始于清末。在1904年，清政府在昆明设立了初级桑蚕学堂和实业学堂各一所。20世纪70年代以来，随着云南省经济实力的增强、社会的进步，职业教育也得到了蓬勃的发展，但是云南省职业教育的发展整体来说还是较为薄弱，存在着多个方面的问题，比如在职业教育的认识上存在着“重普轻职”的问题；在办学方面存在着办学条件差、办学规模小、办学质量差等问题；在产教融合、校企合作方面存在着企业与职业学校分隔、专业与产业脱离等问题。再加上由于历史、体制、政策等原因，职业教育在管理上存在着分头管理、条块分割等问题，使得职业教育的教育资源分散，不能形成办学合力，制约了云南省职业教育的发展。而云南省在各个地州建设职教园区将有利于推进云南省整体的职业教育的改革。打破职业教育分头管理、条块分割现象，整合区域内职业教育资源，深化职业教育产教融合、校企合作，是促进职业教育高质量快速发展的必然措施。

（二）云南省职教园区的发展历程

1. 初步探索阶段（2005—2010 年）

2005 年，云南省委、省政府出台了《关于大力推进职业教育改革与发展的意见》（云发〔2005〕18 号）。文件要求云南省各级政府要通过整合区域内各种类型的职业教育资源，从而提高办学效益；要综合使用整合、联办、划转、置换等多种方法，盘活并优化职业教育资源，使职业教育要向规模化、集约化、连锁化的方向发展。云南省职教园区在政策的推动下迎来了发展的历史机遇。在这一文件的指导下，云南省普洱市、曲靖市、楚雄州出台了相应文件，开始率先探索依托职教园区促进本地区的职业教育发展的道路。

在初步探索阶段，云南省职教园区建设数量较少，覆盖范围较小，并且职教园区的规划建设主要是由地方政府主导，云南省政府提供政策和资金等支持。在这一阶段，普洱市、楚雄州和曲靖市不但完成了对职教园区的建设，同时对职教园区的发展道路也做了探索，对于职教园区的发展呈现出两种发展思路：一是以普洱职教园区为代表的整合各所职业院校资源，统一发展的思路；二是以曲靖职教园区和楚雄职教园区为代表的各所职业学校自主建设管理，分散独立发展的思路。

表 5－2　普洱、曲靖、楚雄职教园区基本情况表

编　号	名　称	开建时间	建成时间	地　点	面　积	投资金额	入驻学校数量	规划人口规模
1	普洱	2008 年	2009 年	普洱中心城区东南教育片区	0.33 平方千米	3.3 亿元	7 所	1.5 万人

续 表

编 号	名 称	开建时间	建成时间	地 点	面 积	投资金额	入驻学校数量	规划人口规模
2	曲靖	2008 年	2010 年	曲靖中心城区东南部	1.81 平方千米	28 亿元	6 所	10 万人
3	楚雄	2006 年	2009 年	楚雄鹿城镇	1.33 平方千米	13 亿元	5 所	2.3 万人

表 5-3 普洱、曲靖、楚雄职教园区入驻职业学校

序 号	名 称	入驻职业学校
1	普洱职教园区	普洱财经学校、普洱农业学校、普洱林业学校、普洱技工学校、思茅职业教育中心、普洱市粮食干校、普洱市供销干校
2	曲靖职教园区	云南能源职业技术学院、曲靖农业学校、曲靖财经学校、曲靖应用技术学校、曲靖工商职业技术学校、曲靖技工学校
3	楚雄职教园区	楚雄高级技工学校、楚雄州工业技术学校（昆明理工大学楚雄应用技术学校）、楚雄民族中等专业学校、楚雄农业学校、楚雄州体育运动学校

2. 快速发展阶段（2011—2015 年）

2010 年，云南省颁发了《云南省中长期教育改革与发展纲要（2010—2020 年）》，强调要继续改善职业学校的基础设施，完善现代职业教育体系。同年，在曲靖市召开的云南省推进区域性职教中心会议上，时任云南省教育厅党委书记、厅长罗崇敏在会上讲话时提出要大力建设区域性职教园区，整合职业教育资源，拓展办学空间，创新办学思路，在积极扩大办学规模的同时，全面提升中等职业学校的办学质量，建设一流的区域性职教中心。在这一会议中，他还提出云南省要通过 3 年努力，多渠道筹措百亿元资金，在全省范围内建成 12 个区域性职业教育园区。政策的保障和相关部门的支持，促进了云南省职教园区的快速发展。在这一阶段，云南省规划和建设了 9 个职教园区。

表 5－4　云南省安宁、玉溪、保山、昭通、嵩明、临沧、文山、西双版纳、德宏职教园区基本情况表

编　号	名　称	开建时间	建成时间	地　点	面　积	投资金额	入驻学校数量	规划人口规模
1	安宁	2009 年	2012 年	安宁中心城区西南部	15.52 平方千米	75 亿元	6 所	12 万人
2	玉溪	2018 年	在建	红塔山区玉枕山	0.89 平方千米	25.7 亿元	3 所	8.2 万人
3	保山	2011 年	2015 年	保山市青阳片区大堡子村	4 平方千米	30 亿元	5 所	3.8 万人
4	昭通	2011 年	2016 年	昭通中心城区北部新区彝路	1.33 平方千米	4.5 亿元	3 所	1.5 万人
5	嵩明	2009 年	2014 年	滇东杨林镇	14.16 平方千米	50 亿元	10 所	10 万人
6	临沧	2010 年	2013 年	临沧教育片区	0.33 平方千米	2.8 亿元	3 所	1 万人
7	文山	2007 年	2013 年	城区东南部三角塘片区	2 平方千米	9.5 亿元	6 所	1.3 万人
8	西双版纳	2019 年	在建	西双版纳中心城区	19.8 平方千米	2.366 亿元	3 所	暂无
9	德宏	2009 年	2014 年	芒市城东	0.53 平方千米	10.4 亿元	2 所	1 万人

表5－5 云南省安宁、玉溪、保山、昭通、嵩明、临沧、文山、西双版纳、德宏职教园区入驻学校表

序　号	名　称	入驻职业学校
1	安宁职教园区	昆明冶金高等专科学校、云南技师学院、云南轻工职业学院、昆明扬帆职业技术学院、云南经济管理职业学院、云南工艺美术职业学院
2	玉溪职教园区	玉溪卫校、玉溪体校、玉溪少年校
3	保山职教园区	保山中医药高等专科学校、保山中等专业学校、隆阳区职业技术学校、云南电大保山分校、保山教师继续教育学院
4	昭通职教园区	昭通卫生职业学院、昭通市财校、昭通市农校
5	嵩明职教园区	云南外事外语职业学院、云南城市建设职业学院、昆明医科大学海源学院、云南师范大学商学院、昆明市卫校、云南旅游职业学院、云南师范大学文理学院、云南大学滇池学院、云南传媒职业学院、云南工商学院
6	临沧职教园区	临沧市农校、临沧市财校、临沧市卫校
7	文山职教园区	文山州卫校、文山州农校、文山州民族职业学校、文山州技校、文山州财校、文山州工商信息管理学校
8	西双版纳职教园区	西双版纳州卫生学校、西双版纳州农业学校、西双版纳州财贸学校
9	德宏职教园区	德宏职业学院、德宏州中等职业学校

在普洱、曲靖和楚雄对职教园区建设的探索基础上，职教园区这一发展职业教育的方式在省内得到了高度认同，云南省对职教园区的建设发展也越加重视。云南省政府从全省的高度对职教园区的建设和发展做出了统一规划，确定了云南省职教园区的发展目标、发展要求、发展思路、发展方向、发展原则，云南省职教园区的建设进入了统一规划的新时期。在这一阶段，文山职教园区创新职教园区建设思路，探索出了统分结合的发展方法，丰富了云南省职教园区的发展路径。

3. 内涵建设阶段（2016 年至今）

在这一发展阶段，云南省新增规划建设了红河职教园区。截至 2018 年，云

南省已经有11个职教园区投入使用。云南省对于职教园区在全省范围内的布局建设可以说已经完成大部分，职教园区已经成为云南省发展职业教育的重要方式之一。如何充分发挥职教园区的优势，成为云南省面对的问题。

表5－6　红河州职教园区基本情况

编　号	名　称	开建时间	建成时间	地　点	面　积	投资金额	入驻学校数量	规划人口规模
1	红河职教园区	2016年	2018年	红河职教园区片区	1.33平方千米	19.35亿元	5所	4万人

表5－7　红河州职教园区入驻学校

序　号	名　称	入驻职业学校
1	红河职教园区	红河州农校、红河州财校、红河州民族师范学校、红河州卫生职业学院、红河州工科学校

云南省通过将职教园区的发展与现代职业教育体系的建设联系起来，为云南省职教园区的发展注入了新的活力。云南省职教园区的发展逐步形成了规模扩大和内涵建设有机结合、总体发展统一化和个体发展个性化有机结合的内涵建设局面。

二、云南省职教园区发展模式的划分与内涵

（一）云南省职教园区发展模式的划分标准

1. 领导体制

领导体制一般是指国家机关、企业、事业单位等的领导组织制度。职教园区领导体制的实质是指职教园区的相关管理工作究竟由谁领导和负责，职教园区相关事务的决策权到底归属于谁。职教园区的领导体制不仅影响着职教园区的发展，而且更是影响着职教园区办学质量和办学目标的实现。根据《领导科学基础》对领导类型的划分，领导体制可以分为完整制与分离制。凡是同一个领导层次的各机关，或一个机关中的各个构成单位，所接受的上级指挥、控制和监督，完全集中于一位上级领导者或者一个上级机关者，就称之为完整制或集约制，俗称一元化领导；反之，如果上级的指挥、控制和监督不集中于一位

上级领导者或者一个上级机关者，即称分离制或独立制，又称多元化领导。云南省不同职教园区实行了不同的领导体制，领导体制是划分职教园区发展模式的核心标准。

2. 组织机构

职教园区的组织结构就是指职教园区全体人员为了实现组织目标，在其内部形成的结构严密、相对独立，并彼此传递或转换能量、物质和信息的系统。组织结构是整个管理系统的“框架”。组织结构的形式主要有以下几种：直线型组织结构、职能型组织结构、直线—职能型组织结构、事业部制组织结构和矩阵型组织结构。组织结构是职教园区正常运行的基础。科学完善的组织结构不仅有利于协调职教园区内部各个构成部分的关系，而且有利于促进职教园区内的各种资源的合理使用。组织机构是划分职教园区发展模式的关键标准。根据各个机构和单位所履行的职责的不同，可以分为行政机构、业务机构、群团组织和其他组织。

3. 资源共享

整合资源，实现资源共享是职教园区的重要职能之一。资源共享是指在一定范围内，两个或两个以上主体将拥有的资源进行共同使用，以使资源得到最大化利用。职教园区进行资源共享的主体包括职业院校、企业、政府。职教园区的资源共享要素分为硬件资源和软件资源两类。根据各项软硬件资源的服务对象和范围，可以将职教园区的资源共享进行层次划分。在《职教园区建设模式与实证研究》中，胡斌武将其划分为校区级、校际级、园区级和城市级。校区级可共享资源主要服务于职教园区内某个职业院校的新校区与老校区之间的资源共享，或职教园区内某个职业学校部门之间、专业之间、年级之间、班级之间的资源共享；校际级可共享资源服务于职教园区各职业学校之间的资源共享；园区级可共享资源主要服务于职教园区各利益主体之间的资源共享；城市级可共享资源主要服务于职教园区与所处社区、所处城市之间的资源共享。资源共享是划分职教园区发展模式的重要标准。

通过以上三个标准，结合云南省各个职教园区的发展实际情况，可以将云南省职教园区的发展模式分为三类：统一型发展模式、统分结合型发展模式和分散型发展模式。

统一型发展模式在领导体制方面是实行完整制的，即职教园区所接受的上级指挥、控制和监督，完全集中于一位上级领导者或者一个上级机关，一般为州市的教育局。在组织结构上，入驻园区的各个学校的原有组织机构全部被打破，在园区管理委员会的领导下，以原有各个入驻学校的相关资源为基础，构建了新的组织结构体系。职教园区管理委员会对园区内所有事务负责，拥有最高决定权，是园区的最高决策机构，在园区的所有管理活动中具有主导地位。在资源共享方面，统一型发展模式实行了校区级、校际级、园区级和城市级的资源共享。

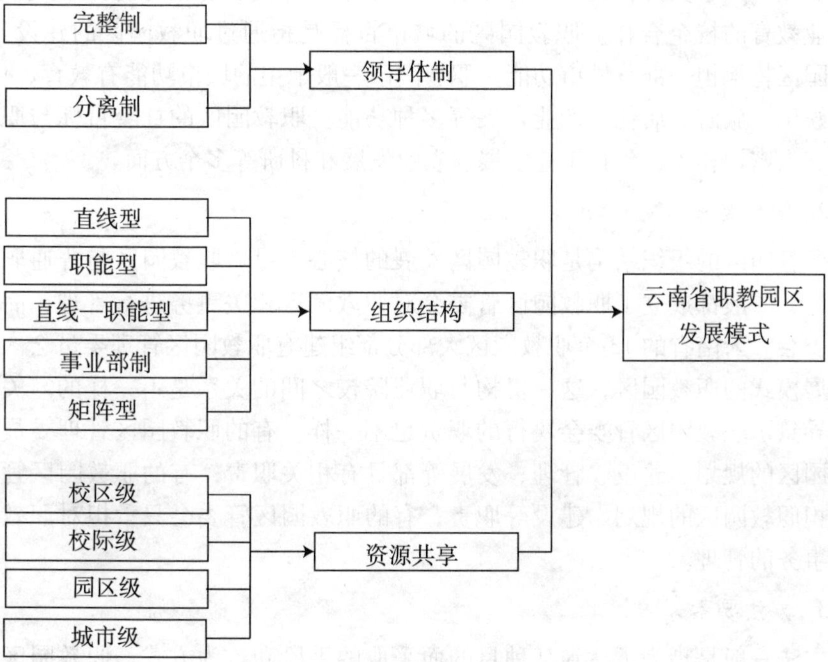

图 5－1　云南省职教园区发展模式划分标准

统分结合型发展模式的领导体制既有分离制也有完整制。在云南省职教园区当中，文山职教园区的领导体制是完整制的，红河职教园区的领导体制是分离制的。在组织机构上，入驻职教园区的各所职业院校保留了原有的组织结构，但是职教园区也设立了园区管委会。在资源共享上，职教园区实行了校区级、校际级和部分园区级的资源共享。

分散型发展模式的领导体制是实行分离制的。在组织结构上，各所职业院校完整地保留了原有的组织结构。从资源共享方面看，分散型发展模式的职教园区实现了校区级的资源共享。

（二）云南省职教园区发展模式的构成要素

1. 目标要素

职教园区的发展目标引领职教园区的发展，是职教园区发展的动力。云南省职教园区的发展目标具有多层次性，一般包括职业教育目标、城市建设目标、社会目标。

职教园区的职业教育目标是指通过职教园区的建设整合职业教育资源，增强职业教育办学实力，提高职业教育办学水平，扩大职业教育的办学规模，促进职业教育的校企合作。职教园区的城市目标是指通过职教园区的建设发展，职教园区将承担一部分城市功能。职教园区一般承担的城市功能有教育、休闲、文体娱乐、旅游、居住、产业发展等多种功能。职教园区的社会目标与职业教育的特点密切相关，包括工业发展、农业发展和科研等多个方面。

2. 结构要素

职教园区的组织结构是职教园区发展的核心力量。职教园区与普通职业院校相比，一般都成立了职教园区管委会对职教园区相关事务进行管理，简称园区管委会。云南省的 13 个职教园区大部分都组建有职教园区管理委员会。在不同发展模式的职教园区，这一机构与职业院校之间的关系是不一样的。关系不一样导致了职教园区管委会履行的职责也不一样。有的职教园区管理委员会对职教园区的规划、建设、管理、发展等都具有相关职责；有的职教园区管委会只承担职教园区的规划、建设等职责；有的职教园区管委会只承担对职教园区公共事务的管理。

3. 方法要素

方法一般是指为了达到某种目的而采取的手段和行为方式。职教园区发展模式中的方法要素是职教园区发展的潜在力量，包括职教园区建筑布局的方法、整合资源的方法和组织结构构建的方法。建筑布局的方法是指从功能、结构、美观等方面综合考虑建筑的整体效果，并依此规划建筑的方法。职教园区内各种建筑的布局方式，影响着各个建筑的使用性、适用性和美观性。常见的建筑布局方式有组团式布局、带状式布局、串联状布局、环状布局和块状布局等。整合资源的方法是指将职教园区内的各种职业教育资源进行重新组合，从而达到最大的资源利用效率的方法。通常资源的整合受到组织结构的影响。组织结构构建的方法是指为了实现职教园区的目标，设立相关组织和机构的方法。

4. 环境要素

职教园区的发展模式中的环境要素分为外部环境要素和内部环境要素。外部环境要素主要是指对职教园区的发展造成影响的外部因素，主要包括时代发展背景、相关政策、生产力发展水平等因素。一方面，职教园区本身就是时代的产物；另一方面，职教园区的发展也受到时代的影响。比如普洱职教园区就要服务于普洱市建设昆曼国际大通道上枢纽城市的需求。为了促进职业教育的发展，云南省政府和各地方政府都出台了一系列政策，为职教园区的建设发展提供支持。例如2005年云南省委、省政府出台的《关于大力推进职业教育改革与发展的意见》（云发〔2005〕18号）就为职教园区的建设提供了政策支撑。地方经济发展水平对于职业教育发展的影响体现在生产力上。生产力的发展水平影响着职业教育的发展规模、速度、结构、内容等。

内部环境要素主要指对职教园区发展造成影响的职教园区内部因素，主要包括组织结构和教育资源等因素。职教园区是职业教育面对复杂的外部环境形成的发展职业教育的新方式。新的发展方式，使得相关管理部门会对职教园区的组织部门进行新的规划，实施一系列的调整，使其形成一个更加完善合理的运作系统。随着职教园区组织结构的调整，相关的资源也会进行重新分配。

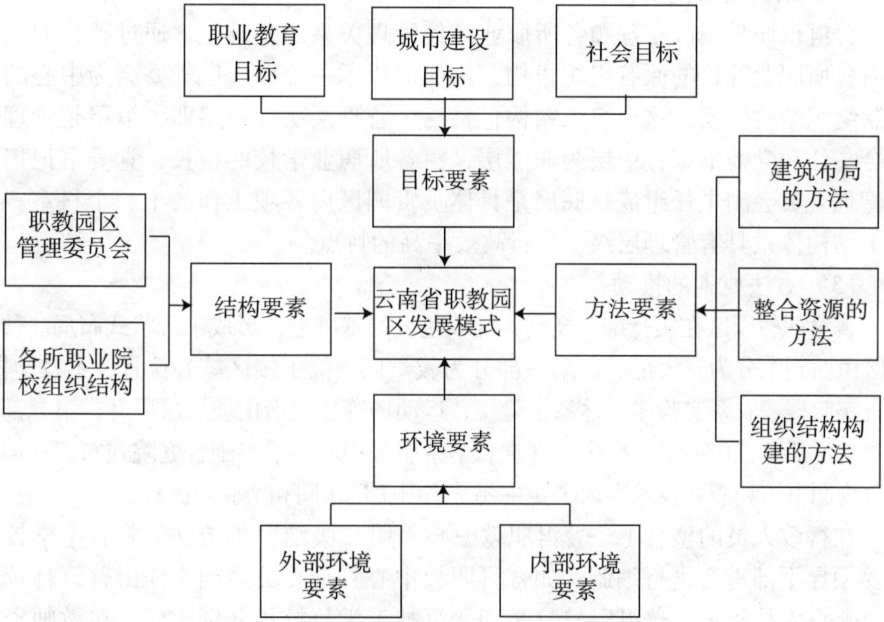

图5－2　云南省职教园区发展模式构成要素

（三）云南省职教园区三种发展模式的内涵

1. 统一型发展模式

云南省职教园区中普洱、楚雄、德宏3个职教园区是采用统一型发展模式。其中普洱职教园区是最先实行统一型发展的职教园区，所以我们选取普洱职教园区来阐释统一型发展模式。

（1）目标要素的引领

普洱职教园区的短期发展目标是到“十一五”末完成校区建设任务，招生规模达到5000人。这一阶段目标在于完成职教园区的基础设施建设，实现职教园区的招生办学。中期发展目标是“十二五”初期，园区下属学校争取升格为职业技术学院，园区招生规模达到8000～10000人，形成大中专一体化办学格局。这一阶段目标在于通过将多所职业学校进行合并，组建成立普洱职教中心中等职业学校，提升自己的办学层次和水平。长期发展目标是到“十二五”末实现招生12000～15000人。城市建设目标是到“十二五”末全面达成将普洱市建设成为滇西南重镇和昆曼国际大通道上枢纽城市的要求。社会目标是满足东盟自由贸易区建立、澜沧江—湄公河次区域开发的需要。

（2）结构要素的支撑

普洱市职教园区在理顺各所职业院校管理关系的基础上，通过整合职教园区内各所职业院校的原有组织机构，构建形成了一个以园区管委会为中心的直线制组织结构体系。这个组织结构包括三个管理层次，顶层即决策层是管理委员会主任和党委书记；中层为职能层，由各所职业学校的校长、党委书记担任的管理委员会副主任组成；底层是具体负责园区内各项工作的十一个科室。该组织结构体系具有管理层级少、行政效率高的特点。

（3）方法要素的推动

普洱职教园区在实行统一规划、统一建设的基础上，形成了带状式布局。整个校区由西到东分为三大部分。第一部分为教学区，位于校区核心位置，主教学楼、综合实验楼、农系实验楼、林系实验楼、运动场等建筑沿山坡层层展开；第二部分为学生生活区，包括学生宿舍、食堂和学生服务中心，呈半围合庭院式布置；第三部分为图书馆和职业技术实训区（主要是实习工厂车间和实验园区）。

在行政人员的整合上，普洱职教中心采用“吸纳”的方法，将各个学校的主要领导干部重新进行编制。如普洱职教中心管理委员会副主任由普洱林校校长、普洱农校校长、普洱财校校长和普洱技工学校校长分别担任。在教师资源的整合上，普洱职教中心管理委员会在教务科下设置了四个学部，包括农林学部、财经学部、技工学部、学前学部，并在这四个学部下面设立了七个教研室，包括信息教研室、农林教研室、文综教研室、理综教研室、财经教研室、技工教研室和学前教研室。根据教师的专业，将各个专业教师编入不同学部下面的教研室，进行统一管理、统一备课、统一排课、统一考核，并将各个教师的编制集中到中心进行统一管理，包括教师的工资、绩效的发放、职称的评定等都由中心来统一进行。在财政资源的整合上，原职业院校的财政系统全部由管委会进行统一管理。

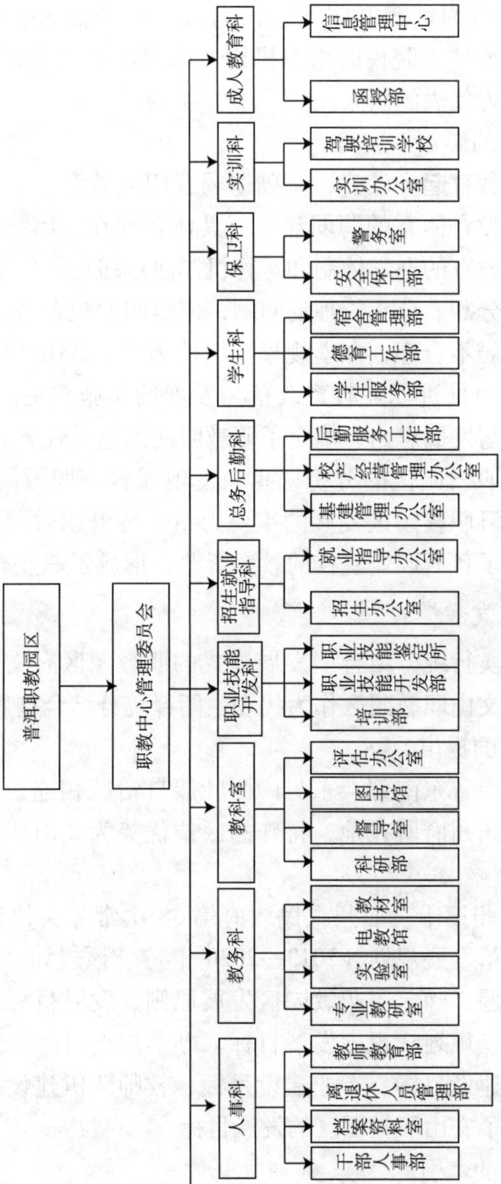

图 5－3　普洱职教园区组织结构示例图

组织结构构建方面，普洱职教园区通过“一个法人、一套班子、多块牌子”的方法整合各所职业院校的组织机构，取消原职业院校的法人资格，新设一个由管委会书记为代表的法人。

（4）环境要素的影响

普洱市的职业教育起步较晚，基础薄弱，职业教育与其他类教育发展不协调，是普洱市整个教育体系的薄弱环节。具体表现在：第一，社会对职业教育的认识不够，职业教育的办学体制和运行机制改革缓慢，经费投入不足；第二，管理上存在着条块分割、分头管理的问题，使得职业教育缺乏办学活力；第三，职业教育资源的布局不合理，办学规模小，能力弱。2007 年，普洱市委、市政府制定了《关于大力推进职业教育改革与发展的实施意见》，确定了普洱市职业教育的发展目标与发展思路，确定了职教园区的建设任务和方法。

通过对普洱市职教园区的分析，我们发现在普洱职教园区的发展过程中，结构要素是推动普洱职教园区发展的主要力量。普洱职教园区通过搭建直线制的组织结构，整合了各所职业院校的教育资源，形成了职业教育的集约化发展。

2. 统分结合型发展模式

云南省现在是实行统分结合型发展模式的职教园区有文山职教园区、红河职教园区。我们以文山职教园区作为代表，阐释统分结合型发展模式。

（1）目标要素的提出

文山市位于云南省东南部，东与广西壮族自治区相连，南与越南接壤，是文山壮族苗族自治州州府所在地，特殊的区位优势为文山职教园区的建设创造了条件。

2013 年，文山州第十三届州人民政府第 38 次常务会议讨论通过了《文山州职业教育园区改革发展规划（2013—2020 年）》。该规划介绍了职教园区的建设现状，存在的问题，确定了职教园区发展原则、发展目标、发展的主要任务等。在发展目标上，规划从规模发展目标、办学层次目标、管理体制和办学机制目标、基础能力建设目标、专业建设目标、教师队伍建设目标、信息化建设目标七个角度确定了文山职教园区的发展目标。

（2）结构要素的牵引

文山州职教园区的组织结构形式是矩阵制。入驻文山州职教园区的各所职业院校拥有独立的办学主体地位，所以它们也保持了自身独立完整的组织结构。文山州职教园区管理委员会主要负责承接园区规划确定的未动工公共设施工程，统筹新增运动场、道路和绿化带等公共设施建设，根据筹资情况和办学需要适时启动建设，并且负责园区公共设施的管理。同时，为了进一步整合职教园区的教育资源，园区管理委员会加挂了“文山州成人教园区培训中心”的牌子，并且成立了后勤部、基础部、实训部，整合后勤、公共文化课、成人教育培训、实训设备等资源，使得这些资源在整个职教园区得到合理调配使用。2014 年，为了完成《文山州职教园区发展规划》中职教园区改革的相关任务，切实加强对园区改革发展工作的领导，文山州还举行了州职教园区工作联席会议，明确了州财政、人社、工信委、农业、卫生等部门应切实承担行业指导和履行服务职责。

（3）方法要素的推动

在布局上，文山州职教园区采用“组团化”的功能布局方式，以实现资源共享、产学研一体化等功能。在建设上按照“两轴”“多区”的构成模式来建设，“两轴”即以入口广场、图书馆、学生活动中心形成的南北向人文景观轴和贯穿片区的东西向道路轴线，“多区”即中央轴线区、教学区、学生宿舍区、体育运动区、集中景观区、社会实训区、园区服务区等。

文山职教园区入驻了六所职业院校，原本分属多个行政部门主管，其中农校、财校、卫校、技校分属州农业局、财政局、卫生局、人社局主管，州二中、民职校由州教育局主管，州教育局同时又负责着农、财、卫、技 4 所学校的办学业务指导，形成了五个部门主管六所学校、业务指导交叉重复的情况。为了解决六所职业院校在管理上条块分割、多头管理的情况，文山州制定了《文山州职教园区发展规划》，确定了文山职教园区在管理上采取“统分结合”的园区管理体制。

“统分结合”管理体制坚持整体与部分相统一的原则，在把职教园区作为一个办学整体的同时充分考虑各学校自主办学的实际。“统分结合”管理体制中的“统”是指文山州在根据楚雄和普洱等州市的做法上，结合文山实际，将原分属州农业局、财政局、卫生局、人社局主管的农校、财校、卫校、技校全部改由州教育局统一管理、统筹规划、综合协调。州人力资源和社会保障局、财政局、农业局、卫生局不再行使行政主管职能，只承担办学业务指导和服务职责。同时，文山州在文件中明确了州职教工委和州教育局的管理职责，职教工委主要负责园区党的建设、组织人事和后勤管理工作，教育局主要负责专业设置、师资调配、教育教学等管理工作。整个职教园区实行州职教工委领导下的 4 个统一：统一协调建设工作、统一教学活动时间、统一安排园区资源、统一园区安全管理工作。“统分结合”中的“分”就是落实行业指导责任和学校办学自主权，做好行业指导，由各学校自主办学，保持学校的办学特色。

在“统分结合”的管理体制下，文山职教园区通过根据园区的教育资源属性，实行不同的管理的办法来整合职教园区的资源。凡属于园区共用的资源，以及不宜分到各校分别管理的资源，都加大统筹力度，实行统一管理；凡是归属清晰的教育资源，则由各学校自行管理，同时，接受州教育局的监管和协调，对州教育局负责。

（4）环境要素的助力

2013 年，文山州出台了《文山州促进产业发展人才培养培训计划（2013—2020 年）》，该计划统计了文山州各类技术技能管理人才的数量，并预计，到 2020 年，文山州第一产业人才需求总量达到 15 万人，第二产业人才需求总量达到 30 万人，第三产业所需人才总量达到 15 万人，文山州技术技能型人才缺口巨大。巨大的技术技能型人才需求量为职业教育提供了广阔的发展空间，同时也形成了巨大的压力，加快推进职业教育园区改革与发展成为文山职业教育工作的当务之急。

3. 分散型发展模式

云南省安宁、保山、临沧、曲靖、玉溪、嵩明和昭通等七个州市的职教园区实行的是分散型发展模式。

（1）目标要素的设定

2007 年，曲靖市委、市政府决定建设“云南一流，国内知名”的现代职业教育中心，辐射我国西南地区和东南亚地区。在职业教育上，曲靖职教园区的发展目标是“省内一流，国内领先”，建设可容纳 10 万学生就读（在校全日制的学生为 52000 人）的集教育、文化、体育、科研、商贸、工业为一体的现代化、园林化、数字化的职业教育基地。

（2）结构要素的推动

曲靖职教园区管委会共有工作人员 9 名，在行政职权方面没有具体的职教事权，只对职教园区的公共事务进行管理，包括职教园区内的治安、卫生、道路和绿化维护保养等。与此同时，六所职业院校拥有独立的完整的组织结构体系，曲靖职教园区管委会无权对六所职业院校的事务进行管理。

（3）方法要素的缺乏

曲靖职教园区在布局上采取环状式布局，形成“三纵四横”的形态。六所职业院校沿着园区中心广场呈环状分布。每所职业院校都拥有独立的建设用地，各所职业院校根据办学需要和园区规划，按“谁投资、谁建设、谁使用、谁管理、谁受益”的原则开展办学设施建设。在修建过程中，六所职业院校都修建了围墙等保护设施，保证了各所学校校区的完整性。在资源的整合上，曲靖职教园区采取功能设施共建共用的原则，整合相关公共资源。各所职业学校采取封闭式管理，没有实现资源共享。

（4）环境要素的制约

曲靖市是云南省的第二大城市，同时也是云南省重要的工业城市和能源城市，大中型企业遍布全市，并且煤炭、煤化工、冶金等行业的规模在云南省内都处于领先地位。但是曲靖市职业院校受校园面积、教学设施、师资水平、专业设置等因素制约，学校招生规模难以扩大，教学质量难以提高，导致曲靖市出现了人才结构不合理，技能型人才不足的问题，制约了曲靖市经济社会的发展。在这种情况下，曲靖市委提出"科教兴市，人才强市"的发展战略，整合各方资源，大力发展职业教育，兴建职教园区。

曲靖职教园区入驻学校有6所，各所职业学校主管部门各不一样。例如曲靖农校的主管部门是曲靖农业局，曲靖工商学院的主管部门是曲靖工商局。并且，曲靖职教园区入驻的6所职业学校的办学层次也有差别。其中曲靖能源技术学校、曲靖高级技工学校为高等职业技术学校；曲靖农校、曲靖工商学校、曲靖财校、曲靖应用技术学校为中等职业技术学校。由于主管单位不一样，办学层次有差别等情况的存在，曲靖职教园区6所职业院校各自独立办学，园区管委会缺乏相关事务权，各校缺少交流和资源共享的体制和机制。

三、云南省职教园区发展中存在的问题及建议

（一）云南省职教园区发展过程中存在的问题

1. 云南省职教园区在整合资源中存在的问题

（1）整合资源的动力不足

云南省职教园区整合资源的动力不足，原因是多方面的。第一，职教园区缺少有效指导资源整合的政策法规。云南省各个职教园区对于相关资源的整合主要是依靠自身的探索和抉择，缺少在全省层面的统一部署和安排。政策法规的缺乏使得职教园区的资源整合本身缺乏法律依据，导致相关主体没有整合资源的权限和可以遵照的程序。第二，利益分配机制的缺乏以及权责划分的不清使得职教园区整合资源的动力不足。权责划分不清可能使得各个主体形成责任推诿和责任分散的现象，从而难以形成统一的领导。而利益分配机制的缺乏更是直接影响各个主体的积极性。第三，职教园区入驻的职业院校的办学层次和办学实力不一样，使得各所职业院校对办学目标的设立和对办学资源的掌握都不一样。办学层次较高和办学实力较强的职业院校没有与办学层次较低和办学实力较弱的职业院校进行整合资源的必要，必然造成资源整合的动力不足。

（2）整合资源的范围不广

对于职教园区资源的整合，不仅要从其教育意义上认识，更要从社会经济层面的意义去认识。职教园区整合资源的范围可以分为园区内的资源整合、园

区与企业间的资源整合、园区与城市间的资源整合三种类型。从云南省职教园区整合资源的情况来看，这三种类型都存在着整合资源范围不广的情况，且在各个层次整合资源情况的表现也体现出了一定的差异。

造成整合资源范围不广的原因有：

第一，职教园区自身定位不清晰。不管是职教园区本身，还是当地政府对于职教园区的定位都是注重其在教育中的作用，弱化或者忽视了职教园区在经济、社会等方面的作用。所以各方对于职教园区的定位就主要集中于教育上，在一定程度上限制了职教园区的资源整合范围。

第二，职教园区自身发展水平存在限制。职教园区的资源整合可以说是各个主体间对抗合作的过程，包括职教园区内部即各个学校以及管理委员会和职教园区外部即职教园区与企业等。而在这个过程中，职教园区的自身实力就成了对抗合作过程中的决定因素。

第三，各个主体对职教园区整合资源的认识不够。不管是职教园区内的各所职业学校还是园区管理委员会，对于职教园区整合资源的认识都是不够的。对于各所职业学校来说，整合资源就会打破其原有的系统，因此很多职业学校出于“小农意识”，对于整合资源采取保守态度；而园区委员会对于整合资源的认识也存在着局限，并没有将自己定位为整合资源的推动者和主导者。

2. 云南省职教园区在产教融合、校企合作中存在的问题

（1）产教融合、校企合作的层次不高

根据王亚鹏等人对南通市职业教育中校企合作的考察和分析，校企合作有一个由疏到浅、由浅到深的演变过程。这个过程先后包括了推荐就业、见习观摩、顶岗实习、订单培养、校企双方参与规划人才培养方案等环节。云南省职教园区现在在校企合作的形式上是比较单一的，特别是在订单式培养和校企双方参与规划人才培养方案这种形式的合作上还十分欠缺。同时，云南省职教园区在与企业的合作上层次不深，没有形成有效的校企合作模式；而且这些校企合作多数是短期的、不规范的、靠感情和人际关系来维系的低层次合作，尚未形成统一协调的、自愿的整体行动。

职教园区产教融合、校企合作的层次不高的原因在于产教融合、校企合作的领域不宽。职教园区与企业的合作领域问题就是指职教园区与企业合作的广度问题，合作的广度主要体现在合作对象的广泛性和合作内容的全面性上。在合作的对象上，云南省职教园区的合作对象大多是本省内或周边省市的企业、学校，而与中东部地区及国外的企业、学校合作较少。云南省职教园区在与企业的合作内容上也不够全面。当前，云南省职教园区与企业的合作内容主要集中在人才的培养上，而在科学研究、人力资源培养等方面合作较少。这导致了

职教园区与企业的合作成本增加、正外部效应不足、效率低下、效果不佳等问题，使得企业在合作中无法获得足够的利益，造成企业对校企合作的动力减弱，影响了职教园区与企业之间持续的、深层次的合作；同时，合作内容的狭窄也造成了职教园区资源的浪费，无法发挥出职教园区的聚集效益。

（2）产教融合、校企合作中权责不清

职教园区在与企业合作中双方的权责划分不清是影响合作的一个重要问题，主要体现在职教园区与企业缺乏有效的沟通协调机制以及风险承担机制。具体表现为：在学生的培养上，哪些课程由学校负责，哪些课程由企业负责；在学生人身安全上，实训期间出现安全责任事故由谁负责；在实习收益上，学生创造的价值是归学校所有还是归企业所有；在实习工作安排上，学生应该如何工作，工作多久，怎么安排；在科研成果方面，实习过程中产生的科研成果到底归谁所有；在实训基地建设上面，实训基地的所有权归谁，谁负责实训基地的维护等；以及，职教园区与企业之间的分歧应该由谁来裁定。以上这些种种问题已经在云南省职教园区与企业的合作办学中凸显出来，严重地影响了双方合作办学的积极性和效率。

权责不清的根本原因在于职教园区与企业在产教融合、校企合作中缺乏有效、详细的法律法规体系保障。目前，我国对于校企合作具有约束力的法律主要包括《教育法》《科技进步法》《合同法》《专利法》；我国为了促进校企合作也出台了大量的法规，例如《职业学校校企合作促进办法》《国务院办公厅关于深化产教融合的若干意见》等；云南省也印发了《云南省人民政府办公厅关于深化产教融合的实施意见》等文件促进云南省职业教育的校企合作。这些法律法规虽然从总体上对职业教育的校企合作做出了指导，但都是比较宏观和笼统的，缺乏具体的校企合作原则、方法等，可操作性较低；特别是关于支持企业参与校企合作的具体优惠政策的缺失，导致企业对于合作缺乏主动性和积极性。另一方面，法律法规体系的不完善也抑制了职教园区对于校企合作的积极性。例如，曲靖职教园区在与企业共建实训基地的过程中就出现了资产归属不明、学生权益无法保障等问题，使得职教园区无法放心地与企业合作建设实训基地，更无法与企业展开深度的、可持续的合作。

对于职教园区而言，资源整合和产教融合、校企合作是相互依存和相互促进的。职教园区资源的整合必然以深化产教融合、校企合作为目的，脱离产教融合、校企合作的资源整合是没有意义和价值的。面对我国社会对于高素质技术技能型人才的需求，职业教育的发展必然需要通过深化产教融合、校企合作来实现这一培养目标，而深化产教融合、校企合作也必定需要更高度的资源整合。所以从某个层面来说，职教园区本身就是为了整合职业教育相关资源的一种方式。

（二）加快促进云南省职教园区发展的建议

1. 整合资源方面

（1）对于统一型发展模式的建议

统一型发展模式在整合资源方面实现了校区级、校际级和园区级的资源共享，但需要加强城市级的资源整合。增强统一型发展模式的城市级整合资源需要从地方政府、园区管理委员会、社区和企业几个层面进行。

对于地方政府整合资源的动力不足问题，有以下建议：第一，地方政府要为职教园区整合城市级资源设立多样化的目标。目标具有指引作用，在多样化目标的指引下，职教园区才能实现多样的功能。职教园区不但可以承担培养技术技能型人才的作用，在城市旅游、居住、科研等方面也能发挥作用。第二，积极鼓励各个主体参与到职教园区整合城市资源的过程中。首先，地方政府要论证和明确职教园区的定位，确定职教园区在城市级资源整合过程中的作用和对象；其次，地方政府可以划拨专项资金给职教园区，用于整合城市级资源。

对于地方政府整合资源范围不广的问题，有以下建议：第一，地方政府需要在地方教育局中成立专门的领导工作小组，统筹相关整合工作。第二，地方政府要在职教园区整合城市级资源的过程中提供政策保障，在成立工作小组的基础上，建立沟通协调机制。

对于园区管理委员会整合资源的动力不足问题，园区管理委员会要加强职教园区文化建设，增强师生的归属感。学校文化是一个学校的内核，是学校的灵魂，是学校教育的重要组成部分，是学校精神、学校活动、学校秩序和学校环境的集中体现，具有重要的育人功能。对此，一方面，职教园区要在学校景观上突出学校的特色，保留或重建各所职业学校原有的特色景观；另一方面，园区管理委员会要公平对待各所职业学校的师生，要合理利用园区内各级党组织凝聚师生。

对于园区管理委员整合资源的范围不广问题，有以下建议：第一，职教园区内有多个不同的部门和专业，每个部门和专业具有不同的作用，所以职教园区要将政府制定的目标细化为各个部门和专业的目标。第二，职教园区管委会要紧密联系地方政府为其制定的资源整合目标，积极主动与各个主体合作。

企业的发展需要大量的高品质人力资源，只有拥有强大的人才队伍，企业才能在激烈的市场竞争中获得竞争优势，实现企业的发展。而职教园区办学规模大，人才培养质量高，能充分满足工业园区的这一需求。所以地方企业联合职教园区，在政府的支持下组建职教集团，可以获得更多稳定的、高素质的技术技能型人才。另一方面，企业也能更好地履行自己的社会责任，提高企业的声誉。

(2) 对于统分结合型发展模式的建议

统分结合型发展模式的职教园区实行了部分园区级资源的整合，但现阶段还需要加强。

文山职教园区和红河职教园区是实行统分结合发展模式的职教园区。文山职教园区入驻的职业学校都是中等职业技术学校，并且文山职教园区已经完成了对职教园区管理体制的改革，入驻职教园区的所有学校都由教育局主管。所以，对于文山职教园区整合资源动力不足的问题，应该将教育局主要负责的专业设置、师资调配、教育教学等管理工作下放到职教园区管委会，减少信息传达的环节。对于整合资源范围不广的问题，地方政府要给予园区管委会更大的权力，通过园区管委会来加大资源的整合范围。

对于文山职教园区整合资源动力不足的问题，首先，园区管委会要建立协作机制，加强各所职业院校之间的沟通，寻求各所职业院校之间合作的机会；其次，园区管委会要做好园区公共区域的管理工作，最大限度地满足各所职业院校的需要。对于文山职教园区整合资源范围不广的问题，园区管理委员会一方面要配合好文山州人力资源和社会保障局、财政局、农业局、卫生局等部门对职教园区办学业务的指导和服务，另一方面要配合好文山州职教工委负责的园区党的建设、组织人事和后勤管理工作。

对于红河职教园区整合资源动力不足的问题，园区管委会内部可以成立共享区域办公室，加强对各个学校的图书信息中心、体育中心、管理中心、生活区等共享区域的管理。红河职教园区是红河州滇南绿洲城市综合体项目的一部分，在这个项目中还有普通高中、医院等部门，所以园区管理委员会要引导职教园区内的职业学校与普通高中、滇南中心医院进行合作，促进资源的整合。

红河职教园区入驻的职业学校既有中职学校，也有高职学校，所以地方政府在解决整合资源动力不足问题时，需要改变园区内中职学校“条块分割，多头管理”的现状，统一园区内中职学校的领导体制，建立起由州政府主导、教育行政部门主管的管理体制。对于整合资源范围不广的问题，由于园区内学校办学层次不一，所以在整合资源的过程中要平衡高职学校和中职学校之间的资源，积极利用高职学校的优秀资源，提升中职学校的办学水平；要加强高职学校和各所中职学校之间的联系，通过高职学校的带头作用，提高资源整合水平。

(3) 对于分散型发展模式的建议

分散型发展模式的职教园区入驻有中职、高职甚至本科院校，入驻学校的办学层次、办学水平差异较大，这种情况下是难以直接实现高层次的园区级资源共享的，所以我们要逐步推进园区级资源共享。

地方政府要加强对园区管委会的建设，充分发挥其统筹协调的作用，逐步加强对入驻园区的学校的影响力。但是在分散型发展模式中，管委会对入驻职业院校的影响力是十分有限的，单靠其自身力量难以发动各所职业学校进行合作，所以在这一方面政府要给予管委会大力支持。对此，地方政府可以构建一个以职教园区管委会为中心，各所学校参与的长效的沟通交流平台。这一平台是打破各所职业学校之间沟通交流壁障的重要措施。平台的职能可以从公共设施管理开始，到公共事务的处置，再到组织园区公共活动的开展以及公共资源的分配等，呈现一个逐步扩大过程。公共设施管理这一职能一般来说是由园区管理委员会来行使的，但是公共设施涉及园区所有学校，所以可以以公共设施的管理为契机构建平台。

在分散型发展模式中，园区管理委员会可以从纵向和横向两个方向上整合资源。在纵向上，园区管理委员会要充分利用园区内各个学校办学层次完善、办学规模大等特点，加强各层次的职业学校之间的合作和交流，例如加强中高职衔接等。在横向上，园区管理委员会要在园区内积极推行学分互认制度，简单来说就是学生的学分在园区内各个学校之间实现互认和互换。学分互认制度有利于避免园区内各所学校重复开设专业，减少办学成本等优势。对此，一方面，园区管理委员要加快制定有关学分互认的相关规章制度；另一方面，园区管委会要抓紧成立以园区管理委员会为中心、各所入驻职业学校参与的学分银行。

在分散型发展模式中，很多职业院校仅仅把入驻职教园区当作是换个地方办学，没有深层次地认识职教园区对于自身发展的巨大作用。想解决职业院校对整合资源动力不足的问题，第一，职业院校要正确认识职教园区的作用，摆正自身在园区内的位置，树立起共享意识，打破“小校园”的桎梏；第二，职业院校要遵从“差别化竞争、优势互补”的原则，坚持集中优势资源，办好自己的王牌专业，淘汰落后专业或者竞争过于激烈的专业，积极筹备符合地区发展需要的和符合产业发展的前沿专业；第三，各所职业院校要增强合作意识，积极与园区内的其他职业学校合作，提升自身的办学实力。

2. 产教融合、校企合作方面

（1）对于一体化发展模式的建议

针对产教融合、校企合作层次不高的问题，采取一体化发展模式的职教园区所在地方政府应该促进职教园区与企业之间的深层次合作。在宏观层面，地方政府要建立包括政府相关部门、行业组织、职业院校在内的多个主体的联合机制。微观层面上，职教园区要与企业之间进行包括培养计划制定、学生实习安排等在内的深层次合作。

要解决一体化发展模式中产教融合、校企合作过程出现的权责不清问题，第一，政府尽快对现行的相关法律法规进行修订、补充、完善，制定出与法律法规配套的、切实可行的措施，加大法律执行和法制监督工作力度，从而为校企合作教育模式的运行营造良好的外部条件和社会环境；第二，普洱、楚雄和德宏职教园区所在地方政府要根据国家和云南省关于校企合作的政策法规，加快制定符合当地职教园区实际的、有效的、能用的促进校企合作的政策法规。

关于产教融合、校企合作层次不高的问题，第一，园区管理委员会要创新与企业的合作形式，拓展合作领域。创新企业与职教园区合作的形式要以企业自身的需求为出发点，以职教园区的办学能力为基础，以职业能力为标准来创新。第二，园区管委会可以利用项目导向的方法深化产教融合、校企合作。统一型发展模式的职教园区整合了园区内各所学校的人力资源，拥有大量的优秀科技人才和技术人才，科研能力强。

企业是产教融合、校企合作中的重要主体，在这过程中发挥着决定性的作用。企业要自觉履行产教融合、校企合作中的责任，充分发挥自己作为职业教育办学主体的重要作用。在合作层次方面，第一，企业可以为职业学校学生提供实习岗位，采取顶岗实习等方式为学生提供实践的机会；第二，企业可以为学校办学提供资金、设备支持，如在学校设立奖助学金、资助贫困学生上学、捐赠生产设备等；第三，企业可以积极参与到职业学校的教学过程中去，例如职教园区与企业之间可以建立“旋转门”机制，企业派遣优秀的技术人员到学校为学生、教师授课；第四，企业要充分利用职教园区职业培训的作用，通过与职教园区的合作，让职教园区参与到企业的员工培训中，提升员工的素质；第五，企业可以充分利用职教园区丰富的人才资源，邀请园区内的优秀人才到企业中来，为企业的生产发展纳言献策。

（2）对于统分结合型发展模式的建议

文山职教园区和红河职教园区两个职教园区在领导体制上，一个是完整制的，一个是分离制的。在产教融合、校企合作方面，两个职教园区存在着不同的情况。

对于文山职教园区，地方政府和职教园区在解决产教融合、校企合作的层次不高的问题时可以从以下几个方面努力：第一，文山职教园区要紧紧抓住自身完整制的领导体制优势，通过组织召开深化产教融合、校企合作的联席工作会议的方式来协调各个学校在深化产教融合、校企合作方面的工作；第二，地方政府要通过赋予职教园区管委会更大的事务权的基础上，整合职教园区内的资源，包括各个学校的专业设置、教师配置等，增强产教融合、校企合作实力。

对于红河职教园区，地方政府应该：第一，要加强职教园区管理体制改革，统一职教园区内各所职业院校的主管部门；第二，加强职教园区管理委员会的建设，提升职教园区管委会在产教融合、校企合作中的影响力；第三，红河州政府需要在职教园区管委会中建立协调机制，协调各个部门对于各所职业院校在产教融合、校企合作中的工作。

在统分结合发展模式中，园区管委会应该：第一，要继续加强整理职教园区内产教融合、校企合作方面的各种要素，包括教师、资本、土地等。通过对各种要素的整合，优化组合，提供产教融合、校企合作的基础和效率。第二，园区管理委员会可以在产教融合、校企合作中成立由利益相关者参与的理事会，合理分配各个主体间的利益，形成良好的利益关系。第三，园区管理委员会要加强优秀企业的引进，吸引更多企业入驻职教园区。在这个过程中，园区管委会一方面要注意选择适合职教园区内职业学校的企业，另一方面要提前做好企业入驻职教园区的准备，包括安排好企业入驻的用地等。第四，园区管委会要加强与企业合作，吸收企业力量，建设园区内的共享区域。

在统分结合型发展模式中，职教园区内的职业院校可以从以下几个方面着手进行发展：第一，各所职业院校要深刻认识地方产业的发展，吸纳企业力量进学校、进课堂，提升自己的办学水平，培养出满足企业用工要求的高素质技术技能型人才；第二，各所职业院校可以在园区管委会的统一安排下，充分利用园区内的共建共用设施。

(3) 对于分散型发展模式的建议

分散型发展模式的职教园区实行的是分离制的领导体制。在产教融合、校企合作中，各所职业学校各自为主。

为了提升产教融合、校企合作的效率、广度和深度，地方政府可以在园区管委会中，成立以职教园区内各所职业院校为主体的产教融合、校企合作工作组。这一方面是为各所学校提供对话和协商机会，另一方面，通过工作小组可以联合职教园区内各所职业学校，增强在产教融合、校企合作中学校方面的实力，吸引更多和更好的企业来合作。另外，由于各所职业院校的主管部门不一样，所以地方政府要构建针对州政府各个主管部门的，有关促进产教融合、校企合作的问责制度，目的是考察各所职业学校的主管部门是否承担起了促进产教融合、校企合作的责任和义务。

分散型发展模式中的园区管委会在职业学校产教融合、校企合作中影响力较小，所以园区管委会要以信息中心作为自身定位，为职教园区内的职业学校提供相关资讯。首先，园区管理委员会要整合和掌握园区内各所职业学校产教融合、校企合作的基本情况，包括各所职业院校的合作对象、合作形式、存在的问题等。其次，园区管理委员会要积极收集和汇总省内外企业在产教融合、校企合作方面的信息，推进产教融合、校企合作的信息化进程。

在职业学校层面，第一，各所职业学校要积极联合，共同参与产教融合、校企合作，特别是中高职学校与本科院校之间。一个企业既需要高级技术人才，也需要普通技术人才和研究管理型人才。如果园区内中高职学校、本科院校联合与企业进行合作，就可以为企业提供多层次、多样化的人才，大大地提高了合作效率，减少了合作成本。第二，各所职业学校之间要积极共享产教融合、校企合作方面的信息。第三，各所职业院校之间要积极共享教师、设施设备等资源。这些资源的共享在空间上是允许的，因为各所职业学校都处在同一区域，教师和学生到其他学校上课是十分方便的。同时，各所学校也可以最大化利用学校的人力和物力资源，增加学校和教师的收入。

第六章　云南职业教育产教融合、校企合作

一、相关概念界定

（一）职业教育产教融合、校企合作的含义

1. 产教融合

产，即产业；教，就是教育。产教融合（industry-education integration）是指职业学校根据所设专业，积极开办专业产业，把产业与教学密切结合，互相支持，互相促进，把学校办成集人才培养，科学研究，科技服务为一体的产业性经营实体，形成学校与企业浑然一体的办学模式。职业学校的教学同企业、行业及经济产业的全程深度融合发展是职业教育核心理念——产教融合的实质，这种理念能够有效地实现工学结合、校企结合、职业与教育的结合，使高职院校与行业企业实现真正的合作与双赢，使产教形成健康的互动，其产生的良好效果将反映在社会效益和自身的教学效果上。在社会效益上，产教融合能够提高企业与职业院校共同开发技术的积极性，及时将成果转化成经济效益，进而促进企业的产业转型与升级、技术改良和当地社会经济的发展。

产教融合的内涵包括五个方面：一是设置专业时，要注意与企业的实际需求对接，要做到及时调整、优化专业的设置，要使设置专业能够随企业产业的发展而发展，要使专业的设置重点放在行业企业急需的人才的能力培养上；二是在选择课程内容上，要与现行的职业行业标准能够有效地对接，建立一个当行业企业标准调整时，课程也能够随之改革的动态机制，进而推动教学的改革，使课程内容以及结构能够适应职业标准和科技发展水平；三是在开展教学的过程中，要与生产实际过程对接，从而建立一个合理的、能够令人满意的，尤其是能够使学生快速踏入社会的技能型人才的培养计划，这就需要不再按照传统的学科体系编排课程，而是要按实际的生产程序和工艺来安排；四是所学专业的毕业证书要与相应的资格证书对接，即在教学的过程中引导学生学习一些行业、企业的技术规范和能力，从而使得职业学校的学生获得双证书，让他们在踏入社会参加工作的时候就已经获得了相关证书并具备了一定的工作能力；五

是在学校教育阶段增强学生的职业学习能动性，实现与终身教育的对接，将高职教育的发展道路变得更加开阔，使学生在就业后也能够找到继续学习的途径，能够在不同的职业发展阶段能够随时地进一步接受职业培训和教育。

2. 校企合作

校企合作（school-enterprise cooperation），是指学校和企业建立的一种合作模式，它注重社会与市场需求匹配、在校学习以及企业实践，能有针对性地为企业培养人才，创造学校与企业在信息和资源共享领域的双赢格局。早在2005年，国务院就在下发的《关于大力发展职业教育的决定》中明确指出，要坚持以服务为宗旨，以就业为导向，建设具有中国特色的现代职业教育体系。院校和企业双方在合作中要共同参与管理和执行。两个独立组织的合作是建立在社会分工精细化、生产现代化和科学技术水平不断提升的基础上的，因此校企合作不仅要遵循教育的客观发展规律，还要遵循市场经济的发展规律，院校和企业相互补强。校企合作是政府、社会、企业和教育形成一个整体的过程，各主体之间相互补充、共同进步。校企合作是促进学校教育与生产实际紧密结合的必由之路，也是实现学校、企业、学生“三赢”的最佳选择。

（二）云南职业教育产教融合、校企合作的构成要素

依据职业教育办学模式的构成要素，我们对地方政府推动云南职业教育产教融合方式、校企合作类型的构成要素进行分析与归纳。

1. 基本要素

产教融合、校企合作办学的实质是地方政府、行业、企业及职业院校实现资源共享、协同育人及实现共赢，这也是出于促进市场经济发展的考虑。校企合作模式的开展，对职业院校而言，可以提高学生的质量及学校的就业率；对企业而言，可以提高生产效益，保证员工的数量及质量；对地方政府而言，可以促进经济的发展，维护社会的稳定。因此，促进多方主体共赢是产教融合、校企合作的基本要素。

2. 运行要素

职业院校与行业、企业进行合作，要确立以培养职业能力为中心的课程体系。企业的参与使职业院校在进行教学时，能够及时收到行业发展和技术更新的信息，职业院校根据此信息及时调整及更新教材内容，使职业院校的人才供应与行业、企业需求连接更为紧密。因此，课程体系设计是产教融合、校企合作的运行要素。

3. 环境要素

职业教育的发展自古以来就具有职业性的特点，情景因素在教学中尤为重要。企业和职业院校可以共建校内、校外实训基地，也可以建设运用现代科技

手段的仿真情景及多媒体教室。这种教学环境有利于学生获得现场感受，便于提高学生的职业意识及职业能力。

4. 保障要素

职业院校和企业无论进行什么样的合作模式，其办学的运行都离不开教育经费、设备、人员及政策法规的有效实施等关键的保障因素。

5. 发展要素

产教融合、校企合作涉及的主体主要有地方政府、职业院校及行业、企业，需要实现各主体间权、责、利的有效匹配，建立有效运行的发展机制。不同区域的不同职业院校的地理位置、文化、制度都有差异，因此，要密切关注各参与主体间的沟通与交流，有效地促进产教融合、校企合作的发展。

表6-1 云南省政府推动职业教育产教融合、校企合作发展的构成要素

序号	名称	内容
1	基本要素	政府、职业院校、行业、企业实现共赢
2	运行要素	课程体系设计
3	环境要素	情景实训
4	保障要素	人、财、物、法律法规
5	发展要素	政府、职业院校、行业、企业共同合作

（三）云南职业教育产教融合、校企合作的类型

表6-2 产教融合、校企合作的类型

融合方式	合作类型	参与主体	案例分析
合作式融合	订单培养、顶岗实习	学校、行业、企业	云南农业职业技术学院、玉溪农业职业技术学院
共生式融合	集团办学、共建实训基地和职教园区	学校、行业、企业、实训基地、科研机构	云南交通职业教育集团、德宏职业学院、嵩明职教园区
内源式融合	“校办厂”“厂办校”	学校（行业、企业）	昆明工业职业技术学院、宁洱哈尼族彝族自治县职业高级中学
嵌入式融合	“校中厂”“厂中校”	学校、行业、企业	云南机电职业技术学院
研发式融合	专家指导委员会	学校、行业、企业	云南互联网人才孵化中心

依据政府推动职业教育产教融合、校企合作实施的 5 个构成要素，我们将职业教育的产教融合模式划分为合作式、自建式、共建式、嵌入式，把校企合作类型分为订单培养、顶岗实习、集团办学、共建实训基地、职教园区、“校办厂”“厂办校”“校中厂”“厂中校”、专家指导委员会等多种类型。

1. 合作式融合

合作式融合是指由企业和院校共同制定教学目标、培养方案和教学计划，并共同完成教学质量与教学目标考核等工作。主要涉及职业院校及企业两个要素。

云南职业教育产教融合、校企合作的发展过程中，合作式融合是最常见的合作方式，其合作形式是订单培养和顶岗实习。采用此种合作方式的院校有云南农业职业技术学院和玉溪农业职业技术学院。

云南云秀花卉有限公司与云南农业职业技术学院采用订单式培养的合作形式。校企双方秉承合作办学、合作育人、合作发展、合作就业的职业教育理念和目标，对实习企业进行筛选，与筛选合格的企业签订合作协议，不断深化校企合作力度，在订单培养上实行长短结合、培养与培训结合，培养了一支满足企业需求的高素质技术型人才队伍。玉溪农业职业技术学院与云南省烟草公司玉溪市公司进行合作，采用了顶岗实习的模式，建立了“课程跟着节令走，课堂搬到田间去”“田间是课堂，师傅是老师，工人是学生”的立体化教学模式，实现了“专业内容全程化、实习方式多样化、实习基地稳定化、核心技术循环化、培养人才综合化”的人才培养体系。合作式融合可以将学校培养的学生送入企业进行实习，学生的身份就是员工，拥有与企业员工相同的权利和义务。这种方式的培养在一定阶段可以丰富企业的劳动力资源，企业的生产效率也会提高。但是，学生的水平和能力的有限性仍会给企业带来不小的挑战。

2. 共生式融合

这种模式是指通过双方或多方组织之间的合作，以共建研发机构、共建经济实体、共建人才培养基地等方式，将资金、技术等创新要素进行传递、共享及组合，进而产生新的创新力，来维持较为稳定的合作关系。其参与的主体主要有职业院校、企业以及地方政府。这种模式可由政府设立引导性资金，吸引职业院校与企业共建研发机构、经济实体及人才培养基地等，还可以以职业院校为主导，根据自身优势学科和特色资源，主动吸引企业，解决企业的难题。

在云南职业教育产教融合、校企合作发展的过程中，共建式融合也是十分重要的合作方式，其主要合作形式有共建实训基地、集团办学及建设职教园区。采用这种合作方式的院校有云南交通职业技术学院和德宏职业学院。

云南交通职业技术学院充分发挥行业的优势，整合行业资源，走内涵式发展、集约化办学的改革之路。学院开展建设混合所有制高等职业院校的理论与实践课题研究，研制职业教育校企合作促进办法，把人才、智力、创新优势转化为行业企业的发展优势，真正实现共建、共育、共享、共荣；通过构建云南交通职教集团框架，探索运行机制，优化、创新产教深度融合，服务云南现代综合交通人才培养。德宏职业学院通过引企入校，与福建华盛玉雕厂进行合作办学，主要聚焦珠宝玉石加工与营销专业，校企双方共建珠宝专业生产性实训基地，目前已建成省级示范性校企共建的生产性实训基地。共建式融合可以服务于学生实习实训的需要，也可以服务于行业企业员工技能培训的需要。但是，这种方式需要企业和职业院校投入大量的资金。

3. 内源式融合

该融合方式与共建式融合方式相反，指企业（职业院校）根据自身的发展或实际需要，企业（职业院校）开办职业院校（工厂），将职业教育产教融合、校企合作转化为自身发展组成部分的融合类型，其参与的主要要素是职业院校和企业。

内源式融合方式是解决当前职业教育产教融合、校企合作瓶颈的最有效的解决办法。其主要合作形式是建设“校办厂”或“厂办校”。我们以昆明钢铁集团公司及其“厂办校”昆明工业职业技术学院，宁洱哈尼族彝族自治县职业高级中学及其“校办厂”养猪场、种茶厂为例。

位于云南滇中产业新区核心区域安宁市的昆明工业职业技术学院是昆明钢铁集团公司主办的一所高等职业院校，昆明钢铁集团公司针对自身的人才需求在职业院校内开展产教融合、校企合作。宁洱哈尼族彝族自治县职业高级中学所办的产业为学校提供了稳定的实习实训基地，保证了职业院校和企业的合作稳定。

4. 嵌入式融合

嵌入式融合就是指学校和企业通过校企合作的形式，把各自的需要都嵌入对方，形成企业需求和学校需求的结合。其主要合作形式是建设“校中厂”“厂中校”。我们以云南机电职业技术学院为例。

云南机电职业技术学院聚焦国家装备制造行业的发展战略目标，致力于服务云南地方经济和社会发展，目前已建成校内实训基地 71 个，校外实训基地 103 个，与 360 家校企合作单位形成合作关系，其中分别包含 2 个国家级实习实训基地和 9 个省级实习实训基地。截至目前，该院校已建成 8 个“校中厂”，13 个“厂中校”。

5. 研发式融合

该模式以提高各方创新能力为宗旨，以技术开发与科学研究为结合点，是快速提升企业技术、产品及服务创新能力的重要手段。其主要合作形式有技术咨询、交流服务及共同参与产学研联合开发工程等。云南职业教育产教融合、校企合作最常见的形式是专家委员会。我们以云南互联网人才孵化中心为例。

云南互联网人才孵化中心属于云南微三科技有限公司旗下，拥有众多第三方合作企业的人才需求端口，为优秀创新人才提供高薪就业和创业途径。该公司专门成立了专业教学指导委员会（以下简称委员会），根据专业、课程特点，协助邀请第三方行业、企业专家与学校教师共同组建委员会。委员会共同商讨、明确专业人才的培养目标，确定专业教学计划方案和教学内容，提供市场人才需求信息，参与教学计划的制定和调整，根据企业、行业的用工要求及时调整课程教学计划和实训计划，协助学校确立校外实习实训基地。

二、云南职业教育产教融合、校企合作的政策概述

我们按照云南职业教育产教融合、校企合作的政策发展演进，将自1949年至今的政策发展过程梳理划分为起步探索阶段（1949—2004年）、快速发展阶段（2005—2012年）和创新发展阶段（2013年至今）三个阶段，各个阶段的政策文本内容、主要目标、措施和文本数量在政策演进中皆呈现了各阶段职业教育发展的特点。起步探索阶段主要通过引导企业接受学生实习、职业院校灵活设置课程，突出课程设置、教学活动等方面的实践性，为贯彻产教结合原则奠定基础；快速发展阶段鼓励职业院校进行实训基地建设、师资的完善、实习和税收相关制度建设、产业职业教育集团建设等，进一步为深化产教融合、校企合作提供政策支持；创新发展阶段通过建立人才专项经费、推进13个区域职业教育园区建设、完善教育资源平台建设、实施新型学徒制试点等措施，着力于实现建立校企合作长效机制、优化产教融合发展布局，进一步促进职业教育链与产业链的衔接。

（一）起步探索阶段（1949—2004年）

表6－3 起步探索阶段出台的产教融合、校企合作政策

时 间	政策数量	国家层面政策	地方层面政策	政策目标	主要措施
起步探索阶段（1949—2011年）	3个		1952年《云南技术教育发展的初步方案（草案）》	突出课程设置、教学活动等方面的实践性，贯彻产教结合原则	企业应接受学生实习；灵活设置课程，开展实践培训；将教学活动与企业技术层面的活动有机结合
		1996年5月《中华人民共和国职业教育法》	1999年4月《云南省职业教育条例》	政策指导地方探索产教融合、校企合作	

（二）快速发展阶段（2005—2012 年）

表 6-4 快速发展阶段出台的产教融合、校企合作政策

时间	政策数量	国家层面政策	地方层面政策	政策目标	主要措施
快速发展阶段（2005—2012 年）	8 个	2005 年《国务院关于大力发展职业教育的决定》	《中共云南省委、云南省人民政府关于大力推进职业教育改革与发展的意见》	将校企合作纳入职业教育体系，出台政策措施促进产业链和教育链衔接，推动云南职业教育改革发展	将实训基地建设作为办学的硬性指标；明确师资队伍、实习制度、税收制度等方面的建设；建立政府指导机构协调区域内的校企合作发展机制；围绕特色产业组建职业教育集团；明确行业在产教融合、校企合作中的作用与职责
		2007 年 8 月《中华人民共和国就业促进法》	2007 年 12 月《云南省教育事业发展“十一五”规划及 2020 年远景目标》	以法律的形式规定了职业教育应实行产教结合；紧紧围绕职业教育，服务于市场和就业需求，丰富校企合作层次	
			2008 年 7 月《关于组建职业教育集团的若干意见的通知》	探索云南校企合作运作机制，落实校企合作的实体建设	

续 表

时 间	政策数量	国家层面政策	地方层面政策	政策目标	主要措施
快速发展阶段（2005—2012年）	8个		2010年10月《云南省中长期教育改革和发展规划（2010—2020年）》；2011年4月《云南省中长期人才发展规划（2010—2020年）；2011年12月《云南省高技能人才队伍建设中长期规划（2010—2020年）》	丰富校企合作发展层次、发挥校企合作在人才培养模式中作用；明确地方政府、企业、行业的主体责任；探索产教融合发展新模式	

（三）创新发展阶段（2013 至今）

表 6－5　创新发展阶段出台的产教融合、校企合作政策

时　间	政策数量	国家层面政策	地方层面政策	政策目标	主要措施
创新发展阶段（2013 年至今）	14 个	2013 年 1 月《教育部 2013 年工作要点》		教育部首次在文件中正式出现“产教融合、校企合作”的表述，总结职业教育改革实践得出“产教融合、校企合作”这一职业教育发展途径	建立人才专项经费；推动建立产业—职业教育联盟；实施新型学徒制试点；按照区域布局推进 13 个区域职业教育园区建设；加强和完善教育资源平台建设；建立产业技术进步驱动课程改革机制和专业标准与职业标准联动开发机制
		2013 年 11 月《中共中央关于全面深化改革若干重大问题的决定》		指导职业教育进行全方位、多领域、多层次的改革，特别是通过产教融合、校企合作进行更加深入的改革	
		2014 年 5 月《关于加快发展现代职业教育的决定》	2015 年 2 月《云南省人民政府关于贯彻落实国务院加快发展现代职业教育决定的实施意见》	明确了今后一个时期加快发展现代职业教育的指导思想、基本原则、目标任务和政策措施	

续　表

时　间	政策数量	国家层面政策	地方层面政策	政策目标	主要措施
创新发展阶段（2013年至今）	14个		2015年5月《云南省现代职业教育体系建设规划（2015—2020年）》	制定了符合云南实际的现代职业教育体系，为职业教育的产教融合、校企合作提供了多方面的政策支持	
			2015年10月《云南省职业院校现代学徒制试点工作实施方案》	指导云南职业教育的产教融合、校企合作人才培养模式试点实践	
			2017年7月《云南省技能强省行动计划（2017—2020年）》	解决技能人才在云南省的发展问题	
		2017年12月，国务院印发《关于深化产教融合的若干意见》	2018年8月，云南省人民政府办公厅发布了《关于深化产教融合的实施意见》	优化产教融合发展布局，进一步促进职业教育链与产业链的衔接	

续 表

时 间	政策数量	国家层面政策	地方层面政策	政策目标	主要措施
创新发展阶段（2013年至今）	14个	2019年2月，国务院印发《国家职业教育改革实施方案》	2019年4月，《云南省人民政府办公厅进一步调整优化结构提高教育经费使用效益的实施意见》	为职业教育产教融合、校企合作提供了经费保障	
		2019年5月，国务院办公厅印发《职业技能提升行动方案（2019—2021年）》	2019年7月，《云南省人民政府办公厅关于印发云南省职业技能提升行动实施方案（2019—2021年）的通知》	将产教融合、校企合作融入到职业技能提升的行动方案当中，发挥产教融合、校企合作政策在职业技能人才培养中的作用	
		2020年11年3日，党的十九届五中全会审议通过《中共中央关于制定国民经济和社会发展第十四个五年规划和二〇三五年远景目标的建议》		提出加强创新型、应用型、技能型人才培养，实施知识更新工程、技能提升行动，壮大高水平工程师和高技能人才队伍；支持发展高水平研究型大学，加强基础研究人才培养；发挥政府在职业教育人才培养上的作用	

三、云南职业教育产教融合、校企合作的实践

(一) 人才培养模式改革

云南省在研究推进职业教育产教融合、校企合作的基础上，通过产教融合一体化教学模式改革推进校企合作。实现企业需求和课堂教学融合的关键之一在于通过人才培养模式改革，保障职业院校人才输出质量，满足行业、企业发展需求。云南省目前基本提升了应用型人才的供给质量，但仍然满足不了地方经济的发展需求。当前云南省职业院校也在积极探索与企业的合作育人模式，形成了基于现代学徒制的“3+3”教学模式、“联合招生、合作培养、定向就业”模式等技术技能人才培养模式。

表6-6　云南省部分职业院校校企合作育人模式

学　校	合作企业	合作育人模式	具体情况
玉溪工业财贸学校	上海松下微波炉有限公司	采用劳动和教学相结合、产教交替的“3+3”教学模式，即工读轮换制。	玉溪工业财贸学校选定部分班级为松下公司的衔接班级，把学生每学期的学习时间分为两半，一半在校学习，一半去企业参与实际生产，每三个月进行一次轮换。在学校教学中，加强学生专业基础理论教学，保证学生掌握专业技术理论，同时加入大量的实训教学，尤其是在微波炉装配室中的技能培训，保证在工读轮换时的人才培养质量。同时，在企业参与实训期间，邀请松下的工程师手把手教学，保证学生掌握岗位技能。此模式也解决了学生在院校中缺乏实用技能学习的问题。

续 表

学　校	合作企业	合作育人模式	具体情况
云南工程职业学院	浙江爱旭太阳能科技有限公司	顶岗实习	云南工程职业学院选派51个学生在该公司实习。学院鼓励学生们积极面对实习、考核，同时根据自身情况估算福利待遇。并通过与企业沟通，了解产业发展前景，促使学校调整人才培养及专业建设方向
云南经贸外事职业学院	昆明食惑餐饮管理有限公司	“联合招生、联合培养、定向就业”的技术技能人才培养机制	双方建立和探索“先生后徒、生徒同招”等灵活多样的招生招工一体化模式，构建“企业导向、能力渐进”的课程体系。以真实的工作场景、工作任务、工作流程和真实的产品作为载体，全面开展“实景育人”模式和校企协同育人模式，以培养学生烹饪基本技能为主线，使学生掌握并熟悉烹饪行业的全流程及其各环节的主要规范和标准，提高学生岗位适应能力和技能熟练度
云南文化艺术职业学院	云南省滇剧院	现代学徒制	以学校企业双元育人、交替训导、岗位培养，学生学徒双重身份、工学交替、岗位成才为基本特征，做到学校和企业共同研制招生与招工方案，共同研制人才培养方案、开发课程和教材，共同承担教学任务、开展教学研究，共同建立教学管理运行体系，实施管理，共同建立质量监控体系，实施考核评价等“五个共同”

数据来源：云南省部分职业学院相关网站

（二）“双师型”师资队伍建设

教师队伍的质量决定着职业教育的水平，职业教育作为注重实践的教育类型，要求从事职业教育的教师需要具备更强的实践操作能力。“双师”结构教师队伍既具备教育教学能力也具有实践操作能力，是现代职业教育对教师队伍的主要需求。

位于西双版纳傣族自治州的景洪市职业高级中学十分重视建设“双师”结构的教学团队。学校通过“走出去、请进来”和派遣教师到企业实践等措施，不断提高学校内部教师的专业水平。该校现有专任教师127人，其中本科学历教师125人，硕士学历教师2人，学历达标合格率100%；具有高级专业技术职务的教师29人，占教师总数的22.83%；“双师型”教师60人，占专任教师总数的47.24%。同时，学校实施教师特聘、特邀计划，向社会特聘了烹饪、汽车运用与维修、旅游服务与管理、会计电算化、服装设计与工艺、建筑等专业的26名专家、专业技术人员到学校兼职任教，有效地保障了学校专业教学的顺利开展，推动了学院师资队伍的建设和发展。

（三）校企共建实践基地

实习实训基地的建立既为学生提供了实习实训的平台，增加了学生对于真实工作环境的认知和熟悉程度，也为企业员工提供了进一步练习深造的平台，提升了企业员工的技能水平和熟练程度。学校和企业通过共建实习实训基地，可以有效地实现学校和企业的优势资源共享，同时实现学校培养学生和企业追求效益的目的。

楚雄技师学院在推进产教融合、校企合作过程中与企业共同建立了多个实习实训基地。例如，与东莞金状元电子商务公司合作共建了全省第一个电子商务示范基地；与楚雄活塞销有限公司合作共建了活塞销生产线，即活塞销精工综合实训车间；与广西百裕集团合作共建了服装生产实训基地。一方面，这些实习实训基地满足了学校学生的实习实训需要，将专业实训和课堂教学延伸到一线生产车间，让学生真正接触到工作的真实环境，并培养了学生的实践动手能力；另一方面，也满足了企业员工的技能培训需要。

（四）多元社会主体办学

2014年2月26日，李克强总理主持召开国务院常务会议，提出了加快发展现代职业教育的部署。他提出，发展职业教育是促进转方式、调结构和民生改善的战略举措。云南地方政府引导多元力量进行职业教育产教融合、校企合作，在一定程度上可以缓解政府的财政压力，也可以为职业教育的发展源源不断地提供活力。截至2019年，云南省政府积极引导社会力量进行办学，共建有民办高等职业院校13所。

表6－7　2019年云南民办高职院校基本情况表

序　号	学校名称	所在地	主管部门	类　型	时　间
1	昆明艺术职业学院	昆明市	云南教育厅	艺术	1986年
2	昆明卫生职业学院	昆明市	国家教育部	医药	1993年
3	云南新兴职业学院	昆明市	云南教育厅	综合	1993年
4	云南经贸外事职业学院	昆明市	云南教育厅	财经	1998年
5	云南科技信息职业学院	昆明市	云南教育厅	工科	2001年
6	云南城市建设职业技术学院	昆明市	云南教育厅	工科	2004年
7	云南工程职业学院	昆明市	云南教育厅	综合	2005年
8	云南外事外语学院	昆明市	云南教育厅	综合	2009年
9	云南三鑫职业技术学院	文山壮族苗族自治州	云南教育厅	工科	2009年
10	云南商务职业学院	昆明市	昆明海源教育投资集团有限公司	财经	2010年
11	云南现代职业技术学院	楚雄彝族自治州	云南教育厅	综合	2011年
12	云南医药健康职业学院	昆明市	云南教育厅	医药	2018年
13	云南理工职业学院	昆明市	云南教育厅	工科	2019年

来源：《2019年云南省高等职业教育人才培养质量年度报告》

在政府引导社会力量办学的过程中，有许多推进产教融合、校企合作的典型案例。例如，云南经贸外事职业学院不断深化产教融合，与云南小矮人汽车服务连锁有限公司、昆明食惑餐饮管理有限公司、开元旅业集团、云南鸿翔一心堂药业（集团）股份有限公司等达成了深度合作协议，实行订单培养制度；学院的汽车检测与维修技术和烹调工艺与营养专业被评为省级现代学徒制试点专业；学院按照现代学徒制的要求，积极探索产教深度融合、工学交替、协同育人的新模式，为全面推进学院人才培养制度改革提供了方向、路径和方法。云南三鑫职业技术学院不断尝试深化校企合作、产教融合，筛寻企业，探索校企合作育人的机制。学院与文山州10家医院签订了医校合作协议，为护理、药学、医学影像技术等专业的学生提供8个月的医院实习实训，确保完成实践教学环节；与云南天冶化工有限公司签订了订单式的校企合作育人协议，部分实训教学科目由公司安排具有高职业技能的人才担任教学；与云南正元地理有限责任公司签订了订单式人才培养协议，2018 届建筑类专业毕业 88 人，其中有 41 人进入该公司工作。学院先后与 47 家单位建立校企合作关系，有效保证了毕业生实习、就业的多渠道。

四、深化云南职业教育产教融合、校企合作的建议

从云南职业教育产教融合实施的现状来看，仍有人才培养预期供需不平衡、经费保障不足、制度设计不完善、弱社会舆论环境构建和职业院校建设不完善等问题制约着改革的深化。为实现云南深化产教融合、校企合作的目标，我们从确定法律支持系统着手，再分别从组织支持系统、财政支持系统和社会舆论支持系统方面提出建议，致力于解决现存问题。

（一）确定法律支持系统

其一，省级层面应形成关于产教融合、校企合作的地方性法规。云南省政府和省人民代表大会应依据《中华人民共和国职业教育法》《中华人民共和国教育法》《中华人民共和国劳动法》等相关法律，尽快出台关于产教融合、校企合作的部门规章和地方性法规，为云南省职业教育产教融合、校企合作提供具有强制性、科学性和针对性的制度保障。对于政府子系统来说，要明确由哪些部门来负责宣传推广，各部门之间如何分工来保证组织协调工作的开展；要明确在职业教育产教融合、校企合作中各项经费投入的比例与方式，由哪些部门来开展相应的监督与评估工作。对于学校与企业子系统来说，在人才培养、专业与课程设置、教学工作以及实训基地建设和教育园区建设方面，不同系统之间的权利与义务在政策内容中都应该有所体现。对于行业系统而言，行业协会应定期制订行业发展计划，及时提供和更新行业信息，承担其应尽义务，同时为职业教育提供相应建议。法规应对校企合作涉及的各方主体的利益协调实现机制、资金物资和成果分配等方面提出具体的可操作性规范，依法落实企业的重要主体地位，从而为依法开展云南职业教育校企合作、产教融合提供法律保障。

其二，应完善职业教育产教融合、校企合作培训政策支持。对于教学过程与生产过程对接中的教师、学生或者学徒、企业雇主、企业师傅等政策对象，云南省政府和省人大可从培训主体的培训内容、培训质量、师资考核管理、技能考核管理和经费管理等方面完善政策。对于学校培训主体，应完善教师考核制度、技能考核制度，提高实训教师师资队伍的整体素质。对于企业培训主体，

应运用激励机制完善企业培训管理制度、企业师傅考核制度和惩罚制度、技能考试制度，突出企业在构建终身职业教育培训体系中的主体地位。

其三，应完善产教融合、校企合作改革过程的劳动安全与保护政策，贯彻落实《职业学校学生实习管理规定》，建立健全职业院校学生实习实训制度和责任保险制度，切实做好学生安全保障工作。

其四，应建立企业、政府、学校、行业组织四位一体的对话协调制度。市场与政府、营利与育人、创新和互动、公平与效率、学校与企业的矛盾是产业系统和教育系统的五对矛盾交锋点，制约着产教融合改革的进一步深化。这就需要打造生产与教育资源互促互助服务平台，形成人力资源供给侧与需求侧的协调机制，建立产业系统与教育系统的利益共同体。

（二）建立专门的组织支持系统

建设校企一体化的决策与管理机构，即校企合作基础上的管理一体化。其一，校企需要建立和完善校企合作委员会、董事会或者管理委员会（以下简称管委会）。管委会在学校改革发展、组织架构、学校专业建设等过程中发挥战略决策作用，同时进行校企一体化办学日常管理工作和协调校企利益关系；它能切实发挥校企一体化办学在改善教学质量、提供优秀办学资源和就业平台、创新育人模式的优势。校企一体化为充分挖掘校企合作间存在的人力资源、实训资源、信息资源提供桥梁，职业院校在深化校企合作、产教融合过程中逐步提高院校教学质量、办学质量、师资质量、毕业生输出质量，行业、企业获得匹配行业企业发展需求的创新型人才、创新型产品、创新型技术。校企还需要联合成立质量评定、教学监管等质量监督机构，强化目标监控、过程监控与成果监控，来保证办学质量的提高。其二，建立专业建设指导委员会。委员会主要通过聘请各专业行业技术人才和专家，针对校企合作过程中职业院校与社会发展不契合的问题提出建议与提供决策咨询，如学校专业设置、课程体系设置、教学模式、人才培养方案等方面存在的问题。

（三）确立必要的财政支持系统

云南省教育厅、省税务局、省财政局等多部门应出台和协同落实关于深化产教融合、校企合作的政策法规体系，完善财政税收、用地等优惠政策体系，进一步细化并落实金融、财政、土地和信用多方面结合的激励政策，激发企业和职业院校“合作育人、协调发展”的内生动力，并遵循企业发展周期理论，根据企业发展阶段表现出的不同的需求为企业提供税收减免、专项拨款、风险补贴等税收优惠政策和资本支持。财税优惠政策能推动职业院校、科研院所和内外部研发团队创新成果转换，激活企业与职业院校合作的内生动力。落实产教融合用地优惠、金融优惠政策，结合产教融合模式，即针对政府和企业合作办学、职教集团参与办学等模式下多元主体办学提供用地优惠政策；同时金融部门为多元主体参与办学以及其他深化产教融合校企合作改革的项目提供资金支持。

2019 年 4 月，云南省人民政府办公厅出台了《关于进一步调整优化结构提高教育经费使用效益的实施意见》（以下简称《意见》）。《意见》指出要着力补齐教育发展短板，要加大对普通高中办学条件的改善力度，逐步调整中职学校和高职院校生均财政拨款水平，多渠道完善政府、行业、企业及其他社会力量依法筹集经费的机制。此政策为职业教育产教融合、校企合作提供了经费的制度保障。

（四）确立必要的社会舆论支持系统

政府方面，云南省教育厅、省发展改革委、省人民政府新闻办公室应根据各自职责切实抓好云南职业教育产教融合、校企合作改革的宣传工作，提升云南职业教育的舆论环境关注度，弥补原有文件欠缺的职业教育舆论环境建设的文件内容。各级政府要提升职业教育的社会地位，优化多元主体沟通交流机制、利益协调机制等，引导和鼓励行业企业、职业院校主动承担社会责任，推动现代学徒制试点顺利开展。对于合作良好的企业，政府应该进行宣传表彰。政府可利用媒体作为舆论引导工具，大力弘扬和培育创新精神、工匠精神，通过电影、电视、报纸、微博、公众号等途径，在潜移默化的过程中让人们意识到职业教育发展对于国民经济发展的重要性，提升人们对高技能型人才的认识，增强对企业服务社会精神行为的引导，并且逐步形成尊重工匠、尊重知识、尊重人才的社会意识。

院校方面，职业院校作为技术技能人才成长的摇篮，它必须要将工匠精神的培养贯穿于学生的教育教学过程中，这样人才输入至企业中才能发挥工匠精神在新技术、新生产方式、新产业的革新作用。当前应职业教育深化改革需求，即深化产教融合、校企合作需求，职业院校也必须重视观念的转变，加强相应的理念宣传，让学校和企业强化共同意识并逐步推进共同行动。

学校文化与企业文化共建，以工匠精神为核心打造校园文化，工匠精神与企业文化共建，助推校企合作深化。其一，企业和职业院校应利用实训基地、高科技仿真情景和多媒体教室等方式提升学生的职业意识和职业能力。其二，企业文化符号应进驻校园，通过仿真实训基地、公司制度化管理口号和横幅建构出情景化公司管理模式，让学生在日常的教学中加深对企业认识并增强职业认同感。

第七章　云南职业教育师资专业化

一、云南职业教育师资专业化的内涵

（一）职业教育师资

《教育大辞典》对职业教育进行了广义的解释，它认为职业教育是“传授某种职业或生产劳动知识和技能的教育”。从狭义的角度而言，职业教育是指受教育者借助职业院校这一平台从而接受劳动知识和技能教育的过程。无论是广义上的概括还是狭义上的归类，相较于普通教育，职业性与教育性的双重属性都使得职业教育具有明显的特殊性。

一切教育活动的关键是教师。依据职业教育的狭义概念可以得出，职教师资是指“传授某种职业或者劳动知识或技能的教师群体”。师资的概念同样具有双重属性。首先，师资强调了教师以个体存在的情况；其次，也描述了作为组织存在的教师群体。亚当·斯密在其所著的《国民财富的性质和原因的研究》中第一次系统地提出了劳动分工的观点，并全面地阐述了劳动分工对提高劳动生产率和增进国民财富的巨大作用。作为现代化工业所催生的现代教育模式，职业教育的教师团队同样形成了广泛的分工。

在职业院校中，最常见的分工形式是按照工作性质是否为长期任教把教师分为专任教师与兼职教师。兼职教师是指学校为完成特定任务，而从社会的劳动力市场聘用的具有一定技术技能且可承担一定教学任务的教师；专任教师是指具有符合国家教师认定标准的并在职业院校进行长期任课的教师。依照承担工作类型的不同，可以对职教师资队伍分为负责公共基础课教学的文化课教师、负责职业操作技能的专业课教师以及指导学生实习工作的实习指导教师。

（二）专业化

1. 专业化内涵分析

对于“专业化”一词的理解，学界普遍采用利伯曼的六要素理论。利伯曼认为专业化应当满足如下特征：首先，“专业化”作为动词，其客体应当是一种独特的、明确的、不可替代的社会服务；并且在履行的过程中重视理性的技术；要想实现专业化，就需要长期的培训；从业者及其行业有广泛的自主权；从业者对在专业自主权范围内对自身所做出的决定、判断以及行为承担广泛的个人责任；在道德上要求相关人员重视服务而并非获益；最后，可以形成综合性的从业自治组织。依照利伯曼对于专业化的描述，可以对其归纳性地理解为“一个普通的职业群体在一定时期内，逐渐符合专业标准、成为专门职业并获得相应专业地位的过程”。

2. 专业化与职业教育

当今社会对于“专业化”一词的理解与工业化密不可分，以标准化、效率化作为典型代表的工业文明必须建立在精密的社会的专业化分工之上。在我国，职业教育的发展也与我国的工业化进程密不可分。经济基础决定上层建筑；然而，作为人类社会特有的现象，教育既是经济基础也是上层建筑。因此，职业教育的专业化直接受到本地区的经济发展的影响；同时，职业教育的专业化发展也将直接促进本地区经济发展，力图实现“事业与教育迭相为用”。可以理解为：越是专业化的职业教育越有助于本地区的经济发展，越是专业化的社会分工越能够推动职业教育的专业化。

职业教育的专业化主要体现在三个方面：首先是教学设备的专业化。现代化的实训实践基地、定向的科研教学设备是职业教育专业化必不可少的的物质基础。其次是课程体系设置的专业化。在职业教育愈发强调产教融合的社会大背景之下，要想实现专业化的社会服务，就必须紧跟行业与企业的需求，制定特有的课程方案。最后也是最为核心的一点是要实现师资力量的专业化。决定职业院校存续的重要因素便是师资力量的建设，师资力量的建设问题也是教育研究中的永恒的重要课题。在新的时代大背景之下，打造一支高水准的专业化师资队伍已成为学校管理工作的当务之急。需要明确的是，职业教育专业化进程中的专业安排课程设置、相关配套硬件的配备、教师队伍的专业化并非相互对立，而是相互依存的。

（三）职业教育师资与专业化

当前，专业化已经成为职教师资未来发展的方向。要了解职教师资专业化，首先要了解教师专业化的内涵。教师的专业化发展是指教师在内外部环境的共同作用下自发的学习、接受专业训练以获得更加雄厚的知识储备、教学经验、道德素养的过程。结合师资的团队性以及职业教育的职业性，可以得出职教师资专业化是指职业教育师资团队在从事教学、科研以及社会服务过程中，通过自觉的、系统化的专业理论学习、实践、研究等，促使其个体的专业品质、专业知识、专业能力等不断更新、丰富和发展，并带动职教团队整体向前进步的过程。

职教师资的专业品质与其他所有教师一样，包括教师的职业道德、专业信仰、专业人格。而职教师资应具有的专业知识除了包括所有教师需要掌握的教师的教育教学知识、专业知识外，同样需要具备一定的行业企业实践知识和其他职业技术技能知识。

（四）职业教育师资专业化政策简述

早在中国职业教育现代化开始的2002年，国务院在《关于大力推进职业教育的决定》中就明确提出要加强职业教育教师队伍的建设，并指出要以骨干教师的培训为重；要鼓励教师在职期间攻读学历、提升学历；学校要安排教师到对应的政府部门、事业单位、企业、社会组织进行学习；学校应尽可能地吸收社会上的专业技术人才，优化各类型教师比例，推动人事制度改革，逐步实行校长持证上岗的制度；要加强职业教育师资培养培训基地建设，逐步完善职业教育师资培养培训网络。

随着我国市场化改革的推进，职业教育的现代化进程也要相应地作出调整，国务院于2014年颁布的《关于加快发展现代职业教育的决定》（以下简称《决定》）也对之前的政策进行了更加翔实的补充。《决定》首先肯定了企业在职业教育中的突出作用，并在教师发展的问题上指出“规模以上企业要有机构或人员组织实施职工教育培训、对接职业院校，设立学生实习和教师实践岗位”，并从学校的角度提出对于教师的评聘上要提升职业院校的自主权，学校活动的最终责任要由校长负责。对于教师发展的问题，《决定》指出，有关主体要“完善教师资格标准，实施教师专业标准。健全教师专业技术职务（职称）评聘办法，探索在职业学校设置正高级教师职务（职称）”。同时，《决定》对于“双师型”教师队伍的建设提出了更加详尽的要求，并提出要加强职业技术师范院校的建设。

2019年国务院印发的《国家职业教育改革实施方案》（以下简称《方案》）开篇便明确指出职业教育与普通教育是两种不同教育类型，具有同等重要的地位。这表明了国家大力发展职业教育的决心。《方案》指出，到2020年，我国职业院校的"双师型"教师（同时具备理论教学和实践教学能力的教师）数量要占到专业课教师总数超过一半，并分专业建设一批国家级职业教育教师教学创新团队。

云南省政府在《云南省现代职业教育体系建设规划（2015—2020年）》以及《云南省教育事业发展"十三五"规划》中对职教师资的编制作出了规定：要依照职业教育的特点，比照普通高中和高等院校，核定和落实公办职业院校教职工的编制；并着重强调建立和完善教师的培养制度，包括加快建设师资培训基地，完善"双师型"教师的标准、准入和培训制度，吸纳社会人才为职业教育师资队伍建设增加新的动力，并逐步实现云南职教师资的国际化发展。从历年来的政策变动中可以看出，决策高层对于职业教育师资团队建设十分重视，重点关注职业教育师资队伍专业化未来发展方向和"双师型"教师队伍的建设。

（五）云南职教师资专业化的总体目标

依照前文的政策简述以及对于职业教育和专业化相关概念的分析，可以得出云南职业教育师资专业化的目标是进一步优化教师队伍结构，实现教师队伍现代化管理并提升云南职业教育教师的教学水平、职业技术水平、思想品德，建成一支整体水平较高的、充满活力的、适应学校事业发展和服务地区经济发展需要的专业化职业教育师资队伍。

二、云南职业教育师资专业化的实践

从前文对职业教育师资的有关内涵的界定中，我们可以发现，师资发展既要重视职业院校教职工个人素质的提升，同时也要关注从事职业教育的教师的整体发展。在国家有关政策支持以及云南省委省政府的部署之下，云南省的职教师资队伍在总量、学历水平、职称结构等方面取得了长足的进步。职教师资队伍的个人素质与团队管理水平也取得了很大的提高。

（一）云南职业教育师资的总体状况

1. 职教师资总量稳定增长

教师的数量是一个不可忽视的重要指标，专业化虽然强调质的属性，但是引起质变的必要前提是量变，成规模的教师队伍是保证职业教师教学水平的重要因素。同时，已受或将要接受职业教育的人口规模不断扩大是一个不争的事实，若没有足够数量的教师队伍，必然将影响到教师的具体分工，而分工是一切教育活动专业化的重要前提。因此，教师数量是职业教育师资专业化的重要指标。

据统计，2017 年云南省高职院校专任教师人数为3.93 万人，中职院校专任教师人数为1.86 万人，2018 年云南省高职院校专任教师人数为4.01 万人，中职院校专任教师人数为1.87 万人，职业教育师资总量稳步提升。

2. 生师比逐渐趋于合理

云南省中高职院校的生师比经过多年的建设逐渐达到国家标准。依照教育部的规定，高等职业学校的生师比原则上不应超过18∶1，生师比的合理数值应为14∶1，超过23∶1 的高等职业院校应被当地教育部门警告；另外，中等职业院校生师比不应超过20∶1。云南省高职院校的总体生师比虽然距离理想的生师比略有差距，但也已达到了国家标准，见表7－1。云南省的中等职业院校的总体生师比虽然尚未全部达到教育部所提出的最低标准，有的学校甚至出现了30∶1以上的生师比，但大多数中职院校生师比达到了国家标准，见表7－2。

表7－1 云南省部分高职院校生师比及全省整体情况表

学校名称	生师比（2018 年）
云南经贸外事职业学院	17.70∶1
云南农业职业技术学院	17.54∶1
云南水利水电职业学院	12.98∶1
云南司法警官职业学院	16.81∶1
云南外事外语职业学院	10.45∶1
云南文化艺术职业学院	7.04∶1
云南现代职业技术学院	33.00∶1
云南交通职业技术学院	19.80∶1
云南锡业职业技术学院	17.20∶1
云南能源职业技术学院	16.81∶1
云南省高职院校总体情况	15.70∶1

数据来源：《2019 年云南省部分高职院校高等职业教育质量年度报告》及《2016—2018 年云南省教育事业统计摘要》

表 7-2　云南省部分中职院校生师比及全省整体情况表

学校名称	生师比（2018 年）
云南省曲靖应用技术学校	24.96∶1
曲靖市师宗职业技术学校	28.00∶1
云南中医药中等专业学校	22.38∶1
云南曲靖农业学校	19.20∶1
云南省临沧卫生学校	45.00∶1
玉溪体育运动学校	11.48∶1
保山中医药高等专科学校	31.12∶1
云南省中职院校总体情况	24.18∶1

数据来源：《2019 年云南省部分中职院校高等职业教育质量年度报告》及《2016—2018 年云南省教育事业统计摘要》

3. 师资学历及职称结构

优化师资的学历结构是职教师资队伍建设的重点。由于职业教育的实践性、职业性以及对于经验的重视，职教师资难以被替代。教师专业教学能力的养成需要教师了解教育科学研究的基本方法，掌握常用的调查分析手段。这些能力目标在四年本科教育阶段较难达到，需要通过硕士研究生层次的专门化培养才能较好实现。我国为职教师资开设的职业教育硕士专业学位更是表明了国家对于高学历职教师资的追求。而职称更是衡量职教师资在日常教学、科研过程中取得的专业成果的重要标准。

（1）云南省高职院校师资学历及职称结构

国家标准规定，研究生以上学历的专任教师比例应不低于 20%，副高级以上职称的专任教师比例应不低于 25%。现阶段云南省职教师资队伍的学历水平以及职称等级总体水平超过了国家标准。表 7-3 所列出的部分高职院校在教师的学历水平以及职称水平上远超国家所要求的标准，但多个院校在教育质量报告中依旧认为本校的教师在职称以及学历上有待进一步的提升。由此可见，高职院校对于具有高学历以及高职称的职教师资需求极为庞大。

表 7-3　2018 年云南省部分高职院校教师职称以及学历情况表

学校名称	副高级以上职称教师比例（2018 年）	研究生以上学历教师比例（2018 年）
云南经贸外事职业学院	21.64%	26.55%

续 表

学校名称	副高级以上职称教师比例（2018 年）	研究生以上学历教师比例（2018 年）
云南农业职业技术学院	28.07%	62.25%
云南水利水电职业学院	31.00%	24.76%
云南司法警官职业学院	28.86%	37.50%
云南文化艺术职业学院	41.67%	34.38%
云南交通职业技术学院	33.88%	41.84%
云南锡业职业技术学院	20.12%	14.77%
云南能源职业技术学院	31.00%	33.57%

数据来源：《2018 年云南省部分高职院校高等职业教育质量年度报告》

（2）云南省中职院校师资学历及职称结构

由于培养层次上的不同，我国对于中等职业院校的教师职称以及学历要求相较于高等院校有些许的宽松。国务院在其制定的《中等职业学校设置标准》中规定，各中职院校的专任教师学历应达到国家有关规定。专任教师中，具有高级专业技术职务人数不低于20%。调查发现，云南省中职院校职教师资的总体职称水平超过了国家的规定，但教师的学历水平仍然有较大的提升空间，见表 7－4。

表 7－4　2018 年云南省部分中职院校教师职称以及学历情况表

学校名称	副高级以上职称教师比例（2018 年）	研究生以上学历教师比例（2018 年）
云南省临沧卫生学校	44.20%	5.30%
云南农业职业技术学院	47.50%	13.12%
保山中医药高等专科学校	22.41%	32.37%
玉溪体育运动学校	35.40%	13.54%
云南省曲靖农业学校	19.80%	10.70%
曲靖市师宗职业技术学校	47.50%	13.00%
云南中医药中等专业学校	53.36%	12.21%
云南省全体中等职业院校	34.88%	10.30%

数据来源：《2018 年云南省部分高职院校高等职业教育质量年度报告》及《云南省中等职业教育 2018 年度质量报告》

4. “双师型”教师发展情况

(1)“双师型”教师

由于职业教育相较于普通教育更加突出实践与理论相结合的教学方式，因此，对于职业院校而言，其师资能力专业化的核心便是“双师型”教师队伍的建设，但国内对于“双师型”教师的概念以及认定标准并没有统一的认识。学界对于“双师型”教师的认定主流观点有两种。

第一种观点主要集中于硬件方面，强调教师应该拥有两种类型的证书，即教师资格证及与所教学内容相关的职业技能证书。此种观点更加客观，且便于量化统计。

第二种观点主要集中于软件方面，强调教师应具有两种类型的素质，即教师应拥有与教学、科研等相关的能力，同时在职业技能方面也有着自己的优势领域。这种观点更加倾向于对教师能力的考察，但由于统计难度的原因，现阶段云南省的中高职院校对于“双师型”教师的统计更多地采用是否拥有“双证”作为统计标准。

(2) 云南省职业院校“双师型”教师概况

从教师的能力结构上看，云南省的职业院校对于“双师型”教师的需求依然巨大。依照普通本科办学的要求，一个学校至少应有超过40%的“双师型”教师。虽然部分职业院校的“双师型”教师比例超过了这一标准，但是“双师型”教师相对于普通教师更加强调自身教学能力以及实践能力的相互融合，加之职业教育的特殊属性，相对于普通本科院校而言，职业院校更加需要“双师型”教师，因此职业院校“双师型”教师的占比应远高于40%。2019年教育部发布的《深化新时代职业教育“双师型”教师队伍建设改革实施方案》要求，到2022年，职业院校“双师型”教师应占专业课教师的比例超过一半。要实现这一目标依然有很长的路要走。

表7-5　云南省2017年与2018年部分职业院校“双师型”教师占比情况表

学校名称	双师型教师占比（2017年）	双师型教师占比（2018年）
云南经贸外事职业学院	21.63%	31.45%
云南农业职业技术学院	77.02%	72.40%
云南水利水电职业学院	33.33%	20.95%
云南司法警官职业学院	54.41%	48.99%
云南外事外语职业学院	33.70%	35.66%
云南文化艺术职业学院	39.58%	40.29%
云南交通职业技术学院	42.71%	42.86%

续 表

学校名称	双师型教师占比（2017 年）	双师型教师占比（2018 年）
云南锡业职业技术学院	57.00%	56.82%
云南能源职业技术学院	52.24%	51.49%
云南省中职院校	33.34%	41.28%

数据来源：《2018 年云南省部分高职院校高等职业教育质量年度报告》及《云南省中等职业教育 2018 年度质量报告》

（二）云南职业教育师资培训情况

1. 师资培养团队

（1）云南省师资培养团队建设情况

师资专业化建设是一项系统性工程，不仅要在教师准入上保证云南省职教师资具有较高的专业化起点，也要保障职教师资的终身学习、长期发展。为实现这一目标，建立专业化的职教师资培训团队是保障云南职教师资高质量发展的最主要方法。云南省共有 3 支国家级职教师资培训团队，分别来自云南大学职业与继续教育学院、云南旅游职业学院和昆明冶金高等专科学校。2018 年，云南省有 16 所院校成为省级职业教师培训基地，并建立了 1 所省级职业院校教师远程培训机构和 3 所省级职业院校教师企业实践基地。

（2）师资培养模式

以云南大学职业与继续教育学院为例，其拥有中等职业学校教师在职攻读硕士学位的培养资格，并为全国培养出一大批中职教育骨干教师。学院还拥有成人教育学硕士学位点，分四个研究方向：成人教育管理、成人教育与民族地区社会发展、教师教育和比较成人教育。

云南大学所提供的师资培养在模式上是多层次的，涵盖了本科生、研究生学历的师资培养；在本科层次上开设 6 大专业：文秘教育、财务会计教育、市场营销教育、旅游管理与服务教育、计算机及电子应用教育，确保了在结构上的相对覆盖。

在培养方法上，学院遵循“能力为本，理论适度，技术主导，办出特色”的办学指导思想，坚持以应用为主旨和特征的培养模式，遵循“职教性、技术性、师范性”教学原则，初步形成了以培养学生职业能力为核心的专业教学模式，体现了“能力本位”的高等职业教育观念，突破了“学科本位”或“知识本位”的单一模式。

2. 校内外合作培养

为提升职业教育水平，云南省各职业院校与校外组织开展合作，既为学生的培养提供了强有力的实践空间，也为从事职业教育的教师提供了提升自我能力的平台。云南省各职业院校利用自身所掌握的社会资源，为本校的专任教师提供了大量的培训机会以实现知识与能力的更新，同时也为聘用在校的校外兼职教师提供了提升自身教学能力的机会，见表7－6。

表7－6　云南省2018年部分职业院校校内外合作培养教师情况表

学校名称	校内外合作培养教师情况
云南农业职业技术学院	部分教师参加国家、省部、地市级的进修、培训、交流。
云南水利水电职业学院	鼓励在编教职工参加学历（学位）进修学习，通过报销学费、设定学习假期、基本工作量减免等措施，对教职工提高学历给予支持。2018年学院开展多层次定向培养计划，目前有在读博士2人
云南司法警官职业学院	下发《院级教学名师选拔及管理办法》《专业带头人（专业负责人）管理办法》《骨干教师选拔标准及管理办法》《“双师型”教师培养管理办法》等文件，加强教学名师、专业带头人、骨干教师、“双师”型教师的培养建设的工作力度
云南城市建设职业技术学院	组织新招聘的专职教师全员进行入职前培训；组织全体新聘教师进行教师资格证考试培训；组织新聘教师系统学习教育学、心理学、师德概论、教学方法和技巧等方面的知识
云南三鑫职业技术学院	2018年，专任教师参与校内培训642人次，校外培训和交流71人次
云南能源职业技术学院	2017—2018学年，学院共投入48.6万元，坚持“全员培训，整体提高”的原则，通过“引进来、派出去”等方式，聘请省内外多名职教专家对全院教师进行多场专题讲座培训。教师参加各类培训339人次。学院鼓励教师通过到国内知名大学读研读博、做访问学者等方式进行深造。截至2018年，学院教师在职获得硕士或博士学位者2人，有国内访问学者3人、国外访问学者2人

续 表

学校名称	校内外合作培养教师情况
曲靖医学高等专科学校	专业课教师定期到医院（企业）进行实习、实践、兼职以及顶岗培训 外聘教师和有一定医院（企业）工作经历的专业技术人员定期在校接受教学培训

数据来源：《2018 年云南省部分高职院校高等职业教育质量年度报告》

从表格中可以看出，对于教师队伍的培训，云南省的职业院校普遍采用校内培训和校外交流两种模式，聘请大量的在职专业人才对本校的教职工进行培训，有条件的学校甚至会依照计划或依据教师的意愿提供出国交流的机会，极大地增强了云南省职业院校的国际化水平。

3. 师德培养情况

习近平总书记在关于教育工作的系列重要讲话中，把师德师风建设作为提升新时代教师素质、办好人民满意教育的首要任务。“师者，传道受业解惑也”。作为新时代的教师，其师德必须满足社会主义建设步入新时代的需要。

云南省各职业院校除了注重教师能力的培养外，也相当地注重师资队伍的品德建设。如云南能源职业技术学院深入贯彻落实《关于全面深化新时代教师队伍建设改革的意见》的精神，坚持把师德师风建设放在教师队伍建设的首要位置，开展了各种形式的师德教育。首先，为提高教师的思想政治素质，学院在每个双周四的下午组织教师进行政治学习，并组织相关主题教育活动，邀请校外教师进行讲座；其次，学院将《云南能源职业技术学院师德建设长效机制建设方案》和《云南能源职业技术学院教师职业道德规范实施细则》制度化、常态化，对师德建设情况进行考核，约束教师的不良行为。

（三）云南职业教育师资管理情况

1. 绩效管理

绩效管理（Performance Management）就是管理者通过一定的方法和制度确保组织及其子系统（部门、流程、工作团队和员工个人）的工作表现和业务成果，能够与组织的战略目标保持一致，并促进组织战略目标实现的过程。

云南省的职业院校为实现职业教育师资的培养目标，积极地运用绩效管理作为新的管理手段。各职业院校重视教师的形成性评价，即在教学过程中为了解教师的工作情况，及时发现教学中的问题而进行的评价。多数职业院校形成了由教师报二级学院再汇总上报学校的机制。学校的人事部门按照具体的指标进行考核，按照分数高低得出考核结果，依据结果来调整人员职务、职称及待遇福利。

2. 职称管理

教师职称结构的合理化是职业院校师资队伍专业化的重要指标。职称在一定程度上反映了教师的综合能力，因此对于职称的管理是每一所职业院校所要关注的重点。

为实现云南省职业教育师资职称管理的科学化，部分院校将教师进企业参加挂职锻炼、定岗实习或参与社会服务纳入教师职称评审条件。同时，为了提高教师的创新和竞争能力，多数学校将参与省级以上比赛的获奖情况作为职称评审的条件之一，并把提升教师能力的相关指标纳入职称评审，以更加严格的职称评审制度促进教师进行自我提升与自我学习，形成“一人努力，人人努力”的集体学习氛围。

三、云南职业教育师资队伍发展存在的问题及成因

（一）师资规模发展受限

职业教育所传授的知识与普通教育所传授的知识最为明显的不同在于职业知识是一种明显的默会知识。首先，默会知识要求学生在掌握知识的过程中进行批判以及反思；并且职业知识在传达的过程中无法完全用具象化的符号来传播；同时，在传播的过程中，受教育群体相较于其他的类型知识受众更少，这就要求职业教育在一定程度上要采取“师徒”的形式进行。其次，职业知识相较于普通的知识而言更加富有弹性，许多职业知识并不是已被证明的公理，而是经验以及实践的产物。最后，要掌握职业知识并加以运用，就必须经过不断的实践并形成每个人独有的经验，因此职业教育对于师资的能力以及数量有着格外严格的要求。

1. 学校投入不足

职业院校的可招收师资是有限的，云南的职业院校之间需要进行人才的争夺，同时也要与云南省的普通院校进行竞争。而社会对于职业院校的投入远比普通院校要少得多，且在有限的资金之下，学校不仅要招收高水平的教师，同时也要进行学校实践场所的建设，这就使得真正能用于师资队伍建设的经费相对偏少。

表 7－7 云南省部分高等职业院校师资力量投入情况表

学校名称	各学校用以师资建设的经费比例
云南经贸外事职业学院	1.39%
云南农业职业技术学院	1.50%
云南司法警官职业学院	2.70%
云南文化艺术职业学院	0.42%
云南现代职业技术学院	20.09%

数据来源：《2018 年云南省部分高职院校高等职业教育质量年度报告》

2. 师资来源受限

现阶段，云南省的职业院校大幅减少了直接从大学应届毕业生中招聘老师的数量，但各职业院校的专职教师中依然有较大比例的教师是从高等院校毕业后直接任教的，他们有较强的理论知识，但缺乏实际的操作技能。在师资严重不足的情况下，要想推进师资专业化建设是极为困难的。要提升校方的职业教学水平，就必须吸引既具有文化课程知识又具有职业技能的人才。但在薪资待遇上，职业院校的教师的工资水平要远低于普通院校的老师，这直接影响到了云南省职业院校对于优秀教师人才的吸引。

3. 学校性质制约师资规模

云南大多数职业院校属于事业单位，其成员多为财政供养人员，在编制管理上受到了严格的控制。事业单位编制管理有关规定不允许事业单位从企业直接选调人员，致使具有一定实践经验和专业理论的企业工程技术人员不能进入职业院校任教。职称的评定与工作年限有着密切的联系，在校的年轻教师由于工作年限的原因，其职称水平相对较低，而校外人才引进困难，使得部分职业院校的职称比例严重失调，尤其是专职“双师型”教师比例低、学历合格率低，难以实现专业实践课的专业化教学需求。

4. 教师负担过重

目前，云南省职业学校教师与学生之间的比例与国家标准相比存在一定的差距。虽然教师总量在稳步提升，但提升幅度相较于普通学校仍有差距。教师总量过少成为了职业学校普遍存在的问题。

另外，职业院校教师身兼数职的现象普遍存在，教学压力过大，同时他们还要兼顾学生就业、参与科研等多种任务，这使得教师提升专业能力的时间被极端压缩。

（二）绩效考核机制有待完善

1. 重结果、轻过程

目前，大部分高职院校对其下属学院的考核主要围绕着专业建设和教学改革研究、实践教学和实训基地建设、科研和社会服务、教学团队建设等。总体上看，职业院校更注重对结果的考核，缺乏对教师工作过程的考核。这导致教师工作积极性不高，团队氛围不够积极。

2. 考核以点带面

职业院校每年度的教学评估与考核均在下一年的第一季度进行，因此职业院校绩效考核的时间节点也相对集中。全校统一组织考核的方法虽然可以节约资源，但“近因效应”会让教师的年终成果作为全年的考核依据，从而使年度考核失真。因此，绩效考核结果不能全面反映被考核人的真实绩效。

3. 缺乏关键指标

绩效考核的核心在于围绕着组织目标制定相关考核指标，而关键绩效考核指标形成的关键在于缜密的职位描述与分析。职业学校教师按其所从事的工作类型进行分类，大致可分为三种：进行专业课教学的教师、进行实习指导的教师以及辅助日常教学与生活管理的辅导教师。对于这三类老师的关键考核指标在云南现有的职业院校绩效考核指标中过于趋同，因此在三类教师分工不同的前提之下，关键指标设置的不合理将会严重影响职教师资的专业化进程。

云南省职业院校在绩效考核上出现的问题在很大程度上源自绩效考核的技术性偏高和教育活动的特殊性。就绩效考核而言，首先应该确定组织的目标，而后依据目标设定相关的技术指标，强调考核的量化以及操作性。教育活动的特殊性在于教育成果是极为多样的、复杂的。因此，绩效考核难以全面的对教师的活动进行评价。

（三）培训互学体制欠缺

职业教育所推崇的产教融合、校企合作模式需要社会上的企业给予支持，但校企合作存在一些负面因素，如企业参与热情并不高涨、合作意识较为欠缺等。这些因素不仅不利于学生的工学交替以及实习工作的开展，同时也给教师的企业实践学习以及相关培训等内容的开展加大了困难。对于职教师资的专业化建设，云南省政府并未出台相关政策，多数情况下只能依靠学校自身来解决。

一些企业对校企合作的方式并没有给予强烈支持以及认同，对于学校的邀请，多数企业抱有多一事不如少一事的态度，这导致职业院校的教师不能及时了解社会发展过程中产生的新知识与新技术，从而使教师自身的知识结构得不到丰富完善，严重影响了教师的专业化发展。

另外，由于从企业招募的技能型人才教学能力有所欠缺，而任何能力的培养都需要经验的积累，因此云南省各职业院校的技能型人才的教学能力依然有待于进一步的提升。

（四）对教师专业化的认识不足

1. 知识结构有待更新

现在是新知识、新技术和新工艺呈爆发式增长的时期。对此，职业学校教师要对技术发展的前沿知识以及最新动向等做到及时地了解以及掌握，从而不断丰富自身的知识以及技能，进而教授给学生，促使教学质量的有效提升。在实际中，大多数职教师资的知识结构更新速度无法紧跟社会环境的变化，尤其是部分教师缺乏更新知识结构的意识，使得其在教学过程中所传授的知识与现实中实际的需求存在着显著的差异。这同时也导致了部分学生在实习实践的过程当中不得不重新构建知识体系，而知识体系的重新构成会对应掌握的职业技术形成明显的“挤出效应”。

2. 创新能力有待增强

2019 年 7 月，教育部发布了首批国家级职业教育教师教学创新团队立项建设单位 120 个，国家级职业教育教师教学创新团队培育建设单位 2 个，云南地区只有 1 组立项。

在“大众创新，万众创业”的大背景之下，职教教师作为技能人才的培养者，同时也是推动行业发展的成员之一，就更需要拥有创新的意识与能力。云南省职业院校的大多数专业教师有较为扎实的理论知识基础，也具备一定的实际操作技能，但科研意识不足，缺乏从事科研项目的研究积极性。多数职业院校的教师，在完成教学大纲规定的任务之外，几乎不承担科研项目，这首先就导致职业院校欠缺将科研成果转化为企业迫切需要的生产技术的能力；更为重要的是，教师缺乏创新能力会严重影响对于学生的培养。

3. 对终身学习理念的认识不足

1965 年，保罗·朗格朗（Parl Lengrand）在联合国教科文组织主持召开的成人教育促进国际会议期间首次提出了“终身学习”（Lifelong Learning）这一理念，并指出：“终身教育所意味的，并不是指一个具体的实体，而是泛指某种思想或原则，或者说是指某种一系列的关心与研究方法。概括而言，也即指人的一生的教育与个人及社会生活全体的教育的总和。”现如今，我国致力于

“学习型社会”的建设，多个国家在制定教育政策时也将“终身学习”作为制定该国教育政策的重要原则。

就现实情况而言，终身学习在职教教师身上多体现为入职后的自我提升，部分云南省职业院校的教师在入职后学习意识逐渐降低，难以应对新的行业要求，同时缺乏终身学习意识的教师也难以在其他教师以及学生中树立好的模范带头作用。

4. 缺乏团队学习意识

学习型组织是指通过培养弥漫于整个组织的学习气氛、充分发挥员工的创造性思维能力而建立起来的一种有机的、高度柔性的、扁平的、符合人性的、能持续发展的组织。其最终目的是为了实现“1 +1 >2”的组织形式，希望依靠学习氛围的构建实现组织的持续向好发展。云南省职业院校的教师由于个人压力过大、学习氛围不足，使得执教师资中尚未形成理想化的学习组织。

与“学习型组织”相对应的概念是“权利型组织”。学习型组织相对于权力型组织来说，层级性薄弱，提倡扁平化管理，组织的“一把手”更多地承担“领导者”的角色，带领组织成员进行学习以及提升。但云南省各职业院校的“一把手”更多的是承担“管理者”这一角色，并不利于学习型组织的形成。

（五）民族特色专业师资不足

云南省共有8个民族自治州，各州的职业教育专业设置都覆盖了第一产业、第二产业、第三产业的相关专业，但一些热门专业的设置趋同，多集中于云南的优势产业，如旅游、水电、矿产、医药等。而一部分与区域经济产业布局紧密相关、体现区域发展特色的专业设置不足，与地方经济社会发展联系不够紧密。

最为关键的是，云南少数民族地区的职业教育一直存在师资力量紧缺的问题，职业学校的专职教师无论从数量上看还是从专业、技能的覆盖面上看，都无法满足丰富多彩的民族职教课程的需求。由于民族特色技艺的教育多采用传统的师徒制进行传授，使得民族特色技艺无法成规模地进行培养；同时，由于传统技艺的学习周期过于漫长，其吸引力也远不如其他的现代技能。更为关键的是，传统技艺多为家族传承，其首先面对的问题就是传统技艺无法进行量化评价；同时，家族传承下的技艺难以进行大规模的推广，而且掌握技艺的人多为家中的长者，因此其任教能力无法满足现代化职业教育的需求。

四、云南职业教育师资队伍专业化发展方向

（一）加强师资规模建设

云南省职业院校面对的首要问题便是师资队伍数量不足的问题。为解决这一问题，首先，要对本校的发展需求和师资队伍现状进行分析，并以此为根据制定科学且可行的教师人才引进规划，同时加大对“双师型”人才的招聘力度。学校人事部门要根据各学院的师资队伍的现状和结构，有计划地增加特定专业的教师数量，尤其是师资力量不强、数量不足的专业。

其次，要采取有效措施，从一些师资资源雄厚的省外院校引进职教专家来学校教学或合作研究。高层次师范人才的合作交流，不仅可以提高职业院校的办学质量，也可以进一步提升教师的教育教研水平。

再次，可以依照西方先进经验，与企业相互合作，从生产一线择优聘用一些高学历、高职称的一线员工。西方的一些发达国家要求高职教师是来源于生产一线的优秀工作人员，并且学校“双师型”教师的比例更是大多达到50%以上。比如，澳大利亚的南澳丽晶斯学院要求教师要有8年以上的行业经验；加拿大的不列颠哥伦比亚省理工学院高职教育的教师队伍由具有工程师资格的人员组成；英国从事职业教育的教师63%以上是从企业招聘来的有丰富实践经验的技术人员。这些员工对当前的工作状况是最为熟悉的，同时最为了解企业需要什么样的职业技术人才。将企业的专业技术人才吸收进来，参与到师范专业的日常教学中，不但可以解决教学质量低的问题，还可以大大降低其他教师的工作压力，使其有时间提升自身的专业能力。

最后，返聘一些尚有余力的职教专家和教授。这部分教师具有深厚的理论知识和丰富的教学经验，而且这些专家学者的聘用可以优化教师的专业结构，将他们充实到教学一线将有效地缓解师资力量不足的问题。

（二）加强政府主导性

1. 建立专门负责机构

英国中央政府在20世纪80年代之前对于教师的培训缺乏直接的质量控制，导致负责培训教师的有关机构的实际成果与获得的补助脱钩，同时英国也缺乏监督职教师资培训机构的第三方组织。为此，英国政府在1994年颁布《教育法》的基础上，于1995年建立了专门负责管理和分配所有教师培训课程资金的教师培训管理局（TTA）。政府部门介入的最直接优势便是在一定程度上保障了

培训资金能够按时足额发放，加之政府为职教师资的培训保障背书，从而进一步提升了职教师资专业化的社会认同。云南省政府可依据《中华人民共和国教育法》《中华人民共和国教师法》，并结合教育部的有关行政规章，从云南省的实际情况出发，设立或指定有关负责部门对于入职后职教师资的培训进行统一管理。

2. 完善培训评价体系

在建立专门部门的前提之下，政府应制定标准，逐步地完善与职教师资培训质量相关的评价指标。澳大利亚之所以能够建立完善的职业教育师资队伍，与澳大利亚政府的政策指导密不可分。首先，澳大利亚通过国家培训框架体系（NTF）形成了统一的认证和培训体系标准，并严格地实施。而且澳大利亚对于职业资格认证以及培训所指定的年度培训包均依照行业以及社会的变化作出相应的改变。澳大利亚职业教育标准化的顶层设计保证了技能化劳动力培养的质量和水平，为澳大利亚培养高素质专业化职教师资提供了体系和制度上的保障。澳大利亚提供了我国以及云南省值得借鉴的经验：要在国家层面制定统一的职业培训标准，并允许各省依据自身的经济发展水平作出相应的调整，以制度化的形式推进职教师资的专业化。

（三）梯度化师资建设

教师的梯度化建设是量变与质变在教师队伍发展过程中的重要体现。具体而言，教师专业的梯度发展是指在时间或空间或二者交汇点上有自己教育思想的提升的教师发展，即：梯级发展 + 教育思想提升 = 梯度发展。

对于各梯度发展的侧重点可以借鉴澳大利亚的成功经验。澳大利亚对于本国职教师资队伍的发展进行了科学的梯度化管理。在初始阶段，其通过对初任教师提供入门级课程培训和资深同行指导实践，促进新教师的专业化成长。在中间阶段，其通过组织对教学技巧和评估理论的学习，巩固教师的先进性和创新性。在终极阶段，其以培养教师成为专家型资深教师为目标，提高职教教师在职场的吸引力。

对于现阶段云南职教师资的梯度，可以依照普通的“上、中、下”模式分为三个阶梯，由上到下分别为学科以及所在专业的带头人、骨干力量的中层教职员工以及基层的新进年轻教师。其专业技术能力与教学水平由下至上不断升高，因此针对三种不同能力层级的教职工要进行梯度化管理。专业学科带头人要具备高水平的教学、科研以及实践技能，同时要能第一时间领会相关文件精神，找准学校未来发展方向，并带动学习型组织的形成，实现中基层教职工能力的跃升。作为骨干力量的中层教师，其专业性更强，因此，学校要更加注重对于中层教职工的特色化管理。在骨干教师的培养计划中，要坚持产业引领、校企一体，因势利导，扬长避短，建立科学的机制，为教师成长搭建优质的平台。而基层新进教师的任务则是在中高层教师的带领之下，完成对职业教育相关实务的认识，并在未来的发展过程中实现能力的跃升。

（四）健全绩效考核机制

1. 明确学校发展战略

绩效考核机制建立在对组织发展方向有明确规划的前提之上。云南省各职业院校所提供的年度发展报告中，虽然提及了学校的建设目标，如“建设高水平职业学校”等，但这种目标过于宽泛，缺乏可操作性，因此，需要各职业院校依据自身情况规划师资专业化建设的具体目标，使其具有可操作性。目前，云南省多数职业院校将校企合作、产教融合作为发展思路，旨在培养高技能的应用型人才，做到学生毕业即就业。在这种发展思路下，学校应针对性地对教师进行绩效考核，使其适应和满足学校的要求。

2. 绩效指标多维化

绩效指标作为绩效管理的重点，不仅会影响对于教师的考评结果，也会影响到学校的管理体系建设。科学化的绩效指标设定要保障绩效指标具体、可量、明确、简洁。在实际的评估过程中，可以从以下方面对职教师资的绩效考核指标进行设计：从能力类型上，将其分为思想政治素养与工作能力；从工作类型上，将其区分为学生工作与教学工作；从教学上，将其分为教育质量与教学课时数；从课程的角度出发，将其分为专业课程教学与实践能力传授。对于承担不同任务的教师，其绩效评价指标应实现专业化区分，对评价指标要有所侧重。对于职教教师，科研、教学、创新方面的权重要有所增强；对于辅导员教师，就业、实习、日常管理的权重要高于其他指标。

3. 绩效管理长期化

要依照时间段将职教师资的绩效进行长期化管理。为平衡管理成本，可将教师绩效分季度进行管理，在学期结束后对两季度进行总结考核，并在该学年结束后进行最后评审。季度绩效考评应关注职工的日常表现（课时数、期中成绩、学生管理等）；中期报告则侧重于长时间的教学、科研、实习、竞赛、校外合作等成果，为年度绩效考核提供数据支持；年度考评应以全年的考核成果作为教师绩效考评的最终结果。

4. 绩效信息双向化

畅通的反馈渠道是保证绩效管理反馈机制有效的基础。反馈的渠道有很多种，其中最直接、最有效的是上级与教师之间进行面谈。首先，可以创新面谈形式，“非已式”的面谈形式、场合和时间比较随意，能够让教师更加放松；其次，注意利用事实依据进行书面反馈，如将“学生讲教”和“老师互讲”的内容进行客观总结提炼，将其他方面工作指标汇总，形成评价报告，让教师客观认识自身不足，明确下一步的努力方向；最后，要建立申诉机制，让对考核结果不满意的教师有机会及时申诉，保证绩效管理的严肃性和公平、公正性。

（五）加强培训互通机制

1. 完善政府职能

校企合作与学校教师专业化水平提升之间有着重要的内在联系。校企合作的有效开展，需要当地政府给予一定的政策扶持。首先，作为社会的管理者，当地政府要优先明确校企培训互通过程中各方主体的权利与义务，减少各方主体在交流过程中因权责不明而引发的纠纷，尤其是要保护好企业派驻到职业院校的交流人员的合法权益；其次，当地政府可以运用政策手段，给工学结合和校企合作的参与主体相应的政策辅助，对于企业可以进行财政补贴，切实保障企业的正常运行。同时，云南省政府可以依照云南本地的发展情况，运用互联网技术实现企业与学校之间的信息资源的共享。

建立以当地政府为主导的交流平台，使云南省的职业院校与省外乃至国外的专业机构、企业之间形成合作，通过各种形式的交流活动加强学术、经验的交流，从而使得科研、教学过程紧跟时代发展，并借此平台鼓励教师把科研成果应用到企业实践中，来检验自身的科研成果。

2. 提升校方主动性

学校要主动地与企业接触，根据企业发展的实际需求提出合作，找到双方的利益交叉点，实现校企合作双赢，以此为基础拓展合作的范围，进而深度开展多层次、多角度的合作。此外，学校可以建立为教师专业化发展提供支持的工作室，邀请一些实践经验丰富的专家进行具有一定针对性的指导，使得教师的教学实践以及企业实践得以有效开展，同时对教师了解专业最新发展动态也能给予一定帮助。

（六）改变教师学习环境

1. 制度层面

（1）完善教师入职培训的相关制度

为了解决现阶段高职院校教师职后培训的相关政策法规不健全、职后培训缺少有效的管理和监督手段等问题，首先要营造受法律支持和保障的培训环境，即制定高职院校教师职后培训的政策法规，并借鉴西方国家制定相关政策的先进经验，明确职业教育教职工在岗接受培训的权利以及义务，坚决维护教职工受培训的合法权利。例如，美国政府高度重视入职培训，联邦政府规定入职七年的教师拥有一年的带薪休假期，期间教师可选择进行学历提升和技能进修，并获得额外补贴。云南省在此问题上可以借鉴相关经验，完善职教师资的再教育保障制度，改善其再教育环境，提升教师进行再教育的积极性。

（2）建立教师资格证年审制度

为了提高职教师资的专业化，可以借鉴我国其他行业（诸如律师、会计等行业），建立资格证年审制度。律师、会计等行业由于实行资格证年审制度，新员工入职后的专业化发展在一定程度上得到了保障。因此，有必要对职教师资进行资格证年审，同时需指定统一的培训时间，要求教师按规定时间参加培训，培训后再对教师进行专业知识及专业技能的考核，若审查合格则在教师资格证上按规定签章。

2. 学校层面

职业教育中终身学习理念的培养是职业教育师资发展的关键。学校首先应意识到培养教师终身学习理念的重要性，而且要依据学校的目标和发展方向，制定教师发展计划，并构建教师培养过程中的管理机制，包括规范培训对象、目标、内容、经费、模式等各项内容，在实践的过程中不断地依据实际情况进行调整。另外，学校可通过考核等方式建立职后培训激励与反馈机制，实现教师专业化培训的良性发展。

3. 个人层面

教师应培养对教师职业的热爱，并逐步提高参与入职培训的主动性和积极性。首先，教师本人需要认可入职培训；其次，教师应通过与其他教师的交流了解到自己的不足，并在工作当中不断地提升自我。

教师在入职后应对自己的职业生涯作出长远的规划。职业院校的教师应进行全面的自我检查，明确自己的专业发展水平和综合能力，及时与院校教师管理部门沟通交流，并以培训为契机，有导向性地运用职后培训资源，促进自身发展。

第八章　云南职业教育信息化

职业教育信息化是实现职业教育现代化的重要途径，是职业院校的师生在教学、学习和管理等活动中充分运用现代信息技术，提高效率和效果，促进职业教育现代化转型的过程。职业教育信息化的发展是全省教育信息化基础上的延伸。自2000年以来，云南省教育技术手段的现代化水平和教育信息化程度逐步提高。2015年，《云南省现代职业教育体系建设规划（2015—2020年）》发布，规划中提到要以信息化建设为带动点，加快教育信息化基础设施、数字化专业课程体系和现代信息技术应用能力建设，改革教育教学模式。2020年，《云南省国民经济和社会发展第十四个五年规划和二〇三五年远景目标的建议》提出，要大力建设"数字云南"，加强数字社会、数字政府建设，拓展数字化公共服务，提升智慧教育的数字化智能化水平；实施传统基础设施"数字+""智能+"升级行动，推进教育、文化、体育等基础设施物联网应用、智能化改造，促进传统和新型基础设施深度融合发展。

云南省也因此加大推进信息技术普及力度，不断发展职业教育信息化，逐渐构建职业教育现代化的完整框架，促进职业教育的迅速发展。

一、云南职业教育信息化发展的历程回顾

云南省由于受到经济和地域位置等方面的制约，职业教育信息化发展速度落后于沿海发达地区。虽在信息化办学条件和师资方面需要大幅提升，但云南省从2000—2005年的初步建设探索期，到2006—2010年的完善巩固实践期和2011—2015年的信息化开放共享期，再到2016年至今的教育信息深度融合期，也逐步探索出了具有边境特色的信息技术普及办法，推动了职业教育现代化的发展。

（一）初步建设探索期（2000—2005年）

这一时期，职业教育信息化建设主要体现在计算机教室、卫星收视、校园

网等软硬件建设方面，重点推进的是计算机教学、录像视频教学等教学方式。

为探索职业教育信息化建设，一是要在实施现代远程教育工程的过程中将实际工作与人员安排落到实处，提升信息技术的基础环境建设，初步构建有特色的云南省远程教育体系。云南省在中等职业学校建成了16个卫星收视点，在90%以上的高等学校建设了校园网，同时通过多渠道、多项目的方式，共计投入5亿元经费，实施了现代远程教育工程，开展了中等职业学校远教项目、高等学校校园网建设项目等。二是要将云南省电化教育馆建立为现代远程教育网络中心，并逐步形成了以省、州（市）、县（市、区）、乡（镇）和学校电化教育部门为主的教育信息化支撑服务体系；初步建成了省远程教育资源中心、国家职业教育资源库设施。三是要实施职业院校的教师教育技术能力提升计划，通过大量的信息化培训，将职业信息化技术的学与教相融合；同时根据职业教育信息化发展具体情况，初步构建起了独具特色的云南省远程教育体系，使得职业学校的信息化环境逐步加强，培养出了大批信息化人才。

（二）完善巩固实践期（2006—2010年）

这一时期，由于云南省已经逐渐形成了职业教育信息化的整体框架，因此发展信息化的重点就放在了建立卫星网络、推进网上办公自动化和教育信息资源库建设与共享方面，着重推进教育资源共享，提升信息技术和技能的职业教学方式。

截止到2008年，云南省建立了覆盖信息技术各学科领域的多层次、开放型、综合性的信息技术教育与培训体系，培养出大批适应信息化建设需要的人才队伍。这使得信息技术人才以及专业技术人员培训数量获得了较大的提升，为职业教育信息化发展奠定了相应的技术人才基础。

表8-1　云南省信息技术人才以及专业技术人员培训人数统计表

（单位：人）

电子、信息技术高级紧缺技能人才	500
电子、信息技术中级紧缺技能人才	4000
电子、信息技术初级紧缺技能人才	20000
专业技术人员培训	10000

数据来源：《云南省国民经济和社会发展信息化“十一五”专项规划（2006—2010年）》

为巩固职业教育信息化建设成果，一是通过改进职业教育与科研基础条件网络平台，建立相应的职业教育远程系统，完善职业教育的公用教育信息资源库，以此提高教育与科研设备网络化利用水平，推动教育与科研资源的共享，也让偏远地区的职业院校能够获得优质教学资源。二是在前期基础上提高云南省的学校校园网覆盖率，积极推进“校校通”工程，把校园网的服务范围延伸到职业教育区域。此举提升了职业院校的教育教学、学校管理、信息管理、后勤管理等效率，为构建职业现代化教育环境奠定了基础。三是建立信息技术人才库、信息技术人员流动服务体系与人才培养和评价体系，强化专业技术教育、职业教育、技能培训，着力培养社会紧缺的信息化中高级人才。在促进信息资源共享的同时，也促进职业教育信息化人才培养模式的创新，为专业人才掌握信息技术及职业教育复合型人才培养进行外部资源的支持与巩固。

（三）信息化开放共享期（2011—2015 年）

这一时期，云南省在建立完整的职业教育信息化资源库的基础上，主要发展现代远程教育共享、智能管理与农村信息化职业教育；重点推进信息技术与课堂教学的融合，提升职业院校教师的信息素养。

为加强职业院校的信息化基础建设，一是稳步推进职业教育信息化工作，深入开展“三通”（宽带网络校校通、优质资源班班通、网络学习空间人人通）项目，建设教育资源公共服务平台和教育管理公共服务平台；通过整合社会、行业企业与精品课程的优质教学资源，提升数字教育资源在职业院校中的覆盖率；这样的数字教学资源通过现代远程教学模式，为云南省职业院校提供开放优质的课程，实现教育资源共享最大化。二是进行职业教育数字智能管理，各州教育局建立相应的大数据监测；在保障基础与义务教育的监测基础上，也实现了向职业教育的延伸，以此提升职业教育质量。三是云南省坚持学校教育与职业教育信息化培训并举，完善校企合作、工学结合、顶岗实习的人才培养模式，将信息技术与课堂教学相融合，通过网课、视频等虚拟模式向学生展示技能操作过程，实现职业学校教育与岗位技能需求对接；同时向职业院校的教师开展信息化培训，成立信息化培训班，主要讲授大数据时代的信息使用、信息化资源库的课程提取、教学方式的变化以及移动 APP 应用的安全风险及防范等，进一步提升了职业院校教师的信息化水平与素养。

由于农业是云南省的基础性产业，其发展水平直接关系到本省农民增收和经济增长。因此，以促进农民的脱贫与收入提升为目的来进行的职业教育十分必要，云南省职业教育通过信息教育培训渠道促进了农业人员知识技能提升，通过完善县、乡、村三级农民职业教育培训网络建设和管理，建立相应的信息化培训体系，扩大了农村职业教育培训覆盖面。

（四）教育信息深度融合期（2016—2020 年）

这一时期，云南省职业教育信息化的发展主要体现在光纤网络、数字化智慧校园、教育测评服务体系与教育资源云平台建设方面，重点推进线上线下教学模式的创新、个性化教育、智慧教育以及通过信息化提升实训教学水平，力求在职业教育领域将信息技术与教育深度融合，构建一体化“互联网＋教育”大平台。

云南省在此教育信息的深度融合期，一是建立了“四全两有”（全覆盖、全高速、全应用、全管控，有专用通道、有校园网络）“万兆主干、千兆到校，百兆到班”教育光纤网络项目，加快了数字化智慧校园建设，加大了职业教育大数据的整合、共享、开发等力度，提升了职业教育管理水平，建成了信息化的职业智慧学校。二是从 2017 年开始，启动了初期覆盖职业院校的教育教学质量监测及教育测评服务体系建设，充分发挥了应用信息技术的统计分析优势。三是加快省、州市两级教育资源平台建设，整合与引入各级各类学校教学资源和课堂教学案例，实施名师课堂和名校课堂；利用教育资源平台和网络学习空间，实现教育资源共建共享，为州市县学校提供服务；部分职业学校结合学校教育、科研和与企业跨界融合的需求，进一步加强和完善了教育资源平台建设。

在教学方面，云南省的职业教育也加强了信息化与实训的融合。各职业院校通过开发虚拟仿真实训教育应用软件，建设了一批融合仿真技术、体感技术等新技术的职业教育信息化实训基地，开发了校企合作的职业教育信息化课程；通过远程教学，同步操作直播等方式，提升了职业学校日常教学水平，为职业教育的现代化发展提供了支撑与引领作用。

二、云南职业教育信息化的特征与经验

（一）云南职业教育信息化的特征

由于云南省的信息技术发展是逐渐向职业教育延伸的过程，因此，云南省的职业教育信息化从初步建设探索到现在的教育信息深度融合，经历了漫长的发展过程，探索出了具有边疆特色的信息化建设；同时也具有数字化、个性化、共享化、网络化等特点，推动了职业教育变革和创新，培养了大批高素质、高质量的技术技能人才。职业教育信息化是职业教育现代化发展的重要支点，通过带动信息化发展能够促进高质量的现代化教育模式形成，为新时期的职业教育发展添砖加瓦。

1. 改善数字化校园环境

数字化的学习环境是保障职业教育信息化发展的基础。近年来，云南省各地市职业院校的学习环境都有相应的改善。如昆明市通过加强职业教育信息化投入，建立了信息、技术、行业、教育一体化立体网络，建成了职业教育信息化资源库；全市在职业学校中初步建成了“数字校园”，并建成了5－8所信息化示范职业院校；同时加强与企业之间的合作，如与联合永道公司合作，向个别职业院校赠送了教学教务、学工管理产品，支持了职业院校“智慧校园”建设，推动了当地院校职业教育的可视化、智能化、科学化发展。玉溪市通过建立玉溪信息化职教园区和玉溪华为云计算中心等方式，打造了职业教育科教创新城与“互联网＋”模式；玉溪市工业财贸学校还建立了互联网创业产业园区。文山州职教园区通过提升生均图书和教学仪器设备总值，将职业院校的规范化、信息化和现代化水平大幅提升，为数字化教学环境的提升奠定了基础。楚雄州的楚雄技师学院依托“智慧校园”平台 Ynedut 提升教师教学效率与水平；教师在实际教学中依靠 Ynedut，结合不同维度，采用5步排课法“导入开课计划→教学任务安排→排课条件设置→手动/自动排课→课表预览/发布”进行排课，合理检测未排课程，有效解决漏排、错排等问题，提升了教师教育教学的质量。云南省各个地市州的职业院校与职教园区通过提升信息化基础设施比例，逐步开启了“智慧校园”时代，使得校园与园区的教学环境成效明显，大大提升了教育信息化进程，提高了职业院校的管理水平和学校核心竞争力。

2. 深化职业教学资源库建设

职业教学资源库是职业院校教学的基础与支柱。云南省通过职业教育专业教学资源库建设，建立了数字化教学资源共建共享机制，在资源库中开发相应的网络学习课程，打造了一批职业教育网络精品课程，加快了数字化教学模式的广泛应用；同时对教师进行现代信息技术应用能力的培训，教师可以筛选教学资源库中优秀课程视频与课程进行模仿学习，以此提高教师的专业教学水平与教学质量。如楚雄州建立了与行业企业、科研院所等单位有效对接的开放性职业教育网络，开发了职业教育综合管理信息系统，整合了数字化信息资源，努力实现了职业教育信息互联互通、数字化管理和资源共享，提高了教学质量。再如玉溪市市级财政每年将500万经费专项用于教育教学资源库开发建设、扩容和更新，建成了涵盖全过程管理、全场景教学、全天候学习与评价的玉溪教育云平台，将优质的教育资源汇集。又如云南能源职业技术学院通过引进“共享型专业教学资源库云综合平台”，实现了教学资源共享与信息传递，促进了该校互联网教学的发展，也对推进学校信息化教学的全面发展起到了重要作用。总体来看，云南省通过建立全省职业教育数字资源共建共享联盟和数字化教学资源共建共享机制，开发相应的优秀教学教案和精品教学视频等数字化教学资源，同时加快数字化专业课程体系建设，在专业课程中广泛使用计算机仿真教学、远程实时教育等技术，创新网络教学模式，使各地区的教师和学生都能享受优质教育资源，促进了职业教育的信息化公平发展。

3. 建立信息化教师队伍支持体系

教师队伍的信息化培养是职业教育信息化的保障，也为提高全体教师教育技术能力和大规模培养教育技术人才奠定了良好的基础。提升职业院校教师队伍的信息素养，有利于促进信息技术与课堂教学的融合，也能将职业教育信息化应用水平大幅提升。如文山州全面打破各学校编制的限制和办学资源的隶属关系，建立起职教资源互补共享、教师教学互教互动的新型职教信息化教师队伍体系与运行模式，鼓励职业院校教师队伍培养与发展掌握网络互动教学、移动学习、个性化辅导等技能。楚雄州在各县市、州属学校全面完成“网络学习空间人人通”建设，同时建立全州教师（含职业学校）的网络教研空间，为职业院校的教师提供个性化、实名制的网络空间服务；同时，楚雄州有效开展了对口帮扶工作，南京大学和国家教育行政学院等高校与楚雄州开展对口帮扶项目，帮助培训全州中小学、幼儿园和职业教育教师1000多人次，职业院校教师通过培训学习了发达地区的优质教学方法和使用共享的信息化资源，提升了实际教学质量与水平。再如玉溪市职业院校的教师通过使用多媒体进行教学，应用现代化教学资源辅助教学，真正实现了授课模式转变、课堂效率改善，使得课堂教学效果提升；教师也能够利用信息化建设平台，更多关注教学过程、教学规律、学生学习过程和学习规律，促进教师对常规课程进行积极探索和改进。云南省通过建设职业院校教师信息管理系统，加强了教师现代信息技术能力培训，将现代信息技术应用能力作为教师评聘考核的重要内容，建立了职业教育信息化教师队伍支持体系。此举不仅能提升职业院校教师信息化应用水平，也能完善信息化教学过程，为职业教育信息化发展奠定人才基础。

（二）云南职业教育信息化的经验

云南省地处边疆，长期以来职业教育发展相对落后，优质教育资源短缺，因此，职业教育信息化建设方式与沿海发达地区或其他省市不同。为了促进职业教育的现代化发展，云南省积极推进职业教育信息化建设，主要通过数字化校园的环境支撑、职业教育资源库的平台管理以及信息化教师队伍培训等方式，打破职业教育教学的时间、空间边界。其中，提升职业院校网络覆盖率和满足职业教育的个性化需求是信息化发展过程中的重要基础，也为具有边疆地区特色的职业教育信息化道路的发展提供了经验。

1. 提升职业院校网络覆盖率

云南省通过实施职业教育信息化提升工程，加快推进职业教育教学信息化和管理信息化建设。在政策方面，《云南省人民政府贯彻落实国务院关于加快发展现代职业教育决定的实施意见》中提出，要求省教育厅、人力资源社会保障厅、财政厅、工业和信息化委以及有关行业协会持续实施职业院校宽带网络校校通和数字资源基本共建共享等项目，并要求覆盖100%的职业院校。同时，《云南省现代职业教育体系建设规划（2015—2020年）》也提出要加大对边疆民族地区职业院校的投入，改善学校办学条件；对迪庆州、怒江州初、高中毕业未能继续升学的农村户籍学生开展“职业教育全覆盖”试点工作，率先在边疆民族地区实现免费中等职业教育。政策的保障与指导提升了职业院校的信息化建设速度。在具体实施方面，云南省作为率先实现学校宽带网络覆盖的省份，建立了完善的职业院校教育网络光纤项目，有效地解决了地市州职业院校基础网络的问题。特别是文山州以高等职业教育为龙头，构建了覆盖全州城乡的职业教育改革发展示范网络，为文山州职业教育信息化发展奠定了基础。同时，云南是首个使用“职教云”系统的省份，2016年使用“职教云”平台的职业院校就有100多所，覆盖了50余万学生。职业院校网络覆盖率是职业教育信息化的基础，促进网络基础建设能够实现信息与数据的传递与共享，提升现代化建设能力。

2. 满足职业教育个性化需求

职业教育的个性化需求包括学习者、教学者和管理者的需求。云南省职业教育通过整合院校内各个专业的教育信息化学习资源，升级了专业教学资源库建设，丰富了职业教育学习资源系统；同时，借助慕课服务，汇聚高校、企业等各方力量，提供精品大规模在线开放课程，达成优质的个性化学习体验，逐渐打造了能够满足个性化需求的现代教育信息服务平台。

至2017年底，云南省建成安全保障到位的五大类20个教育管理系统和教育数据中心，整合、开发、应用教育大数据，为教育管理、决策、评估服务；州市县和高校、职业学校结合需求，建设和完善与国家、省教育管理平台功能互补的管理平台和管理信息系统。职业院校利用数据整合与管理的功能，分析当前发展状况，为职业院校提供个性化发展路径。同时，地市州也采取措施提升信息个性化服务。例如文山州在2016年就全面完成各县市、州属学校“网络学习空间人人通”建设，也向职业教育提供了个性化、实名制的网络空间服务，满足了职业院校学习者与教学者的个性化需求。楚雄技师学院的职工也通过信息化培训，掌握了软件开发、系统设计、网络安全、界面设计等技能，学习到了更多数字化校园和互联网教学技术理念，这类培训是按需培训，不仅仅是专业对口，也打造了管理者个性化需求方案，获得了来自职教集团内校企共同的支持，满足了职业教育管理者学习的个性化需求。玉溪市通过职业教育信息化管理工作，建立了教育管理服务平台和教育评价平台；2017 年，玉溪教育云平台实名注册师生达25 万人，活跃度达56%，注册人群中也包括了职业教育的学习者。这样的方式满足了职业教育学习者的个性化需求，具有随时可学的优点，提升了职业教育质量。

三、大数据时代下云南职业教育信息化未来展望

目前，云南省职业教育信息化虽然发展到了一定规模，为信息化教学提供了基本环境，但仍然存在质量不高，建设基础不均衡与重硬件轻资源等问题。云南省城乡与地市之间存在一定的差距，各个地方的资源库的平台管理互通性较差，资源整合度与共享性有待提升。特别是偏远地区职业学院的信息化水平薄弱，教师的信息化技术应用能力也有待提升。同时，云南是一个多民族地区，具有特色的民族产业占比较大，因此地方职业教育中与课程教学融合配套的优质实用教学资源不足，原创性优质课程建设不明显。在大数据时代以及人工智能快速发展的今天，与经济产业发展紧密相关的职业教育如何发展？如何进行教育的信息化？这就需要我们加大政府、企业、院校的多方投入，开展创新应用试验，建立完善的政策扶持机制。同时需要以产教融合模式促进信息化建设的稳定发展，构建相应的可持续发展的创新模式，为职业教育现代化奠定坚实基础。

（一）加大信息化建设多方投入

2018 年教育部印发的《教育信息化 2.0 行动计划》中明确提出，要汇聚高校、企业等各方力量，提供精品大规模在线开放课程，达成优质的个性化学习体验，满足学习者、教学者和管理者的个性化需求。但目前云南省职业教育信息化建设主要由政府牵头，以财政拨款实施为主，院校根据相应政策指标进行信息化设备采购。这样的方式缺少灵活性，将职业院校个性化发展与企业参与办学模式置于被动地位。因此需要加大地方政府、企业、院校对职业教育信息化投入，构建一个完善的信息化体系。

在地方政府层面，地方政府作为未来职业教育信息化发展的领航者与决策者，需要制定完善的信息化发展措施和分层落实工作；需要统筹规划全省职业教育信息化发展方向，同时明确地区、院校信息化建设重点，合理规划地方财政拨款，建立完善的政策扶持机制，应对不同地区职业教育发展差距。在企业

方面，需要企业以岗位需求引导云南省职业院校的信息化发展；鼓励有先进技术资源的信息化企业参与职业院校的专业建设和个性化人才培养，合作建立信息化全真模拟实训基地，为职业教育信息化建设提供最实用的信息化设备支持。在院校方面，作为职业教育信息化建设的主体，院校需要加强信息化基础设备质量建设，解决设备不均匀、教学效果差、引用资源少等问题，同时提升职业院校教师信息化技术能力，培养完备的信息化师资队伍；再者，需要加强与企业、政府之间的沟通与合作，利用分析互联网大数据等方式调整专业建设与人才培养方案，建立完备的多元化管理模式。

（二）完善对口帮扶机制

对口帮扶是我国一项关于发达地区帮扶贫困落后地区的措施。云南省地处西南边陲，职业教育发展速度与质量落后于发达地区。虽然目前昆明市、文山州、楚雄州等地市州已经建立了相应的职业教育对口帮扶机制和依托发达地区大数据的网络资源平台，能够弥补一系列教育资源匮乏、师资质量不高等问题，但要完善机制，使其发挥效益最大化，仍然需要多方不懈努力。

首先，需要制定相应的对口帮扶的政策来保障制度运行。例如，可以运用财政资助、资源共享、名誉授予、政策支持等方式，鼓励发达地区拥有优质职业教育资源的院校参与项目合作；对口帮扶单位可以依据云南省各地市州不同的职业教育与经济发展状况，采取几个单位对口帮扶一个地市的方式，合作建立全省全覆盖的职业教育资源共享平台，在师资培训、专业共建、实训基地援建等方面开展合作。其次，利用项目引进对口帮扶项目资金，建立信息化设备管理体系，集聚优质教育资源，探索出依托互联网的异地同堂上课的网上教学模式。对口帮扶单位与职业院校通过分享、互动和体验，完善全省的职业教育对口帮扶机制，为推动职业教育创新发展和合作交流进行积极的探索和实践。

（三）深入开展基于新技术和新理念的教育信息化创新应用试验

1. 创新教学模式

2020 年，教育部印发了《2020 年教育信息化和网络安全重点工作要点》，提出要启动百区千校万课引领行动，遴选 30 个典型区域、50 所职业教育标杆学校与 200 堂职业教育示范课例；要切实把教育信息化的工作实效体现到教与学这两个关键环节上来，助推教育改革，提高教育质量。在职业教育信息化发展的今天，虽然有了大数据互联网与信息设备硬件的支持，但云南省大部分地区仍然沿用以往的线下教学模式。教师将资源库中的课程直接播放，加上教学讲授后进入实训基地进行实践演练，这种模式虽然能够使学生掌握专业知识，但没有与学生的学习反馈相结合，具有机械、不灵活的缺点。因此，如何提升职业教育的教学质量并创新教学模式？这就需要改变以往教育理念，运用新技术将网络在线学习和传统课堂教学相互结合起来。

第一，职业院校需要利用职业教育资源库的平台，把线上与线下教学融合，使用一定的教学方法与策略，切实把教育信息化的工作实效体现到教与学这两个关键环节上来，助推教育改革，提高教育质量。

第二，要在课前、课中、课后三个阶段将信息化教学与时机教学深层次交互融合。在课前，职业院校的教师可以采用翻转课堂的形式，利用网络资源鼓励学生自主预习；学生对上课内容有一定理解后，带着问题进入正式课堂，提升课堂教学效率。课中需要借用信息化手段进行助学督导，及时提醒学生讲授的内容；同时利用AI技术加强虚拟实训模拟，提升学生的实践能力。课后利用数据处理等方式将课中的学习内容总结，使学生不断巩固已学知识；也可以利用数字化平台让教师得到学生的学习反馈，有助于提升教学质量，促进学生个性化发展。

2. 创新学习方式

学习方式主要由合作、自主和探究这三个维度组成。云南省职业教育在信息化的教学背景下，学习方式从以课本、课堂、老师为中心转变为以学生为中心，使得学习方式更为灵活和个性化。但由于云南省各个地域的职业教育发展情况不同，想要完善信息化学习方式，仍然需要职业教育进行长时间的理念更新与实践。

第一，可以借助大数据分析云南职业教育不同地区、不同专业的具体情况，在资源平台上通过共享、交流等方式，结合发达地区的相似专业学习方式模板，探索出真正有效的、符合地区发展的职业教育信息化学习方式，完善全省信息化布局。

第二，教师在创新学习方式过程中要起到引领与纠正的作用。通过借助信息化教学模式，在教学过程中鼓励学生利用信息手段主动学习、自主学习，使学生参与到课堂学习过程中；教师可以利用视频、虚拟动画、AI智能等新颖的方式引起学生学习兴趣，提升学生的主动性；学生可以通过合作、探究等方式，借助信息资源，完善自己的学习成果，展现个性，整个学习过程将变得具有开放性。这些可以增强学生运用信息技术分析解决问题的能力，培养学生利用多种学习方式获得技能和知识的能力。信息化教学背景下的学习特点使学习方式的三个维度得以凸显，这样的优势是真正将学生作为教学的主体，能促进职业院校学生的专业化和个性化发展。

（四）构建云南职业教育信息化可持续发展的生态创新模式

云南省目前职业教育信息化主要是由地方政府主导，以院校实施信息化基础建设的方式发展。这虽然在一定程度上将现代信息技术与职业教育进行深度结合，提高了教育、教学、管理、决策和科研的信息技术应用水平，但缺乏院校、行业、企业的自主参与，职业教育可持续发展动力不足。如何促进职业教育信息化可持续发展？需要我们转换传统教育思维，塑造具有创新性的教育生态系统。

职业教育的发展与市场发展联系十分紧密，因此需要建立一个地方政府支持、企业参与、院校供应人才的复合化教育生态系统。首先，云南的职业教育要借助互联网工具，利用问卷、数据整理等方式，研究市场用工需求、学生与教师需求，以及新型行业、企业发展与岗位需求；需要利用互联网思维与企业思维，树立“用户意识”，关注“用户体验”。一方面进行深度校企合作，使职业院校在课程开发、专业设置与教学过程方面关注企业发展需求，融合院校与企业的发展目标，促进办学质量提升；另一方面将学生做为教学服务的主体对象，提升学生技术技能发展。其次，要研究国家的信息化未来发展的相关政策，改善人才培养机制。最后，需要深度研究职业教育与信息化教育变革关系，了解网络学习空间、教学资源库、混合式教学模式的具体发展模式，改变职业教育培养要求，顺应信息智能化、人机化、在线协作化的特征。职业教育应该依靠互联网发展前景与信息化设备，建设支持人机协作的智能学习空间，开展模拟真实工作的在线协作学习项目，促进职业教育信息化的可持续发展，为职业教育现代化提供坚实基础与保障。

第九章　云南职业教育国际化

改革开放以来，我国在经济、科技等领域都取得了迅猛发展，整体教育水平得到大幅度提升。但我国西部地区受地理条件的限制，其教育发展要远远落后于东部沿海地区，其教育理念、办学规模、师资建设等方面都具有滞后性、封闭性等特点。经过近几十年的艰苦奋斗，西部教育在原本条件薄弱的基础上取得了一定的发展。就云南省而言，云南省地理位置特殊，地处祖国西南边陲，与南亚、东南亚多个国家接壤，且是民族最多的省份，经济发展较为缓慢。近年来，“一带一路”建设助推云南省积极发挥独特区位优势，在教育交流与合作方面取得显著成效，众多职业院校都对国际化进行了探索，职业教育国际化程度也日趋提升。

一、相关概念界定

（一）国际化

国际化的概念已经成为高等教育的重要话题之一。Laesvirta（1994）就指出，美国传统字典（American Heritage Dictionnary）把作为动词的“国际”（to internationalize）定义为“成为国际的”（to make international），解释为“置于国际的控制之下”（to put under international control）。“国际”在《语言大典》中解释为“存在于各国或它们的公民之间或中间的；关于各国的交流的；有两个或更多国家参加，两个或更多国家共有的；或影响两个或更多国家的。”关于“化”的理解，根据《汉语大词典简编》，“化”作为后缀，加在名词或形容词之后构成动词，表示转变成某种性质或状态。

学者万峰认为，国际化是世界历史演进中的普遍现象，是由地区到全球，由相互隔绝到相互交流融合并且日益走向世界的发展过程。美国学者赖肖尔认为，国际化的概念有广义和狭义之分。广义国际化指与外国接触、相互影响。这种国际化包含的范围很广，其最初的表现形式有通商、文化传播、战争等。

狭义国际化指世界作为一个共同体而连结起来。它是随着近代化这一巨大历史趋势不断发展，才在最近出现的概念。还有人认为所谓国际化就是与外界进行物质、能量、信息的沟通、交流，以促进和保持高水准的稳态发展。笔者认为，国际化是在世界不同国家不同地区的发展历程中，本民族的政治、经济、文化等方面对世界其他国家的各个方面发生影响的过程，这种影响过程是动态的、双向性的。

（二）教育国际化

在经济全球化背景下，政府、名企、人力资源专家、高校教师和高教理论研究学者对于培养国际化人才的呼声越来越高，国际化已成为教育理论、实践领域无法忽视的研究内容。

目前，有关教育国际化的概念，教育领域的专家与学者们在以下四个方面进行了解释。第一种解释是：教育国际化指的是一个活动，包括本土课程与国际课程进行接轨、师生进行国际化往来交流、跨境的学校之间进行技术援助等活动。第二种解释是：教育国际化是一种手段，用以培养学生的国际化意识、国际化语言交往能力和国际性知识与技能，并提升教师的国际化教学水平，加强学校工作人员的国际化治学能力。第三种解释是：将教育国际化理解成为一种校园文化，指的是一所学校里配有外国国籍的老师，有在此留学的外国学生，学校为学生提供不同类型的国际化合作项目，校内设有与国外企业的合作中心，以及在校园内有开办的外国学者的讲座，整个学校蕴含着国际化氛围。第四种解释是：教育国际化是一个动态的过程，是把国际上那些跨文化界限的先进教育思想和教学理念融入本国的人才培养模式、学术科研工作以及社会服务当中。笔者将教育国际化的概念定义为：将国际化的教育理念和手段融入学校日常的教学、科研、服务当中，使学生通过文化知识、实践训练和交流合作的学习与培养，最终成为一个具有包容多元文化能力的人。

（三）职业教育国际化

对于职业教育国际化的内涵，不同学者从不同的角度对其进行了定义。

有人认为，高等职业教育天然就具有国际化的某种属性。而究其内涵，职业教育国际化是指在经济全球化的大背景下，各个主权国家在高级技术应用性教育方面相互交流、相互借鉴的过程。还有人认为职业教育国际化是指一个国家的职业教育以国内化为基础和前提，面向国际发展的、动态的、渐进的过程，是把国际的、跨民族的、跨文化的、全球的观念融合到职业教育教学、科研和服务诸功能中，提高本国办学水平的过程。

以上观点均从不同的角度对职业教育国际化进行了界定，笔者认为，职业教育国际化是指职业教育的合作与交流，是一种渐进的动态过程。它要求在世界职业教育发展的大背景之中，将我国职业教育的发展和改革融入进去，站在国际的战略高度上，结合本国实际国情，与其他国家展开合作与交流，达到教育资源共享。其核心是要培养具有国际素质、知识结构和应变能力的应用型人才。

二、职业教育国际化的基本要素

高等职业教育国际化涉及到高等职业教育的各个方面，包含着极为广泛的内容，但概括地说，其基本构成要素包括以下几个方面。

（一）教育观念国际化

职业教育国际化的前提首先在于要有国际化的教育观念，要从全球的视角出发来认识教育的改革与发展问题。如日本政府早在 20 世纪 50 年代中期即已开始意识到："以国际化观点进行教育改革是关系到我国生存与发展的重要问题。"日本文部省 1995 年编写的《教育白皮书》提出："为增进国际理解，确保世界和平与国际社会的稳定，必须继续有计划地推进教育、文化、体育领域内的交流与合作，建立国际信赖关系，并且进一步对外开放。"日本教育理论家喜多村和之教授强调教育应该向三个方向发展：一是能够为他国、他民族所承认和接受；二是能够与外国进行平等交流；三是能够充分对外开放。美国高等教育专家、前卡内基高等教育政策研究理事会主席克拉克·科尔曾认为，教育关注的是整个世界，而不只是其中的某一部分。知识无国界，各国知识分子都有助于扩展人类的知识和人类相互理解的广度，通过获得知识和技能，能够使受过教育的人们在更多的国家和文化中发挥作用。大多数公众具有良好全球意识的国家，在国际上将更具有优势。1992 年，法国有 1.5 万大学生参加了旨在鼓励和促进欧共体成员国之间大学生的交流，发展高等学校之间的联系的伊拉斯莫斯计划（ERASMUS）。澳大利亚政府认为国际教育在澳大利亚的国际关系中占据着越来越重要的地位，能够在国际关系中扩展经济、文化和人际层面，能够通过更广阔的国际视野丰富其教育培训系统，并拓宽社会纬度。

职业教育国际化是 21 世纪职业教育发展的新理念。我们应该牢固地确立职业教育国际化观念，从全球的视角出发来认识职业教育的改革与发展问题，主动跻身于国际教育市场，在策划、实施与国际化接轨的过程中，正确理解并重视国际化意识的培育，为加快国际化进程奠定坚实的思想基础。

（二）培养目标国际化

越来越多的国家在职业教育培养人才的目标上增加了国际化的内容。一方面是在思想上要培养学生的国际意识，主要是指为增进不同民族、文化的相互理解而加强国际理解教育，使学生能够深刻理解多元文化，能够在国际文化交流中充分沟通思想，能够从国际社会和全人类的广阔视野出发判断事物。如美国提出要培养“有国际眼光的人”，使学生“会讲一门外语并通晓他国文化”。日本“临时教育审议会”在对高等教育国际化的有关建议中指出，只有做一个出色的国际人，才能做一个出色的日本人。在国际社会中要想生存下去，除了牢固掌握本国文化外，还应该对各国的文化和传统加深理解。中央教育审议会也指出，国际交流的基础是“培养在国际社会中被信赖和尊敬的人，同时还应该增进相互间的团结与发展”。另一方面是在能力上培养具有在国际市场竞争的能力，使学生掌握一些将来在国际社会中工作所必备的知识和技能。具体来说，要使培养出来的人才能够懂科技，通外语，会经营，善管理，具有较强的国际意识，通晓国际贸易、金融、法律知识，能够适应国外工作和生活环境。为此，必须注重外语的教学，因为外语不仅是学习别国文化、了解世界文明、扩大不同国家人民之间交流的重要工具，同时，掌握外语也是政府机构、跨国公司和许多社会部门未来雇员的重要条件。

（三）国际化课程实施

为了实现职业教育国际化的目标，在课程中增加国际化的内容至关重要。国际化的课程是一种为国内外学生设计的课程，在内容上趋向国际化，旨在培养学生能在国际化和多元文化的社会工作环境下生存的能力（OECD，1996）。从实用的角度来说，课程的国际化有两个好处：一是给那些没有去国外留学的学生提供接受国际化教育的机会；二是能够提高课程对外国留学生的吸引力，他们的参与对本国学生和教学过程都有益处（Yu Kameoka. 1996）。课程的国际化，不仅要开设许多关于其他国家和国际问题的课程，而且所有课程都应该体现国际观点。美国的伯恩教授曾经指出，一个学科如果只体现本国经验，而排斥其他国家的经验，“就是欺骗学生和反映一种愚的沙文主义”。课程的国际化基本上有以下几种方式：一是开设专门的国际教育课程。正如伯恩教授所说的，国际教育要求在国际的框架内讲授一个学科，以便使学生意识到所有国家的相互联系以及诸如贫穷和种族歧视等问题的普遍性。二是开设注重国际主题的新课程，如创设国际关系、国际经济、国际贸易等新课程，或是增设信息科学、比较文化学等有国际化内容的课程。三是在已有课程中增加一些国际方面的内容，如在教材上或采用国外教材，或在自编教材中大量吸收国外同类教材中的内容，或指定相当数量的国外教材和有关论著作为教学参考书目。在内容上紧密关注国际上本学科的最新动向，及时让学生了解最新研究成果。四是推进国际普遍关注的重大课题的研究，如环境科学、航天科学、能源科学、宇宙科学、生命科学等。五是注重地区研究。地区研究不仅对于加强和促进学术发展必不可少，而且对于国家利益也至关重要。六是建立校际联系，如派遣小语种专业学生至境外交换实习等。这种方式为学生提供了较好的国际交流实践的机会，有利于开阔学生的视野，增长学生的国际知识。

（四）师生的国际交流

学生结构国际化、教师队伍国际化是人员国际交流的两个重要部分。学生结构的国际化水平，是衡量一所院校国际化程度的重要标志，主要看留学生数与在校生数的比例、留学生来源国分布、留学生专业分布以及本校学生到国外进行交流学习与研究的数量。教师结构国际化，可以从本校教师中外籍教师、留学归国人员以及在知名跨国公司的技术或管理骨干的比例来衡量。

开展国际学生教育能够带来多方面的利益，学生的交流已经形成一个充满竞争的国际留学生市场。据《中国留学发展报告 2016》研究显示，1978—2015年中国出国留学的人数累计已达 404.21 万人。大规模的学生留学国外，不仅有助于各国学生之间的相互学习，而且有利于扩展课程内容的国际广度，开展跨文化的研究与讨论，招聘更多具有国际经验的专家。许多国家纷纷制定政策吸引外国留学生。现代的科技文化交流是一种双向交流，许多国家都已意识到，要培养出国际型人才，增进民族间的相互理解，就必须派学生到相关国家去了解该国的历史、文化、风土人情，去参与该国的生活，才能够真正深入地理解对方。所以要在吸引外国留学生到本国留学的同时，也加大选派学生出国留学的力度。

教师的国际交流是高等教育国际化的一个核心部分，具有国际知识和经验的教师可以直接推动教学、科研向着国际化的方向发展。因此，近年来许多国家的高校都采取多种形式增加教师出国访问进修的数量，同时还面向世界招聘教师和学者。如新加坡国立大学分别在纽约和伦敦设立教师招聘办事处，派专人到欧美、日本、澳洲等地的名牌大学物色人才，高薪聘请著名学者、专家来校任教。美国更是以其强大的政治影响、雄厚的经济实力、先进的教学科研条件和优厚的工作生活待遇吸引了大批国外优秀的专家学者。除了聘请高水平的教师来校任教外，不少学校还邀请国际知名学者、专家进行短期访问和讲学，或聘请著名学者为名誉教授或客座教授。这样一方面使教师队伍趋于国际化，另一方面也使教育思想观念、课程和教学向着国际化的方向发展。

（五）国际学术交流与合作

开展国际学术交流与合作研究，是职业教育国际化的又一重要内容。国际学术交流无论对学生的发展还是对学者的研究都有着极为重要的意义。联合国教科文组织 1995 年提交的《关于高等教育的变革与发展的政策性文件》指出："国际合作是世界学术界的共同目标，而且还是确保高等教育机构的工作性质和效果所不可缺少的条件。高等教育已在知识的发展转让和分享方面发挥了主要作用，因而学术上的国际合作应为全面开发人类的潜力做出贡献。"隶属于高等教育的高等职业教育同是如此。目前国际学术交流与合作研究主要有以下几种方式：一是通过有关国际组织进行国际合作研究。如通过联合国教科文组织、国际学术联合会议（ICSU）等机构设立的有关项目进行共同研究。1972 年联合国大会决定设立的联合国大学，以网络的形式将世界各大学的研究、研修中心与有关大学、机构联系起来，对地球环境、人口、城市、世界和平等问题进行研究。二是进行校际合作研究。如日本与进行合作研究的国家各自设立定点学校，根据特定研究领域的交流项目，在其他大学的协作下，各大学之间进行有组织的共同研究。三是进行研究人员的交流，即邀请国外学者来访问、讲学或派本国学者出国留学、访问等。四是通过国际会议进行学术交流。各国都制订了一些制度，支持、推动学者积极参加国内外组织的各种学术活动。五是开展学术信息交流资助研究成果的发表，推动职业院校通过国际互联网交流数据和研究成果等。

（六）教育资源国际共享

现代交通和通讯技术突飞猛进的发展，缩短了时空的距离，使各国间人员、物资、信息的交流极为便利，这为教育资源的国际共享提供了条件。从信息资源的角度来说，现代信息传播的便捷，尤其是"信息高速公路"的世界联网，使得信息资源能够实现一定程度的国际共享。国际互联网、虚拟大学、电子图书馆等设施把全世界各个角落的学生、学者和研究人员联系起来，使其坐在家中就能够掌握最前沿的科技知识，了解最新的学术动态，与地球另一端的有关人员进行探讨。从物资资源的角度来说，目前物资资源在国际范围内的流通更加广泛快捷，主要通过两种方式进行：一是通过国际有关组织的协调，如联合国教科文组织、经济合作与发展组织、世界银行等组织。它们从多方面进行援助，协助各个国家尤其是较落后国家的教育事业。二是通过发达国家对较落后国家或地区的援助，为其提供人员、技术和资金方面的支援，如派出专家学者到较落后国家讲学、任教，在教学设备或教育技术方面提供援助。此外，还包括向较落后国家的学校提供研究经费，向国外留学生提供助学金，等等。这些方面的援助使落后地区在一定程度上克服了技术落后、资金不足等困难。

三、云南职业教育国际化发展的历程回顾

自改革开放以来，我国职业教育经过四十多年的蓬勃发展，现已进入内涵式发展和质量提升的重要阶段。我国的高等职业教育不断发展，已初步具备在世界舞台上发出中国职教声音、展现中国职教技能、输出中国职教品牌的实力。《2017 中国高等职业教育质量年报》首次评选出高等职业院校国际影响力 50 强，其中云南交通职业技术学院、云南旅游职业学院、云南文化艺术职业学院、昆明冶金高等专科学校等四所学校上榜。云南地处于西部欠发达地区，在办学基础和经济发展水平相对落后的情况下，积极推进国际合作和开放办学，促进云南职业教育在国际化方面获得了长足的发展，进一步提升了云南职业教育国际化的层次与水平，这并非一蹴而就，而是历经了较长的过程。

（一）云南职业教育国际化的缓慢起步（1978—2000 年）

改革开放初期，云南高等教育对外开放进程较缓慢，教育国际化水平不高。随着改革开放的不断深入，中国与周边国家各领域合作日益密切，云南高等教育对外开放迎来了机遇。

1978 年，邓小平同志“两个不怕”讲话的发表为中国教育国际化发展解禁。在此背景下，职业教育从成立之初就与普通高等教育一起翻开了国际化的新篇。进入 20 世纪 90 年代，教育对外开放及国际交流合作继续发展，国家逐渐放宽了对公派留学条件的限制，越来越多的单位、高校（含高职）获取了自主外派留学人员的权利。随着沿海地区的高职院校开始与海外院校建立合作关系，云南也发挥自己的区位优势，积极探寻职业教育国际化发展途径。1992 年，大湄公河次区域经济合作（简称 GMS）机制正式启动，成员包括中国的云南、广西及缅甸、老挝、泰国、柬埔寨和越南。云南开始成为面向东南亚开放的前沿，与东南亚国家的合作与交往日趋频繁。

（二）云南职业教育国际化的稳定发展（2001—2015 年）

2001 年，中国加入 WTO 后，我国的教育服务贸易进一步加大了开放力度。《中外合作办学条例》（2003 年）、《中外合作办学条例实施办法》（2004 年）、《关于进一步规范中外合作办学秩序的通知》（2007 年）等系列文件的颁布为职

业教育国际化发展提供了制度基础和法律规范。

在此期间，云南职业教育国际化的内容更加丰富，形式也愈发多样。2003年9月，云南出台了全国第一个地方性法规《云南省接收外国学生暂行管理办法》(云教〔2003〕16号)，从管理体制、留学生招生录取、教学管理、生活、签证等方面对来滇留学生做了较全面和具体的规定。2004年，《云南省政府奖学金招收周边国家留学生管理办法》开始实施，面向越、泰、老、缅、柬等国家招收省政府奖学金留学生。这些积极的政策和优惠的条件，有效地促进了云南省与周边国家的教育合作，东南亚国家来滇留学生数量逐年增多。2004年，来滇留学生达到4569人，其中，来自周边国家的占到65.9%。2008—2011年，来滇留学生总人数除2010年微弱下降外，均较前一年有所增加，分别为7000人、7442人、6776人、8069人。其中GMS五国留学生人数分别占来滇的东南亚国家留学生总人数的70.8%、60.47%、57.04%、56.75%。《云南省接收外国学生暂行管理办法》对于规范云南高校留学生教育，吸引周边国家留学生来滇留学起到了积极的推动作用，同时也推进了云南职业教育国际化的步伐。

2006年7月，云南省委、省政府召开了云南省高校实施“走出去”战略工作会议，出台了《中共云南省委、云南省人民政府关于加快推进高等院校实施“走出去”战略，提高高等教育国际化水平的若干意见》(云发〔2006〕11号)，明确了实施“走出去”战略的指导思想、原则和目标、工作重点、具体措施等，从政策和经费上支持、鼓励高校“走出去”。在这一有利政策的推动下，云南高校积极“走出去”，重点拓展与东南亚、南亚国家高等教育交流与合作领域。会议强调要开展与东南亚、南亚国家的职业教育合作，推动职业学校“走出去”。在“走出去”战略助推下，职业院校也积极行动起来，加快了教育国际化步伐。昆明冶金高等专科学校与越南煤炭工业部合作招收矿业类留学生，为泰国伟成发集团公司培训了200多名各层次冶金高技能人才，与老挝、越南高校签订了合作协议。云南国土资源职业学院组建了云南国土资源职业教育集团，建设了中国面向东南亚、南亚开放的矿产资源人才培养基地，先后与柬埔寨工矿能源部、老挝能源矿产部、老挝理工学院、老挝苏发努冯大学等签署了人才培养合作协议，为对方定向培养矿产资源人才。云南经济管理职业技术学院先后与英国、马来西亚、泰国等国家的12所高校建立了合作关系，实行“3+2教学模式”培养学生。

2015年1月，习近平总书记考察云南时明确提出：“云南要主动服务和融入国家发展战略，闯出一条跨越式发展的路子来，要努力成为民族团结进步示范区；建设生态文明的排头兵；面向南亚东南亚的辐射中心。”同年，国务院发布了《推动共建丝绸之路经济带和21世纪海上丝绸之路的愿景与行动》，云南成为18个沿线重点推进省份之一。经过十多年的建设，云南职业教育国际化水平有了显著提升，在与东南亚国家教育合作方面已基本形成自己的特色和优势。政策支持使云南职业教育拥有更大的发展空间，能够在更大的范围内进行资源配置，在更好的环境中健全机制，促使云南职业教育国际化能稳定、有序、高效发展。

（三）云南职业教育国际化的高速发展（2016年至今）

2016年4月，中共中央办公厅、国务院办公厅颁布的《关于做好新时期教育对外开放工作的若干意见》提出，中西部地区要不断扩大教育对外开放的广度和深度，沿边地区应利用地缘优势，推进与周边国家教育合作交流，形成因地制宜、特色发展的教育对外开放格局。同年，教育部印发《推进共建“一带一路”教育行动》的通知，要求中国教育要充分发挥先导性作用，加强与沿线各国的教育交流，为各国共同发展创建有利条件，这为我国职业教育国际化发展明确了方向。

2017年5月，《云南省教育事业发展“十三五”规划》（云政办发〔2017〕48号）进一步明确，着力扩大教育对外开放，建设中国面向南亚东南亚区域教育辐射中心。发挥我省独特的区位和人文优势，实施共建“一带一路”教育行动，加快推进我省与世界各国特别是南亚东南亚国家间务实的教育交流合作，形成区域教育对外开放特色。打造中国面向南亚东南亚开放重要人才培养基地。建设一批特色鲜明、服务国内和周边国家的人才培养培训基地，大力发展面向南亚东南亚国家开放的高层次复合型人才培养，满足国家“一带一路”发展需要。政策落地后，云南省职业院校抓住机遇，积极拓展对外交流合作途径，如云南交通职业技术学院与泰国教育部直属邦帕空工业及社区教育学院就轨道交通、物流管理及汽车运用与维修技术三个专业在泰国开展境外办学项目，设立中国云南交通职业技术学院泰国邦帕空分校。云南林业职业技术学院与泰国教育部职业教育委员会下属的10所院校签署了合作协议，重点开展交换生项目；同时与加拿大爱德华王子岛大学合作“2+2专升本”双文凭联合培养项目，于2018年秋季开始招生。随着国家“一带一路”建设的实施，云南从内陆边疆地区一跃成为面向南亚东南亚开放的前沿和辐射中心，教育国际化已成为云南高等教育发展的重要战略，职业教育国际化也迎来了新的生机。2021年3月13日，《中华人民共和国国民经济和社会发展第十四个五年规划和2035年远景目标纲要》颁布，明确指出我国应坚持实施更大范围、更宽领域、更深层次的对外开放，依托我国大市场优势，促进国际合作，实现互利共赢。这一系列政策措施加快了云南职业教育国际化的步伐，使其迈入高速发展的快车道。

四、云南职业教育国际化实践

云南地处我国西南边陲，受地理因素的影响，与东部沿海地区相比较，云南职业教育发展起步较晚。但由于国家给予政策支持的“天和”，毗邻南亚东南亚的“地利”，及云南人民踏实勤恳、兢兢业业的“人和”等因素，近年来云南职业教育取得了较大发展，尤其在职业教育国际化上取得了一些成绩。主要表现在以下几方面。

（一）云南职业教育国际化政策梳理

改革开放初期，云南职业教育对外开放进程较缓慢，教育国际化水平不高。随着改革开放的不断深入，中国与周边国家各领域合作日益密切，云南职业教育对外开放迎来了机遇。

1992 年，大湄公河次区域经济合作机制正式启动，云南开始成为面向东南亚开放的前沿，与东南亚国家的合作与交往日趋频繁。2000 年 10 月，《国务院关于实施西部大开发若干政策措施的通知》下发，国家开始实施西部大开发战略。2002 年 11 月，《中国与东盟全面经济合作框架协议》签署，中国—东盟自贸区建设正式启动。2003 年 9 月，云南出台了全国第一个地方性法规《云南省接收外国学生暂行管理办法》（云教〔2003〕16 号），从管理体制、留学生招生录取、教学管理、生活、签证等方面对来滇留学生做了较全面和具体的规定。2004 年，《云南省政府奖学金招收周边国家留学生管理办法》开始实施，面向越、泰、老、缅、柬等国家招收省政府奖学金留学生。2006 年 7 月，云南省委、省政府召开了云南省高校实施“走出去”战略工作会议，出台了《中共云南省委、云南省人民政府关于加快推进高等院校实施“走出去”战略，提高高等教育国际化水平的若干意见》（云发〔2006〕11 号），明确了实施“走出去”战略的指导思想、原则和目标、工作重点、具体措施等，从政策和经费上支持、鼓励高校“走出去”。2009 年 7 月，中共中央总书记胡锦涛在视察云南期间提出要把云南建设成为我国面向西南开放重要桥头堡。2011 年 5 月，《国务院关于支持云南省加快建设面向西南开放重要桥头堡的意见》（国发〔2011〕11 号）提出要优先发展教育事业，支持云南高校与东南亚、南亚国家开展教育交流与合作。2012 年 1 月，云南省教育厅、财政厅、省人民政府外事办公室联合签发了《关于加快云南省高等学校小语种人才培养工作的实施意见》（云教高〔2012〕3 号），从小语种师资队伍、小语种学习环境、小语种人才培养模式、人才培养机制和体系等四个方面提出建设任务，并提供经费和政策支持，鼓励各高校开办东南亚、南亚小语种专业。2013 年，

《云南省教育厅关于进一步加快东南亚、南亚语种人才培养工作的指导意见》明确提出，将通过 3 年努力，力争全省小语种在学学生规模达到 10 万人，学习东南亚、南亚语种学生达到在校学生人数的 20%。在政策的推动下，云南省小语种人才培养进入一个全面发展时期。

2015 年，国务院发布了《推动共建丝绸之路经济带和 21 世纪海上丝绸之路的愿景与行动》，云南成 18 个沿线重点推进省份之一。2016 年 3 月，澜湄合作机制正式启动。“一带一路”倡议、澜湄合作机制为云南对外开放带来了千载难逢的机遇，也对云南与周边国家的合作交流提出了新的更高要求。2016 年 4 月，中共中央办公厅、国务院办公厅颁布的《关于做好新时期教育对外开放工作的若干意见》中提出，中西部地区要不断扩大教育对外开放的广度和深度，沿边地区应利用地缘优势，推进与周边国家教育合作交流，形成因地制宜、特色发展的教育对外开放格局。2016 年 8 月，教育部牵头制定了《推进共建“一带一路”教育行动》，强调应突出地方共建“一带一路”的主体性、支撑性和落地性，要求各地发挥区位优势和地方特色，紧密对接国家总体布局，各级各类学校有序与沿线各国学校扩大合作交流，共同提升教育国际化水平和服务共建“一带一路”能力。2016 年 4 月 15 日，云南省加快新时期教育对外开放工作座谈会在红河学院召开。会议部署了云南省“十三五”教育对外开放工作，提出要充分发挥优势，着力服务我国面向南亚、东南亚辐射中心建设。随后，《云南省做好新时期教育对外开放工作的实施意见》下发，提出各高校要加快内涵发展，提升辐射能力；加快留学事业发展，提高留学教育质量；创新完善体制机制，有效保障教育开放；落实“一带一路”教育行动，促进沿线国家教育合作等。2016 年 11 月，国家教育部与云南省人民政府签署《开展“一带一路”教育行动国际合作备忘录》，在政策、机制和经费方面支持云南省建设中国面向南亚东南亚开放的重要人才培训基地和中外人文交流基地。2017 年 5 月，《云南省教育事业发展“十三五”规划》（云政办发〔2017〕48 号）进一步明确，着力扩大教育对外开放，建设中国面向南亚、东南亚区域教育辐射中心。发挥我省独特的区位和人文优势，实施共建“一带一路”教育行动，加快推进我省与世界各国特别是南亚、东南亚国家间务实的教育交流合作，形成区域教育对外开放特色。打造中国面向南亚、东南亚开放重要人才培养基地。建设一批特色鲜明、服务国内和周边国家的人才培养培训基地，大力发展面向南亚东南亚国家开放的高层次复合型人才培养，满足国家“一带一路”建设的需要。2021 年 3 月，《中华人民共和国国民经济和社会发展第十四个五年规划和 2035 年远景目标纲要》明确指出，我国应坚持实施更大范围、更宽领域、更深层次对外开放，依托我国大市场优势，促进国际合作，实现互利共赢。随着政策的出台，云南职业院校积极树立职业教育国际化发展观念，有关部门也日益重视云南职业教育国际化发展道路。从云南 44 所高职院校的 2019 年度质量报告来看，有 36 所院校都开展了国际交流与合作，约占 82%。36 所高职学校采取“走出去”与“引进来”相结合，纷纷设立专门机构和配备专门人员，负责国际化进程中的对外交流、港澳台事务、留学生等方面工作。数据说明，在国家和云南省教育对外开放政策的推动和支持下，教育国际化发展已成为云南多数高职院校的共识，越来越受到学校的重视。多数高职院校已开始把国际化列入学校办学理念和发展规划，出台相关制度，设立对外合作机构，加强与国外高校之间的交流互访，提高教育国际化能力和水平。

（二）职业院校教学内容国际化

加强教学内容国际化建设，是云南省职业院校培养国际人才的基础。教育内容的国际化主要包括开设国际课程，增设与国际职业教育接轨的专业和课程，在已有的课程中增加国际性内容，引入国外先进课程资源等，而且教育内容更加具有信息时代的特征。

1. 强化外语教学

培养国际型的职业技术人才，需要开展国际交流与合作，外语是最基本的条件。英语是国际交流的主要语言方式，为此，各职业院校十分重视和强化英语教学，增加英语科目的学分比重。在教学中，不仅注重学生听、说、读、写等各方面基本能力的训练，还重视培养学生的英语交流能力。外语教学不仅仅指英语教学，还包括其他各国语言的学习。据 44 所高职院校 2019 年度质量报告数据，有 9 所院校开设了泰语、日语、韩语等小语种专业，占比为 20%。云南外事外语职业学院派出 50 名学生分别至日本、泰国、缅甸等国学习，实地了解他国的风俗文化，使得外语学习不仅限于课本，而是可以深入到相应的语境之中。外语学习成为云南职业教育国际化的重要推动器。

2. 设置国际课程，引入先进课程资源

课程是教学的载体，教学内容国际化的重要特征是课程安排的国际化。较东部地区职业院校相比，云南职业院校课程改革较为落后。据数据显示，2019 年度云南共有 6 所职业院校积极进行课程改革与国际对接，约占 20%。其主要形式有开设国际化课程、引进国外课程资源及国外课程（专业）标准等。云南文化艺术职业学院共开设国际化专业 6 个，国际化课程 9 门，涵盖舞蹈、音乐、美术、书法、民间工艺、戏剧等专业。云南林业职业技术学院与美国万豪酒店合作，引入了酒店管理专业 4 门专业核心课及 4 个国际化教学标准；从韩国引进《学生全员生长系统》课程资源包；与瑞典乌德瓦拉建筑学院签订合作协议，引入瑞典建筑职业标准，开展课程建设；此外，该校还依托世界银行云南职业教育发展项目的国际交流平台，按国际化标准开发制定了20门专业核心课程标准。云南能源职业技术学院与Adobe公司和Autodesk公司在国内认证的机构合作，建立3门信息化课程，共同开发完成课程对应的教材2本；以泰国博仁大学部分课程建设为参照，修订工商企业管理专业课程标准，并引进部分优秀课程项目。此外，大部分职业院校都加快设置和调整专业，以国际金融、贸易、对外汉语教育、涉外文秘、商务英语等专业增设较多，学生可以接受反映国际政治、经济、文化、历史等状况的全方位国际化教育。

（三）职业院校教师队伍国际化

组建一支高度国际化的师资队伍是推进办学国际化的重要举措。云南各职业院校近年来不仅积极输送本地教师到国外交流学习，提高其教育国际化水平、拓宽教师国际视野，而且同时聘请国外教师到校教学，对本校进行国际性设计。

1. 本地教师出国交流

云南为了适应教育国际化的趋势，每年都选派本地教师赴国外参加培训，学习发达国家的教育理念、教学方法，增加教师的知识和视野，直接推动学校的教育国际化进程。进入21世纪以来，云南向海外派遣教师的人数逐年增加。据统计，2018年度云南高职院校中有28所院校派专任教师赴境外学习培训，占64%（图9－1），总人数达534人。德宏职业学院派出5名教师赴外开展学习交流活动，其中一名教师至缅甸曼德勒云华师范学院进行了为期一年的支教。德宏高等专科师范学校派遣2名教师赴德累斯顿工业大学、一名教师赴泰国马希隆大学留学；同时外派5名教师赴缅甸支教；此外，学校抓住机会派出2名教师至德宏州驻缅甸商务代表处锻炼。昆明工业职业技术学院积极送培2名骨干教师分别赴德国、新西兰参加研修培训；支持教师参加孔子学院总部教师选拔，并派出一名教师赴美国孔子学院从事汉语教师志愿者工作。昆明冶金高等专科学校派出17名教师赴澳大利亚进行为期一年的学习，完成了澳大利亚相关教学师资培训10门课程的评估，获得了澳大利亚TAFE教学资格证书。通过培训，专业教师进一步学习了澳大利亚先进的职业教育和培训理念、方法和手段，学校也在加强课程体系国际化的同时，促进了教师队伍国际化。

2. 聘请国外专家来校讲学

随着云南职业教育的发展，近年来职业院校注重聘请外国专家来讲学、任教，各校完善了引进机制，优化了引进环境。这对外籍专家了解本地的历史、文化和通过开展讲座、学术报告以及学科课程等来建立学术联系，进行深度合作有重要意义。据高职院校2019年度质量报告数据显示，云南省高职院校中共有8所院校聘有外籍教师，占比为18%，共计118人。昆明艺术职业学院引进95名外教，组建了昆明国际爱乐乐团。该校外教主要来自阿塞拜疆、白俄罗斯、美国、意大利、德国、蒙古、乌兹别克斯坦等国，地域跨度大，国际化交流程度高。德宏高等师范专科学校共聘请来自澳大利亚、荷兰和缅甸3个国家共7名长短期外国专家。云南外事外语职业学院聘请美国、加拿大、德国、韩国、泰国等国的外籍教师8人。云南司法警官职业学院不定期邀请特聘外语教师与本校师生开展学术交流讲座，这些专家在课堂上不仅传授了知识，也传授了各自国家的文化。与珠三角等发达地区作横向比较，云南职业院校外籍教师数量还很稀缺，这受多种因素影响。在云南省内作纵向比较，近年来聘请的外国专家在数量、层次、来源国家、讲学内容等方面都取得了较大突破。聘请外国专家不仅有利于促进学校师资队伍建设和学科建设，而且极大地促进了云南职业教育国际化发展。

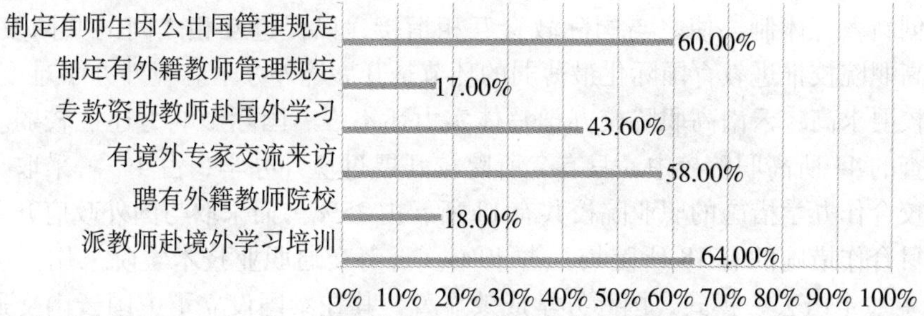

图9-1　云南职业院校教师队伍国际化情况

数据来源：《云南省高职院校高等职业教育质量2019年度报告》

（四）职业院校学生构成国际化

教育国际化的另一特征是学生构成的国际化。云南高职院校与东南亚国家间师生交流越来越频繁，云南职业院校招收留学生与交换生数量也愈来愈多。据统计，截至2019年1月，云南省高职院校共有13所院校招有全日制留学生，占比为30%，全日制留学生总人数达1009人，学生主要来自南亚、东南亚等地区的国家。除全日制留学生外，还有5所高职院校接受非全日制外籍学生培训（学习）共903人次，占比为11%。西双版纳职业技术学院共有全日制留学生314名，居云南省内高职院校留学生人数榜首，其学生主要来自老挝与缅甸。云南林业职业技术学院共有留学生43名，主要来自老挝、印度尼西亚、巴基斯坦、孟加拉国等国；此外，该校接收了5批泰国交换生共182人。云南交通职业技术学院，截至2019年1月，共有全日制留学生282人，与2015年度相比较，留学生人数增加 95 人，增长比为 66%。这与云南职业教育国际化影响力扩大密不可分。但由于云南高职院校办学实力和影响力整体还不强，对国外学生的吸引力有限，真正招收留学生、开展境外人员培训的院校主要是国家级、省级示范高职院校和沿边地区院校，其他院校很少，这也体现了云南职业教育国际化发展不平衡的特点。

（五）职业院校交流活动国际化

对外交流是云南教育国际化最重要的外化活动，集中反映了云南职业教育国际化的水平。国际交流包括境外合作办学、学术会议的举办与参加、文化交流等，在增进相互了解的基础上进行各种合作，是提升国际化水平的有效方式，为教育走向世界提供了很好的平台。

1. 合作办学

云南职业教育在推进国际化进程中，通过中外合作办学，吸收国际教育经验，创新教育体制，使之与国际教育互相衔接，以促进互相之间的共同发展。云南高职院校推进教育国际化最薄弱的环节是开展境外办学。境外办学难度大，对学校要求高，云南高职院校办学整体实力还不强、国际影响力还比较弱。在受调查的 44 所高职院校中，只有 2 所院校开展过境外办学，占 4%。采取与国外院校合作办学措施的职业院校共有 13 所，占 25%。而采取与国外政府开展教学项目合作措施的有 18 所院校，占 40%。云南交通职业技术学院采用“引进来” +“走出去”模式，国际办学成效显著，其在泰国设立了中国云南交通职业技术学院泰邦帕空分校、中国云南交通职业技术学院泰班塞分校；与俄罗斯远东国立交通大学、乌拉尔大学合作办学；同时，依托中俄交通大学校长联盟与圣彼得堡国立交通大学签署了合作办学协议；此外，云南交通职业技术学院积极加入了中国—南非人文交流机制、中国—中东欧高校联盟会等平台。大理农林职业技术学院积极拓展与国（境）外教育机构的合作，主动融入“一带一路”建设，与台湾高校环球科技大学、亚洲大学签订教育合作议定书。这说明在政府的推动下，云南高职院校开始主动走出去，开展国际化办学，但院校比例还不高，多数院校还需努力。云南职业院校应积极扩展对外交流合作，搭建互通学习国际化平台，促进云南职业教育国际化蓬勃发展。

2. 科研合作

参与国际职业教育学术研讨，是职业教育国际化、职业性的重要体现。随着开放不断深入，科研合作国际化成了云南职业教育国际化发展的新形式，主要包括科研人员国际交流、开展国际问题研究或设立相关的研究中心、增加与国际同行的协作、通过国际网络来传播研究成果和分享知识、参与国际研究与开发项目、加强研究人员和研究机构与跨国公司的合作等。据统计，云南44所高职院校中共有35所院校积极加入国际科研合作，占80%。云南新兴职业学院与中国对外友好合作服务中心签订中德护士（护理）交流协议，于2017年12月成立了云南新兴职业学院中德（护士）交流计划培训基地。目前学院有16名学生就读于中德护士班，第一批学生将于2019年德语考试通过后赴德国工作。大理农林职业技术学院先后派2名教师前往加拿大、新西兰等国进修培训；接待香港城市大学师生团、泰国职业教育校长团、加拿大Rhordon教授、柏林洪堡大学访问团等50人次。昆明铁道职业技术学院先后派遣10人（7名专业教师，3名翻译教师）专家团队赴肯尼亚对当地机务员工进行技术培训，为蒙古铁路培训副司机87人；2018年7月派3名教师赴埃塞俄比亚对亚吉铁路机车司机进行培训，为亚吉铁路培训了首批50名火车司机。科研人员的跨国交流促进了先进科研成果的交流共享，对外展示了中国积极对外开放形象，同时也加快了云南职业教育国际化的步伐。

3. 文化交流

云南职业院校对外交流趋势日趋加强，其中以教学人员互派培训、互派交换生、组织国际技能大赛、派遣学生至境外实习等方式为主。从云南44所高职院校2019年度质量报告中可以看出，28所职业院校派遣教师至国外研修培训，占64%；16所职业院校接待非全日制境外培训人员共28760人次，占36%。12所职业学校派遣学生至境外实习及交换共1574人次，占27%；6所职业学校在国际技能大赛中获奖，占13%。

表9－1　云南省高职院校2019年度质量报告国际影响表

国际化项目	全日制境外学生	非全日制境外人员培训量	在校生服务走出去企业境外实习时间	专职教师赴境外指导和开展培训时间	在国外担任职务的专职教师人数	开发国外认可的行业或专业教学标准数	国外技能大赛获奖数量
院校数量	13	16	18	28	8	7	6
比例（%）	30	36	40	64	18	15	13

数据来源：《云南省高职院校高等职业教育质量2019年度报告》

云南国防工业职业技术学院推荐120名毕业生到泰国素可泰大学、南邦皇家大学进行本科学历提升；截至2017年秋，该校共推荐150名学生赴泰国带薪实习，接受近百名孟加拉留学生进行短期访学。云南工程职业学院与泰国盛唐文化教育集团达成汉语教师带薪实习项目合作协议，2018 年共有 27 名学生分两个批次赴泰国参加汉语教师带薪实习项目。西双版纳职业技术学院同泰国、老挝等国家的共计 28 个相关院校和单位建立了长期稳定的国际交流合作关系；2019 年，该校共送出 111 人次出国参加语言学习和实训（语言学习 4 个月 + 企业实训 4 个月），其中 17 人到老挝学习实训，94 人到泰国学习实训；并与泰、缅、老湄公河流域国家相关部门合作，培训学员达 44 人次。

总体上，云南职业教育通过国际合作办学和交流，逐步形成了自己的新特色，一是与东南亚及部分欧洲国家建立合作机构；二是积极参与海外合作，以技术开发进一步提高高职院校的科研水平；三是积极探索联合建立实体办学机构的路径，深化国际合作；四是通过管理机制建设推进国际化进程；五是开设双语教学课程和留学生外语教学班；六是国际交流强化了管理机制建设，推进云南职业教育国际化进程。

五、云南职业教育国际化特点及未来展望

（一）云南职业教育国际化特点

改革开放以来，云南职业教育坚持在发展中不断开放，在开放中寻求新发展，在借鉴学习中创新，以开放为特色，不断地吸收国际先进经验，并融会贯通，为己所用，走出与世界同步、开放发展的云南职业教育发展的特色之路。

1. 云南高职院校教育国际化发展趋势渐强

《云南教育事业发展“十三五”规划》中提出要把云南建设成面向南亚、东南亚区域的教育辐射中心，强调教育对外开放要坚持“发挥优势、辐射周边”的原则。这为云南高等教育对外开放指明了重点和方向。

从云南 44 所高职院校 2019 年度质量报告中可以看出，在 36 所开展国际交流与合作的院校中，有 33 所是与东南亚国家开展合作，占 91.6%。其中，有 18 所院校与东南亚国家院校签订有合作协议，已开展了互派师生、合作培养学生、合作开展培训等较为深入的合作，占 50%；有 11 所与东南亚国家院校签订了合作协议，即将开展合作，占 31%。在调查的 15 所高职院校中，有 14 所院校与泰国、越南、缅甸及老挝签订了合作备忘录，建立了合作关系；14 所院校有东南亚国家大学代表团来访，占 93.3%。这充分体现了云南建设面向南亚、东南亚区域教育辐射中心的区位优势。

云南高职院校与东南亚国家间师生交流越来越频繁。在抽样的 15 所高职院校中，12 所院校招收有东南亚国家留学生，占 80%。其中，7 所院校有老挝留

学生，共244名；5所院校有缅甸留学生，共234名；4所院校有泰国留学生，共35名。11所院校有学生到东南亚国家留学，占73.3%。9所院校有东南亚国家教师任教，占60%；7所院校有教师到东南亚国家高校任教，占46.6%（图9-2）。人员间的广泛往来，势必会推动院校国际化发展，提升院校国际化影响力。

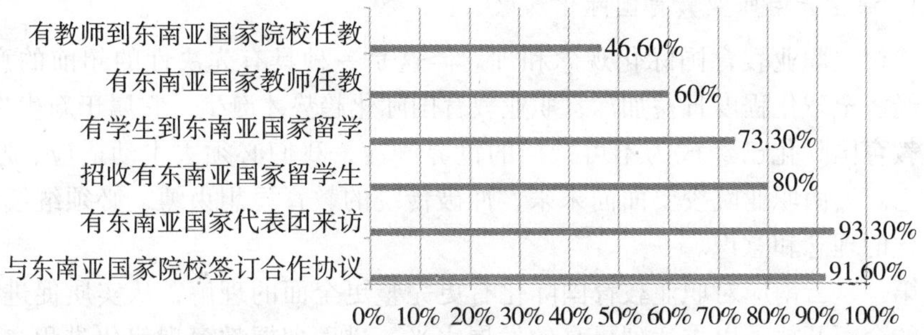

图9-2　2019年云南职业院校国际化情况

2. 云南高职院校教育国际化步伐参差不齐

云南高职院校虽然在办学理念、发展规划等宏观层面比较重视教育的国际化，但落实到具体的工作层面，多数高职院校教育国际化力度还不大，措施不够到位，国际化成效不明显。人员交流、课程国际化是评估高校教育国际化的重要指标，但云南高职院校在这两方面开展工作的情况都不佳。从云南省高职院校2019年度质量报告国际影响表（表9-1）中数据来看，只有13所院校有全日制境外留学生，占30%；16所院校开展了非全日制境外人员培训，占36%；6所院校有学生在国外技能大赛中获奖，占13%；7所院校开发了国外认可的行业或专业教学标准，占15%；开展较多的工作是教师赴境外指导和举办培训，共有28所院校开展，但也只占64%。笔者从44所院校中随机抽取的15所高职院校里，只有4所院校有专款资助课程国际化，有4所院校经常举办各种国际文化活动，各占26.6%。这说明云南高职院校课程国际化程度和校园国际化氛围不高，还需要加强建设。

判断教育国际化发展是否深入的另一个标准，是院校是否重视教育的国际化宣传，能否制定具体的制度，提高国际化宣传水平。在抽查的15所院校中，建有国际交流与合作专门网页的有6所，占40%；建有英文网站的只有1所，占6%；建有留学生宿舍及活动场所的只有4所，占26.6%；建有外籍教师专家公寓及活动场所的只有3所，占20%。在制定教育国际化管理制度方面，只有1所院校制定有举办国际或双边会议的管理规定，1所制定有与外企合作的相关政策与制度，各占6%。这些数据表明，云南高职院校虽然意识到教育国际化的重要性，但在具体的宣传推介、基础条件建设和管理制度建设等方面还做得不够，学校还没有把国际化发展列为一项重要工作来抓，没有给予更多的财力、人力、物力支持。

（二）云南职业教育国际化发展未来展望

1. 深化云南职业教育国际化意识

要树立职业教育国际化观念和理念。这是一种具有先决性的超前的意识，随着经济全球化程度日益加深，职业教育国际化趋势才诞生，它属于新生事物。职业教育国际化已经成为不可抵挡的世界潮流，我们必须去主动适应、迎接、利用它。云南职业院校要面向未来，冲破传统的教育思想束缚，必须继续深化国际化的理念和意识。

第一，云南应对职业教育国际化有更完整更全面的理解，从实质促进职业教育的全面开放，以求达到更高的发展水平，进而把握教育现代化进程。职业教育国际化不单是简单的交流问题，更重要的在于更新陈旧传统的封闭教育思想观念，树立职业教育国际化的开放教育观。

第二，职业教育国际化是云南主动应对全球化发展和开拓国际教育市场的重要举措，除了重视与各国的教育交流、学习各国有益的教育经验，也包括向其他国家推介中国教育的责任与内涵。推进职业教育国际化，既可以推动学校进入巨大的世界教育市场，利用庞大的教育资源，对学校的快速发展产生积极作用，还可以充分对外开放现有的教育市场和教育资源，吸引外国留学生，推动云南教育事业的发展，同时创造巨大的经济效益。

第三，云南职业教育国际化的重要使命是创立具有云南特色的现代职业教育体系，促进云南的教育事业发展。因此，提高各界对职业教育国际化的重视及对其内涵的全面理解是加快云南职业教育国际化的前提。有关部门还应当加大宣传力度，要让社会各界都认识到职业教育国际化是教育发展的必然趋势，必须主动地迎接它、适应它，不断完善各种方针政策，为云南职业教育走向开放、走向世界创设有利的条件。

2. 重视民族特色，推进“一带一路”合作发展

鲁迅先生曾说过：“只有民族的，才是世界的”。在职业教育走向国际化的同时，本土化发展也不可忽视。云南省是一个多民族边境省份，全省 16 个州，其中有 8 个属于民族自治州。据 2010 年第六次全国人口普查数据显示，云南省总人口为 4596.6 万人，其中少数民族人口为 1533.7 万人，占总人口的 33.4%。云南作为一个民族众多、经济落后的省份，发展职业教育具有重要意义。云南省民族地区整体的经济水平落后于发达地区，但是它有着特有的文化特色。因

此，云南省民族地区职业院校可根据当地优势资源开办相应的专业。

职业院校可在专业设置、课程安排中突出民族特色元素，实现办学的特色化、人才培养的个性化与市场化，同时传承本地区特色文化。如可设置具有本民族属性的民族工艺美术、民族音乐舞蹈、民族服装服饰、民族工艺品设计制作、民族风味食品加工制作、烹饪等多个民族文化技艺类专业，并将其作为重点骨干专业来建设，使其成为学校的品牌与特色。再如云南省民族地区职业院校可围绕本地区独特的人文和旅游资源，发展特色旅游职业教育；可开设满足当地旅游需要的导游、烹饪、酒店管理、旅游产品开发等专业，为当地培养、培训优质的专业人才；通过设置合理专业，可以服务民族经济，培养民族地区所需的职业技术性人才。

同时，云南还将继续加强与南亚、东南亚国家的教育交流与合作，充分利用南亚、东南亚兼容中外文化的特色，同时加强中华民族优秀文化在南亚、东南亚等国家的推广，建立各种必要的文化机构和发展机制。随着国家推进“一带一路”倡议，云南应当抓住这个机会，与南亚、东南亚等国家一道，全力开展相关研究，并推进与“一带一路”沿线国家的教育合作。具体举措包括：建立教育合作交流的机制，互通教育信息；加强多元文化教育，在教育合作中建立未来国际教育发展共赢的新体系；加强教育与经济合作的互动关系，与沿线国家建立教育合作长期发展的体制，发挥教育作为开放窗口的作用和辐射作用。

3. 促进教师队伍国际化

师资队伍的国际化是高等职业教育国际化的核心内容之一。促进科学技术朝国际市场方向发展的最直接的力量是具有国际意识和世界视野，掌握现代教育思想和相关领域世界前沿的科学、技术理论知识和高文化素养的教师队伍。云南师资队伍国际化是云南职业教育国际化发展中的一个薄弱环节，云南在职教师资方面应该采取“走出去”的同时还要“引进来”的策略。一方面根据各个职业院校的发展情况，引进一些外国学者、教师到校进行任教、讲学、参加学术交流与合作等，国外教师或专家学者在带来他国文化的同时也可为培养国际化紧缺人才创造良好的环境。另一方面要从多个渠道加强师资力量的培训，尤其是境外师资的培训。职业院校要有计划地选派部分教师到外国院校进修、讲学，积极参加国际教育学术交流与科研合作，多参与一些访问考察等。这样做不仅有利于教师学习和吸收国际上的前沿知识，了解与接触最新的实验设备，增强动手能力与实践能力，而且还能学到国外院校先进的教学理念、课程体系和教学模式，切实提高云南职业院校教师的外语交际水平和教学水平。

4. 构建国际化课程体系

云南职业教育国际化的重要内容之一是要有国际化的课程。一是要构建国际化的课程体系，要从国际化视角出发，采取一些具体措施。比如，调整课程结构、引进外国的课程体系、增加一些涉外学科和国际性教育课程等。二是要紧跟国际市场的需求，增设急需专业。鼓励与国外合作开办专业课程，鼓励引进外国资金等一些教育资源，开设与云南省支柱产业、优势产业、高新技术产业、新兴产业和职业教育发展需要相关的学科专业。三是要及时更新教学内容。根据云南社会市场经济对岗位人员的需要，并在了解国际市场的情况下，安排教学内容体系。四是要选用原版教材。我省职业院校教材建设滞后，而原版教材中的很多内容都与国际接轨。引进原版教材，有利于加强学生对外国文化背景、传统习俗和宗教信仰的了解，培养学生的国际化意识。

5. 积极发展留学生教育

积极发展云南留学生教育，推进云南成为南亚、东南亚国家来华留学生的主要目的地。通过各种渠道开发留学生生源，努力扩大规模，是云南职业教育国际化的重要任务。为此，一是要加强宣传推介，完善留学生招生网站，便于国际学生网上咨询，还可派员举办各种留学生招生说明会，甚至到国外举办招生会议等，努力拓展生源，保持生源稳定，并发展海外留学生招生中介。二是要与国外学校签署合作培养留学生的协议，实行合作招生或交换培养生。三是要鼓励外国机构、外资企业及中国企业为来云南留学的留学生设立奖学金。四是要结合学校实际，发展有特色的留学生教育。五是要积极为留学生提供汉语学习条件，同时提高教学质量，帮助他们更好地完成学业。同时，还应组织留学生参与丰富多彩的课余活动或者文化节活动，在增进国际友谊的同时，也让留学生更好地了解云南的文化与风俗习惯。

6. 继续深化云南职业教育国际交流与合作

合作办学是整合国际教育资源的一个最为方便和有效的途径。设立专门的教育机构、发展海外课程、实施跨境办学、建立海外分校是国际合作办学的主要形式。合作办学能使云南省引进国外先进的办学模式和前沿的课程设置，有助于更新专业、加强师资力量培训，快速地促进职业院校发展。

第一，云南省应进一步加强学术交流，积极聘请国际知名学者来云南讲学，交流本领域内的前沿问题，同时选派优秀师生出国交流与合作，学习国外的先进教育理念、教学模式、研究方法。这对促进学术创新、拓宽本地师生的国际视野具有重要作用。

第二，云南省要抓住时机，与国外一些高水平的职业教育机构进行合作。国际化刚起步时，可以走出去与其他国家同层次的院校或机构合作，等发展条件成熟的时期，可以采取在境外设立分校的办法。

第三，云南省可以与外国高等职业院校进行合作办学，一方面吸引国外的高等职业院校，特别是国外一流院校来我国开设分校；另一方面可采用与合作校相同的教材、考试内容、管理模式，颁发统一的文凭，便于毕业生进入国际劳动市场；还可以吸引海外著名大学和国内大学合作，发展优势专业，引进新专业，改造旧专业，使之成为与国际接轨又能满足市场需要的新型专业。

7. 发展远程职业教育

当今，现代教学手段在远程职业教育上的运用越来越普遍。随着全球网络技术的迅猛发展和教育国际化浪潮的逐步推进，计算机网络和多媒体信息技术的应用已渗透到职业院校教学和科研的各个方面，使得各个联网的教学终端能够共享世界一流的教育资源，成为职业教育不可替代的基础平台和重要教育手段。云南职业院校要加强、完善校园网络建设和教育技术手段应用，以保持同国际科技、文化和教育的密切联系，使云南省远程职业教育能快速发展。远程职业教育会加大各国教育资源的开放程度，高等职业院校的学生可以通过网络进入到其他国家的一流职业院校，接受全面的国际化教育，自主性地选择课程，探索各个专业最前沿的领域。这样，学生就拓展了学习的方式和学习途径，形成了国际化的知识与能力结构，为终身学习和可持续发展奠定了扎实的基础。

第十章　云南职业院校管理科学化

职业院校是职业教育的承载，科学的管理是促进组织发展的内在动力，提升职业院校的管理水平是促进职业院校内涵发展的现实要求，是立德树人、培养高素质职业人才的保障。随着经济社会的发展，近年来云南职业院校的管理意识增强，管理制度不断完善，但是与国内外发达地区的职业教育相比，管理水平还存在一定差距，满足不了人民日益增长的美好生活的需要。

为贯彻习近平新时代中国特色社会主义思想的要求，落实国家职业教育政策的部署，云南省应该提升职业院校管理科学化水平，助推现代化发展。这需要结合现代管理学理论、学校管理学的基本原则，找到适合云南职业院校的管理理论体系、方法体系、工具体系，从职业院校运营管理系统化、规范化、精细化、信息化四个维度推动职业院校管理科学化，最终达到云南职业院校管理现代化。

一、研究背景

党的十八大以来，我国经济社会高速发展，职业教育事业也随之快速发展，职业教育体系建设稳步推进，培养了大批中高级技能型人才，为提高劳动者素质、推动经济社会发展和促进就业做出了重要贡献。同时也要看到，当前我国的职业教育发展水平还不能完全适应经济社会发展的需要，存在着结构不尽合理、质量有待提高、办学条件薄弱、体制机制不完善等问题。

提升管理水平是促进职业院校内涵发展的核心因素，也是解决职业教育现存问题的基础。近年来，职业院校依法治校意识日益增强，管理制度不断完善，管理工作得到普遍重视。但是，与加快推进依法治教和治理能力现代化的新要求相比，职业院校在管理理念、能力和信息化水平等方面仍有差距。因此，推动职业院校的管理水平提升，是全面贯彻落实国家有关政策、制度、标准和要求的举措，是不断提高管理工作规范化、科学化、精细化水平，加快实现学校治理能力现代化的要求。职业院校管理水平的提升对于深入实施创新驱动发展战略，创造更大人才红利，加快转方式、调结构、促升级具有十分重要的意义。

二、职业院校的管理

职业院校的管理涉及方方面面。在教育过程的管理上，有着教学管理、课程管理、教师管理、学校行政管理、实训管理、就业管理等。在人财物三方面的管理上，存在着教师管理、学生管理、招生管理；财务管理；档案管理、实验器材管理、实训基地管理等。由此可见，职业院校的管理极具复杂性。本章着重介绍职业院校管理系统的管理，包括教职工薪酬及绩效管理、岗位能力和岗位评聘管理、财务精细核算、资产管理等，也就是狭义的职业院校教育行政的管理。

三、职业院校管理科学化的内涵

基于管理的特征和管理学理论，结合职业院校管理的实践经验，本章把职业院校管理科学化分为系统化、规范化、精细化和信息化四个维度来阐述。

（一）系统化

从系统论的观点研究管理，管理就是一个完整的系统，包括管理目标、管理主体、管理对象、管理媒介、管理环境。要用系统观和系统思维法去认识管理对象，把管理对象当成由各种要素组成的整体，客观分析要素间相互关系，找出最优解决方案，避免以偏概全或仅凭管理者的个人经验、直觉拍脑袋决策。

从对系统组成要素及其关联关系的科学分析来看，职业院校管理者在处理问题时不能仅仅只停留在事物的表面，要建立起广泛的联系，才能够设计出逻辑自洽、自我矫正、结果收敛的机制，驱动系统高效运转，体现管理的智慧。

（二）规范化

规范化管理是在对人的本质特性准确把握的基础上，通过确立一套价值观念体系来引导下属员工的意志行为选择。规范化管理必须具备四个特征：一是系统思考，贯彻整体统一、普遍联系、发展变化、相互制衡、和谐有序、中正有矩六大观念。二是员工参与，让每一个员工都参与到游戏规则的制定过程中来，以保证其理解、认同和支持。三是体系完整，有完整的思想理论，对组织管理的方法和技术进行整合和协调。四是制度健全，有能构成组织运行规则，健全组织成员行为激励诱导机制的管理制度。规范化管理最终要落到制度层面上，通过规章制度来实施。

规范化管理要求职业院校根据自身特点和内外部环境制定合理的规章制度、工作流程、工作标准等，将已经取得的成功经验、方法固化形成规范，将复杂的事情简单化、条理化、规则化，甚至模板化、流程化、自动化。从宏观到微观、从外部到学校内部，规范化可分为六个层次，分别是：国家有关法律法规、学校章程、校级规章制度、部门级规章制度，以及岗位工作手册、工作流程、工作标准，最底层是各种支撑工具和整合集成的软件平台。

（三）精细化

精细化管理要求管理者运用科学的思维和方法体系，不断完善并优化制度及业务流程，对管理工作追求精心设计、绝对掌控、极致优化。美国管理学大师泰勒早在20世纪初就提出了精细化、标准化管理的思想。当代管理学注重系统化、规范化、精细化的管理体系，以及信息化对管理和业务的支撑。

精细化管理给职业院校管理的启示是，职业院校应围绕一定的目标进行组织活动。这种组织目标是组织管理活动的指向标，要将组织目标逐级分层，细化为每个部门、每个人员的目标，从而建立为一套可量化、可考核的精细绩效评价标准，提高管理目标实现的效率。

（四）信息化

《国务院关于加快发展现代职业教育的决定》（国发〔2014〕19号）明确要求“提高信息化水平”；《职业院校管理水平提升行动计划（2015—2018年）》将“管理信息化水平提升行动”列入重点任务。信息化管理指的是将学校管理理念、规章制度、工作流程、工作标准等融入一个整合集成的软件平台，称为“智慧校园平台”或“学校运营管理平台”。这个软件平台可以全面支撑学校的各种管理和业务工作。信息化是对学校运营管理系统化、规范化、精细化的保障和支撑。

四、职业院校管理科学化的路径

（一）云南职业院校管理制度的系统化

云南省政府在2015年3月30日印发的《云南省人民政府贯彻落实国务院关于加快发展现代职业教育决定的实施意见》的第三部分“激发职业教育办学活力”中指出，要完善职业教育管理体制、创新职业教育办学机制、推进考试招生制度改革、健全现代职业学校制度、健全企业行业参与制度。通过这一政策可以发现云南省职业教育的制度较为健全，对宏观层面的省政府到微观层面的职业院校和行业、企业都有相应的制度规定，形成了一套系统的制度体系。

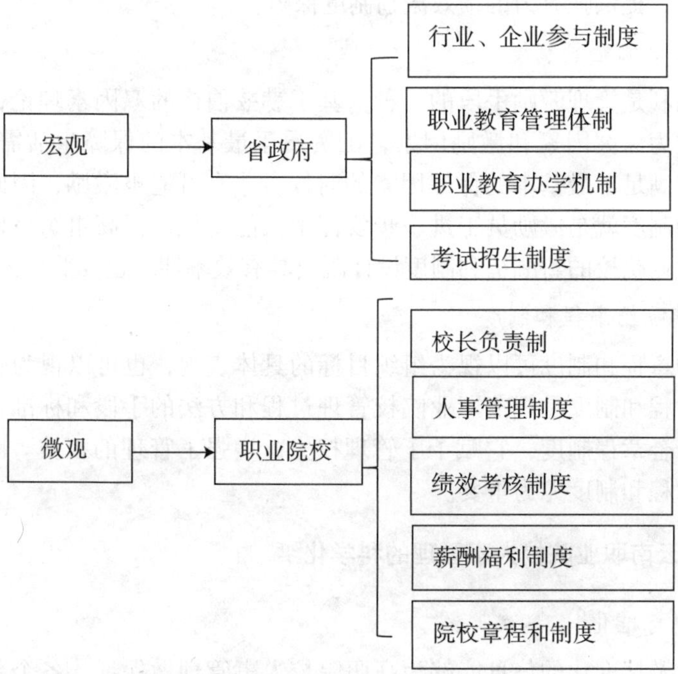

图 10－1　云南职业院校管理制度体系

职业院校管理制度系统化一方面体现在不同类型的管理制度相互联系，形成一套完备的管理系统；另一方面体现在各个子制度内部的相互联系。

1. 坚持和完善职业院校校长负责制

坚持和完善中等职业学校校长负责制、公办高职院校党委领导下的校长负责制和民办高职院校董（理）事会领导下的校长负责制。要着重解决好高职院校贯彻落实党委领导下的校长负责制运行机制存在的党政职权范围界定不清、党政领导之间的矛盾、领导体制运行多取决于个人素质、人治化倾向、党政领导决策前的酝酿和沟通缺乏必要的形式和渠道、民主监督的有效性不尽如人意、学术权尚未回归学者、党委领导下的校长负责制运行机制评价体系缺失等问题。要从提高思想认识，加强建章立制，坚持民主集中制，书记、校长发挥带头作用四个方面找解决对策。以校长负责制为引领，完善职业院校的人事管理制度、绩效考核制度、薪酬福利制度和院校章程、制度。

2. 完善绩效考核制度

绩效考核制度是高职院校重要的人力资源管理制度。职业院校应从全面深化产教融合、校企合作，扩容提质，落实“双师型”教师队伍建设等方面来设置激励目标，提供强有力的绩效激励制度保障。

3. 完善薪酬福利制度

薪酬福利是管理激励手段的一种。基于赫兹伯格的双因素理论，激励员工的条件可分为保健因素和激励因素，工资属于最基本的保障生活需要的因素。员工只有在满足了最基本的保健因素的时候，才有可能被激励，因此一系列的福利、奖励制度就是激励员工进一步发挥个人能动性，提高组织目标实现效率的关键。职业院校的薪酬福利制度设计既要具有效率性，也要兼具公平性。

4. 完善院校章程和制度

院校的章程和制度可以视为组织目标的具体表现，也可以视为管理的约束和监督。章程和制度是规范职业院校管理过程和方法的手段和标准，任何管理行为必须符合章程制度，它赋予了管理权力，增强了管理的权威。因此，合理设置院校章程和制度尤为重要。

（二）云南职业院校人事管理的科学化

1. 信息标准化

规范化及标准化的信息能够为高职院校人事管理做保证，各个部门需要依据本部门实际情况，构建出适应性比较强的管理制度，保证人事管理制度向着标准化的方向发展。高职院校也应当就此问题开展专项研究工作，依据上级部门提出的要求及本学校实际情况构建合适的人事管理制度，让各个部门构建的人事管理制度中需使用到的信息及信息形式保持一致。

2. 人事管理信息化

人事管理工作是一个学校日常工作的核心。职业院校由于经费不足等原因，行政管理人员一直不够充裕，而职业院校人事管理工作又存在事务繁杂、牵扯面宽、信息量大、重复率高的特点，经常需要完成数据录入、核验、统计分析、导出上报等工作。人工手动模式不仅效率低下，而且由于员工经常需要在不同板块填报相同的数据，会产生负面情绪，易导致上报数据不认真，出现数据不闭合的情况。虽然很多高职院校已经开始在人事管理方面采用信息化技术，也取得了一定的成绩，但由于相关理念和技术问题，整个人事管理工作未见大的起色。

采用信息化的人事管理系统，将会极大地提高职业院校人事管理效率。

（1）准确定义人事管理信息化的工作内容

要把高职院校人事管理信息化工作做好做顺，首先要准确界定人事管理的工作范围，不能把所有的工作都放入“人事管理”这个篮子里。在工作界定、分类和管理中要制定好标准，对收集到的信息进行准确分类，合理规划人事管理内容，有效推动人事管理信息化工作顺利高效运行。

（2）重视人事管理信息化建设工作

首先，要做好顶层设计，将人事管理信息化建设工作定位于服务学校整体战略发展的重要推手。其次，要高屋建瓴，在整个系统建设初始就精准地、预判性地从整体上进行架构设计，将应具备的功能和业务流程尽可能设计周全。再次，要加强人事工作者的业务培训，从学院到系部整体推进人事管理信息化建设路径研究，从而达到加强信息化专业队伍建设的目的。最后，要建立人事管理信息化服务机制，整合教科研、电教、信息、网站、设备等资源，构建技术服务机制；完善组织领导体制，对信息化工作进行规范化管理，构建制度服务机制。

（3）推动人事管理信息化建设

通过建章立制来切实全面地推动人事管理信息化建设和管理，实现人事管理的科学化、智能化和信息化发展。先搭建基于网络的、符合职业院校实际的方便实用的信息交换平台，在日常办公中鼓励使用信息化管理系统，让教职员工养成使用信息化办公的习惯。

（4）构建“多方复用”的人事管理信息化平台

人事管理信息化平台至少应包括基本信息、奖惩信息、培训学习、教学工作、科研工作、社会服务及年度考核等和人事管理密切相关的版块。

（三）云南职业院校绩效管理的科学化

构建科学、有效的师资队伍绩效管理体系是职业院校在竞争中赢得优势与实现科学发展的关键。美国绩效管理专家罗伯特·巴克沃认为，绩效管理是为实现组织的经营战略目标，运用科学的考核方法，对员工个人或者组织的表现、业绩以及综合素质进行测评与考核，从而充分调动员工的工作积极性和创新性，有效地改善行为，挖掘潜能，不断推进组织发展的过程或是循环活动。然而在全面开展绩效工资改革的大背景下，职业院校专业教学团队管理中还存在绩效管理目标不明确、考评体系不完善、考评结果过度量化等问题。绩效管理的最终目的是通过改善员工的工作行为，提升员工的工作能力和效率，从而实现组织的发展战略目标，并提高员工的成就感和满意度。符合职业院校内涵建设的好的绩效管理，对提升高职院校管理水平和行政效率有着极其重要的作用。

1. 职业院校应明确对师资队伍开展绩效管理的思路和目标

对专业教学师资队伍进行绩效管理的目标，就是提升专业教学质量。从最终的结果来看，教师个体和其所在专业教学团队的绩效管理目标是一致的。教师个体的工作内容是教学团队任务的组成部分，教师个体的工作过程是教学团队任务的实施实践过程。因而，在职业院校中通过对专业教学团队进行绩效评价，并将评价所得信息反馈到专业教学团队的管理和建设工作中，能够促使各个专业教学团队不断提高绩效水平，促使团队成员业务能力水平和教育教学质量不断改进。

专业教学团队的日常运行管理是团队绩效评价的基础，也是绩效考核的主要内容，只有团队能够健康顺利地开展教学科研、社会服务、改革创新工作，才能保障整体教育任务的完成。

2. 人事管理部门应就教学团队工作设立独立的考评体系

专业教学团队作为职业院校的基层教学实施组织，规模大小不一。小规模的教学团队组织内部结构问题不突出，负责人和一般员工通常都能做到事事参与，共同进退；而教学团队的规模扩大后，简单的分工合作很可能会导致成员抱怨，出现相互推诿、逃避责任的情况。对职业院校的专业教学团队而言，奖易罚难，但只有奖没有罚，就意味着专业教学团队不会因为绩效差而被调整或淘汰。专业教学团队的常规管理和建设仅仅依靠团队带头人、负责人的个人魅力，或是成员之间良好的人际关系是不够的，还应当从更高层面的制度上建立起适度有效的激励与约束机制，有奖有罚，奖罚分明，才会使专业教学团队在压力下增强发展创新的动力。因此，职业院校应在教师个人绩效考核体系之外设立独立的专业教学团队绩效考评体系，这和行政系统中的部门绩效考核是相通的。

3. 工作绩效评价应注意评价过程和评价结果并重

绩效评价本质上是一种过程管理，而不仅仅是对结果的考核。有学者指出，教育活动具备的复杂性特点决定了对教师教学的工作的评价应包括教学工作过程评价与教学工作结果评价，而且应更侧重于对教师教学的工作过程进行评价。同理，考核也应该从团队业绩和团队行为两个角度来进行综合评价。团队业绩是教学团队全体成员共同工作的结果，是他们完成工作任务的数量、质量、成本费用以及为本单位做出的其他贡献的总和，相对比较容易考核；对团队行为的评价则指向教学团队成员在完成工作任务过程中的表现，以及影响他们完成某项工作的素质。职业院校中教学团队的绩效评价应坚持整体性考核的思维，不能因为教学过程、团队行为考核难以量化而有所偏颇。

4. 教学团队绩效考评工作应从结果、行为、能力三个方面展开

通过对教师个体与专业教学团队考评形式的差异进行分析研究，在改进职业院校专业教学团队绩效管理工作时，注意在评价过程和结果并重的基础上，明确职业院校的专业教学团队绩效考评工作应从结果、行为、能力三个方面展开，也就是要将专业教学团队整体绩效和团队中教师个体绩效有机地衔接起来，进行更全面的评价。结果维度主要是指专业教学团队承担育人、教学、科研、服务社会等工作的产出情况；行为维度主要是指与实现专业教学团队目标相关的各方面的互动过程；能力维度主要是指专业教学团队成员的业务能力、运行环境、团队氛围和精神状态等。专业教学团队的绩效考评方案不仅要明确教学团队绩效评价的实施形式，要选择多维度的考评方式，设计科学的考评标准，更要重视评价结果的分析及应用，推动专业教学团队和团队成员发展，改进教育教学质量，实现绩效管理改革的目标。

5. 教学团队工作绩效考核的制度、过程和结果应公开、明确

职业院校对专业教学团队工作的绩效考核从制度、过程到结果进行及时适当的公开是必要的，而且应该允许成员监督和投诉。对于团队绩效与个人绩效考核的背离现象，如果团队中成员个体都优秀，但是成员之间不协作，团队则不可能获得高绩效；同样的道理，团队成员并非人人优秀，但只要他们团结合作，并且在技能和素质方面实现互补，就可能创造出团队的高绩效。所以，在专业团队中，除了要求每个成员都努力提高自身素质外，更要强调提高团队的整体素质，经常开展团队活动，增强团队成员之间的相互了解，协调团队成员之间的关系。必须通过培训和引导、授权和协作，使团队成长为自我管理型小组，才能建设一支富有协作精神的教学团队。专业教学团队的建设和管理是各个职业院校一项长期、重要的工作，只有在团队建设上下功夫，才能使专业教学团队健康发展。

6. 设定教学团队工作绩效评价的方法、指标应坚持定性与定量相结合

关于绩效评价，实践中常用的方法为结果导向型和行为导向型。结果导向型包括评分表法、目标管理法、关键绩效指标法等；行为导向型则包括关键事件法、行为锚定法、行为观察比较法、360 度考核评估法等。不管是哪一种方法，分析研究的对象大多是针对个体行为的过程或结果。当前对工作团队考核方法理论的研究一般简单归纳为定性法和定量法。定性法是对专业教学团队的行为特质或因素进行分析评价，比如同行评价、领导评价或者外部专家评价（德尔菲法）等，操作上带有明显的主观性，而且在选择关键行为时也很容易出现将团队个体的行为误判为团队共同行为的现象。定量法则是事先预设了量

化指标，比如教学工作量的学时累计法、科研工作量的文献计量法、社会服务工作量的建设项目计量法等。为了更全面地评价一个专业教学团队的整体绩效，建议在绩效评价方法、指标选择和指标权重设定时采用定性与定量相结合的方法。

7. 行政后勤系列绩效指标体系构建

相比行政管理系列人员的工作，行政后勤系列人员的工作相对简单，主要职责是执行部门领导指示，把工作做好。因此，可根据岗位性质制定工作说明书，清楚界定岗位的重要性、工作内容、工作要求、岗位标准和职责，为制定与岗位相符的考核指标提供信息。强调完善岗位职责指标、工作态度指标和否决指标库建设，将任务完成情况和服务对象满意度列入必要的关键绩效指标之一，两者权重之和建议定在65%～80%。在进行服务对象满意度考核时，可利用计算机网络在指定时间内由全体服务对象无记名打分，按照一定比例去掉最高分和最低分，取余下的平均值为其绩效得分。网络不完善的院校，可依据服务对象的类别按比例选出代表进行考核。同样，若此类人员还担任教学科研工作的，考核可参照行政管理系列的绩效考核办法执行。

8. 开展绩效管理工作要考虑是否有利于团队内部关系和谐发展

职业院校开展对教学团队的绩效管理工作，既要重视团队的日常运行管理，也要关注团队的改革发展。美国著名管理学者斯蒂芬·P·罗宾斯认为，一个有效的团队管理，除了要对个体贡献进行评估和奖励之外，还应该考虑基于团队的绩效评价。而只有当团队的绩效考评方案能够激发每个团队成员的合作意识、共享意识、贡献意识的时候，绩效评价才能实现团队绩效考评的根本目标。职业院校在开展专业教学团队的绩效考评时不能只看到考评的结果，而忽略更为重要的一点，那就是借助考评去推动专业教学团队和教师个体的共同成长。

（四）云南职业院校薪酬管理的科学化

在人才强国战略的背景下，人才成为社会经济发展不可缺少的重要资源。薪酬问题是社会劳动者在生活、生产中高度关注的根本问题。社会经济的快速发展，推动了高职院校的改革，人才竞争日趋激烈，如何构建合理的薪酬管理体系留住优秀人才，调动各类人员积极性，促进职业院校稳步良性发展，已成为职业院校十分关注的问题。

1. 完善绩效考核体系

职业院校主要根据绩效考评结果进行薪资发放，故而考核工作的开展特别重要。学校需对考核形式、内容、标准等进行改进，确保各环节合理与公平。

绩效考核的流程可设计为：（1）进行具体考核计划制订；（2）考核人员选拔—执行落实—考核资料信息收集；（3）进行考核结果的反馈与分析，发挥绩效考核的激励性，真正实现多劳多得，优质优酬，保障学校薪酬管理的公平性。

2. 建立经济性报酬与非经济性报酬并存的薪酬模式

一直以来，我国高校普遍采取的是“基本工资 + 基本绩效 + 奖励绩效”为主的直接经济性薪酬模式。随着时代的发展，高校薪酬体系逐渐由经济性报酬模式向经济性报酬 + 非经济性报酬模式转变。职业院校应该为教职工创造感兴趣的、有挑战性的工作任务；对教师工作、生活环境与设施等进行改善；关注教职工生活质量，送去人文关怀，对于其工作上的突出表现予以口头或书面表扬；为全体教职工供给晋升、培训的机会。

3. 进行弹性薪酬管理体系的制定

职业院校薪酬管理体系需将教职工的劳动价值以及未来价值给予充分展现，实行延期薪酬制度，达到留住人才的效果。另外，需对教师与其他员工的潜在劳动价值给予充分尊重，做好青年教师的成长激励工作，帮助其进行长远发展规划制定，助其成长与发展。同时，需对不同岗位人员实施多样化薪酬管理，坚决摒弃“终身制”“大锅饭”“一刀切”的薪酬管理理念，做到以岗定薪、异岗异薪等，这样可确保每一位教职工均认真工作，从而获得理想的薪资，实现绩效提升的效果。

4. 加强薪酬管理对业绩的激励

绩效考核属于薪酬管理中的一项关键指标，职业院校需对员工绩效考核引起重视，时刻留意教职工工作完成情况。若员工能超额完成任务，且取得了优异成绩，学校管理者应给予一定的薪酬奖励（如精神激励与物质激励等）；相反，若工作任务没有完成的或完成质量不高的，需给予惩处。此举可使员工工作潜能与热情得到充分激发。

同时，职业院校可实施按劳分配薪酬的分配制度，转变传统分配制度限制，由单一职务化向职务化与劳务化并存，相互补充。根据教职工完成工作量展开薪酬分配，使教职工付出和回报成正比，可使教职工心理认同感与归属感得到提高。尤其是刚到学校工作的青年员工，按照业绩进行薪酬分配的形式可使其工作潜能得到激发，营造浓厚的工作氛围，利于高校的长远发展。

5. 采用合理的薪酬激励方式

（1）根据教职工实际，进行岗位津贴设置

职业院校薪酬管理方面需根据不同岗位与职责的具体情况，进行合理的工资标准设置。为解决因岗位设置而引起的薪酬差异问题，需针对这种差异进行岗位津贴设置（根据教职工在岗位上的工作开展情况来考评其能否获得这部分岗位津贴），同样能达到激励教职工工作热情的效果。

（2）依照教职工工作量与贡献大小，进行奖励性薪资的发放

若学校全体教职工中某个人为学校发展做出了特殊贡献，需对教职工工作完成的质与量展开综合分析与考量，并给予特殊贡献奖励。学校在薪酬发放方面要进行人性化管理，制定合理的奖励种类与标准，使教职工工作热情得到激发。

（3）薪酬结构优化，发挥内在与外在薪酬的激励作用

外在薪酬即基本薪酬，而内在薪酬即依据职工对职业的忠诚度、工作热情等给予的薪酬。外在薪酬与内在薪酬二者密不可分，虽外在薪酬于短期内可发挥较强的激励作用，但一段时间后激励效果会弱化，故而应特别注重内在薪酬作用的发挥。且二者互为补充，发挥激励作用，能避免教职工过于追求论文发表数量等指标，而忽视了日常的教研工作。教师可以通过在日常的教研中取得成绩来获得更高薪酬奖励。

（五）云南职业院校行政后勤管理的科学化

后勤管理是职业院校工作中的重要组成部分，起着连接上下、协调左右、联系内外的作用，良好的后勤管理能够为教职工提供一个安定的校园环境。在信息技术高速发展的今天，将信息技术融入职业院校后勤管理工作，可有效地提高后勤管理的工作效率，为在校师生在学习、生活、工作、安全等方面提供高效、便捷的服务。

1. 教职工考勤管理

教职工的考勤数据统计和整理一直是后勤管理工作的重点和难点，它关系着教职工的收入，但数据繁杂，统计不便。传统的考勤统计主要有两项工作：一是搜集每个教职工参加所有活动的考勤记录表；二是处理不同样式和不同存储方式（纸质、电子）的考勤记录表，再统计考勤结果。人工统计方式很容易导致考勤表结果出错，数据难以使用。

运用信息化工具，可以高效完成考勤管理工作。信息化的考勤管理需要具备两方面的条件：一是硬件设备，例如指纹识别设备、一卡通、人脸识别设备等，用来采集考勤的记录；二是软件服务，能自动汇总各种活动的考勤结果，也提供考勤结果异常时自动发送短信提醒等服务。

通过软硬件的整合，软件自动同步硬件设备的考勤记录，可以实现准确、高效、及时的考勤管理。职业院校在教职工进行培训、坐班、例会等活动时运用信息化考勤手段，可以毫无遗漏地进行考勤并准确统计数据，既可进行监控，又可提高工作效率。

2. 资产精细化管理

学校资产是保证职业院校教育教学顺利进行的必要条件，与学校教职工及学生息息相关。但学校资产的管理面临几个难题：一是校领导难以随时掌握自己学校资产的使用情况；二是需要使用资产时无法及时追踪到当前使用人；三是易耗品采购计划无依据；四是实训实验教学常用的低值资产使用频率高、易遗失，难以保障教学工作的正常开展；五是上级主管部门提供的资产管理软件难以满足学校内部的资产管理要求。

采用信息化管理可有效解决以上难题。资产管理部门可以通过整合集成的软件系统，将各类资产单独进行管理，按不同的属性采取不同的管理方式，实现资产入库登记、领用、归还、盘点等环节的自动处理。在资产入库时及时入账，准确标记资产属性；在资产领用时准确记录领用人及去向；在资产归还时及时入库；在资产盘点时通过扫描二维码进行盘点并准确打印盘点表。

对资产进行信息化的管理方式，目的不仅是统计与查看日常数据，更重要的是通过对资产大数据的分析，掌握贵重资产的使用率、全校耗材的使用量、教师个人耗材使用量等一系列的数据，从而做到优化耗材采购量、提高资产使用率、优化学校资产结构。

3. 门禁管理

目前大多数职业院校采用以下两种门禁管理方式：一是人工管理，职业院校每天人流量很大，人力难以准确、快速识别出入人员，难以识别证件真伪，容易造成安全隐患；二是使用物联网门禁系统，但与业务系统数据不能共享，在需要更改进出门禁权限时难以及时通知物联网门禁系统。

因此，将物联网门禁系统与业务管理软件整合集成才是最好的解决之道。业务系统下发业务数据，更改门禁权限；物联网门禁系统回传出入记录，供业务系统处理，两个系统数据同步，良性循环。例如学生请假，审核通过后，业务系统下发请假数据，门卫确认请假人和出门人的数据是否一致，学生刷卡出门，门禁系统回传刷卡数据，业务系统自动发送短信通知家长和班主任学生已出校。这样可以保障学生安全，杜绝伪造出门凭证，实现门禁管理的目的。

4. 保洁、保卫与食堂管理

职业院校的保洁、保卫与食堂管理工作虽繁琐却非常重要，它要求职工不断总结经验，提升服务质量、提高工作效率。

依能管理科学研究院认为，职业院校的保洁、保卫与食堂管理可从以下几点进行优化：一是制定制度，有了制度的约束，才能规范日常行为，避免错误发生；二是实行看板管理，用规范的表格记录执行和检查结果，一目了然；三是针对紧急情况制定预案措施，避免慌乱；四是采用先进的管理工具，保卫使用完善的监控系统，保洁使用良好的清洁工具，便可更好地服务。更重要的是全程贯彻 PDCA 原则，每天不断总结、完善和改进。